该成果系中国矿业大学教学学术研究项目重大课题
“锻造‘强国先锋’的大思政课改革创新研究”（项目编号：2022ZDKT06）的阶段性成果

记忆历史 牢记初心

——当代大学生党史学习的思、悟、行

亓光 / 主编

中国矿业大学出版社
· 徐州 ·

图书在版编目(CIP)数据

记忆历史　牢记初心：当代大学生党史学习的思、悟、行／亓光主编. —徐州：中国矿业大学出版社，2023.10

ISBN 978-7-5646-5624-9

Ⅰ.①记…　Ⅱ.①亓…　Ⅲ.①中国共产党－党史－文集　Ⅳ.①D23-53

中国国家版本馆 CIP 数据核字(2023)第 030391 号

书　　名　记忆历史　牢记初心
——当代大学生党史学习的思、悟、行

主　　编　亓　光

责任编辑　侯　明

出版发行　中国矿业大学出版社有限责任公司
(江苏省徐州市解放南路　邮编 221008)

营销热线　(0516)83885370　83884103

出版服务　(0516)83995789　83884920

网　　址　http://www.cumtp.com　**E-mail**:cumtpvip@cumtp.com

印　　刷　苏州市古得堡数码印刷有限公司

开　　本　787 mm×1092 mm　1/16　**印张** 16　**字数** 296 千字

版次印次　2023 年 10 月第 1 版　2023 年 10 月第 1 次印刷

定　　价　35.00 元

目 录

上篇 党史思悟

中篇 我与红色历史

下篇　访谈记忆

上篇

党史思悟

波澜壮阔　丰功伟绩

——献给伟大政党的时代赞歌

于　清

没有共产党就没有新中国，
没有共产党就没有新中国。
共产党辛劳为民族，
共产党他一心救中国，
他指给了人民解放的道路，
他领导中国走向光明，
他坚持抗战八年多，
他改善了人民生活，
他建设了敌后根据地，
他实行了民主好处多。
没有共产党就没有新中国，
没有共产党就没有新中国。

上面的歌词，大家都耳熟能详，在我们刚刚咿呀学语的时候，我们的爸爸妈妈就曾给我们哼唱过；在我们刚刚进入小学的时候，音乐课上老师就曾教过我们唱；那个时候，我们是懵懂的，对于歌词，我们只是进行了简单的记忆，不曾有过更加深刻的认识。

时光荏苒，转眼到了今天。2020 年的暑假过后，我成为中国矿业大学计算机科学与技术学院本科二年级的学生。暑假期间，我制订的读书计划就是阅读人民出版社在 2019 年出版的图书《中国共产党如何改变中国》。通过本次阅读，我理解了自己从小就哼唱的歌词的深刻意义，并且对“没有共产党就没有新中国”这句话有了更加全面的认识。

以故事传递思想，用事实讲清道理，这是阅读本书给我的总体印象。全书就是按照这样的理念，依托翔实丰富的历史细节与充足的历史资料，从政治、经济、法治、文化、民主、国防和军队现代化建设、推进祖国统一大业以及构建人类命运共同体等方面，深刻阐释了中华人民共和国成立以来，在中国共产党的坚强领导下，发生的历史性变革和取得的辉煌成就。

例如，在饮食方面，中华人民共和国成立之初都是使用粮油票证，随着生产力的不断发展，居民的饮食从讲究温饱到讲究营养搭配，这说明了人民生活水平的提高；从自己动手到快餐流行，再到各类进口水果出现在千家万户的餐桌上，说明了经济发展和改革开放的成就。在生态治理方面，黄河南岸的库布其沙漠从“死亡之海”到如今的绿树成荫的事例，说明了我国在生态环境治理方面的成就。

整本书，用生动活泼的语言，展现了祖国的山河巨变，读完之后的我，感觉意犹未尽。为了对这一段历史有更加全面的了解，我专门和妈妈一起观看了电影《厉害了，我的国》。在阅读《中国共产党如何改变中国》与观看《厉害了，我的国》之后，我的心情愈加澎湃与激动，现在将自己此刻的心得与感悟记录下来。

(1) 党带领我们实现经济腾飞，人民生活发生巨变。在党的十一届三中全会上，我们党第一次提出要把党和国家的工作重心转移到经济建设上来，确定了实行改革开放的伟大历史性决策。改革开放 40 余年极大地改变了中国的面貌、中华民族的面貌和中国人民的面貌。中华人民共和国成立时，我们的国家可以说是“一穷二白”。那时候，我们的科学技术还很落后，只能制造桌子椅子、茶壶茶碗等一些简单的东西。除此之外，农业方面也非常落后，主要的种植作物就是小麦、水稻等。那些科技含量高的产品，比如说汽车、飞机、坦克等，以当时我国的科学技术水平是造不出来的。今天，我们实现了“神舟”遨游太空、“蛟龙”入海深潜、“嫦娥”奔月，还有“天眼”射电望远镜、跨海大桥、高铁，等等。这些巨变，是当初大多数国人所不曾想到的。以上这些历史成就，在影片《厉害了，我的国》中，都有深刻且翔实的反映。

(2) 党带领我们实现政治民主，人民当家作主。1921 年 7 月 23 日，党的一大在上海法租界望志路 106 号一间 18 平方米的小屋里秘密举行，由于租界巡捕的干扰，会议不得不转移到浙江嘉兴南湖的一条游船上。在这条游船上，宣告了中国共产党的成立。中国共产党的成立，是中国历史上开天辟地的大事。从此中国人民终于有了自己的主心骨。百年来遭受深重灾难的中国人民，有了可以信赖的组织者和领导者，中国无产阶级有了自己坚强的战斗司令部。在党的带领下，中国人民终于实现了当家作主的权利，实现了政治民主。所以，全国人民都热爱我们的党！

(3) 党带领我们推进国家治理体系建设，建设社会主义法治国家。党的十八届三中全会，提出了全面深化改革的总目标是“完善和发展中国特色社会主义制度，推进国家治理体系和治理能力现代化”，这是党中央治国理政的重大战略决策。这个目标的提出，标志着我们党要实现从管理型政党向治理型政党的转变。党的十八届四中全会，提出了全面推进依法治国，建设中国特色社会主义法治体系，加快建设社会主义法治国家。在党的十九届三中全会上，党中央强调全面加强党对一切工作的领导，并制定出全面加强党的领导的重大改革举措，增强“四个意识”，坚定“四个自信”，做到“两个维护”。因此，中国特色社会主义法治道路，是历史与现实相统一、理论与实践相结合的产物，具有我们自己的时空定位和时代特色。由此可见，中国的社会主义法治和“善治”，势在必行，我们是法治社会的受益者，我们每一个人都热爱我们的党。

(4) 党带领我们坚定文化自信，塑造民族之魂。“文化是民族生存和发展的重要力量。人类社会每一次跃进，人类文明每一次升华，无不伴随着文化的历史性进步。”①“历史和现实都证明，中华民族有着强大的文化创造力。每到重大历史关头，文化都能感国运之变化、立时代之潮头、发时代之先声，为亿万人民、为伟大祖国鼓与呼。”②党的十八大以来，习近平总书记曾在多个场合提到文化自信，传递内涵丰富的文化理念和文化观。习近平总书记说：“文化自信，是更基础、更广泛、更深厚的自信。”③文化自信是继道路自信、理论自信和制度自信之后，中国特色社会主义的“第四个自信”。没有文明的传承和发展，没有文化的弘扬和繁荣，就没有中国梦的实现。感谢我们的党，带领我们坚定了文化自信，我们对党的热爱，由衷地发自内心！

(5) 党带领我们全面提高生活水平，人民幸福指数飙升。如果说毛泽东是中国历史上第一位成功地把马克思主义中国化的历史巨人，那么邓小平则是把马克思主义理论应用于实践的勇士。在粉碎“四人帮”之后，邓小平把马克思主义原理与中国的具体实际相结合，做出改革开放的历史性决策。也正是坚持了改革开放的道路，我们的经济水平发生了翻天覆地的变化，人民的生活水平得到了前所未有的提高。现在人们的生活水平与中华人民共和国成立之初相比，

---

① 习近平：《在文艺工作座谈会上的讲话》，人民出版社 2015 年版，第 2 页。

② 习近平：《在文艺工作座谈会上的讲话》，人民出版社 2015 年版，第 5 页。

③ 中共中央党史和文献研究院：《十八大以来重要文献选编(下)》，中央文献出版社 2018 年版，第 349 页。

已经发生了翻天覆地的变化。完善的基础设施，完善的社会制度，人民的幸福指数得到了从未有过的提高。感谢我们的党，感谢党的正确领导。从老人到小孩，每一个人都热爱我们的党，我们生活在幸福里，我们感恩且知足！

(6) 党带领我们狠抓环境治理，实现生态文明。社会主义生态文明，要以尊重自然、顺应自然、保护自然为前提。我们的居住环境和生活环境、空气质量等，都和我们每个人息息相关。面对资源日趋紧张、环境污染严重、生态系统退化的严峻形势，必须树立全新的生态文明理念，走可持续发展道路。2012 年 11 月，党的十八大从新的历史起点出发，做出"大力推进生态文明建设"的战略决策，从 10 个方面描绘出生态文明建设的宏伟蓝图。几年来，经过不懈的努力，党带领我们治理大气污染，打赢蓝天保卫战，加大水污染治理，开展农村人居环境治理，加强污染企业治理……这一系列行之有效的举措，为我们创造了一个美好的生存环境。生态文明建设，功在当代、利在千秋。感谢党的正确领导，我们对党的热爱，发自内心。

(7) 党带领我们推进国防和军队现代化，实现国家长治久安。党的十八大以来，以习近平同志为核心的党中央，在改革发展稳定、内政外交国防、治党治国治军等多个领域，推行了一系列重大改革，解决了许多长期想解决而没有解决的难题，办成了许多过去想办而没有办成的大事！中国道路、中国方案、中国智慧，中国越来越走近世界舞台的中央！一切都发生了历史性的重大转折，且看最近两年来，我们的外交部发言人，在一系列重大事件的新闻发布会上，发出掷地有声的言论，令人激情澎湃。我们的腰杆硬起来了，我们的脊梁挺起来了！感谢我们的党，我们为自己是一个中国人而感到自豪！

(8) 党带领我们推进祖国统一大业，台湾回归指日可待。"和平统一、一国两制"是实现祖国统一的最佳方案。1997 年香港回归，1999 年澳门回归，两个游子顺利回归了祖国母亲的怀抱。而这一切，都是在党中央的正确领导下才能够实现的。祖国统一，势在必行，祖国母亲的另一个孩子——台湾，也必将在不远的将来回归祖国的怀抱。我们都期待着，团圆的那一天早日到来！党的领导，是我们所有安全感和信任感的来源。我们热爱党，相信党，一直跟党走下去。

(9) 党推动构建人类命运共同体，和平与发展仍是当今时代的主题。历史车轮滚滚，时代潮流浩荡，党的十八大以来，习近平总书记多次强调"构建人类命运共同体"，并为此付出了不懈的努力。"人类命运共同体"的理念，有利于世界各国建立和加强互通互联的伙伴关系，引导全球治理体系的有效变革。这一光辉理念的提出，为反对霸权主义、强权政治，促进世界和平与发展，实现全球共同发展繁荣贡献了中国智慧、中国方案、中国力量！如此伟大的思想，只有伟大的中国共产党才可以创造！如此伟大的理念，只有伟大的中国共产党才能付诸实践！我们为有这样伟大的政党而骄傲，我们为生在这样的国家而自豪！

我爱你，中国！我爱你，伟大的中国共产党！

激扬新时代，谱写新篇章

王　可

2020年的暑期，我读完了《中国共产党如何改变中国》一书，对中国共产党的认识和理解由浅入深，也深刻地体会到了中国的发展离不开中国共产党的引领，现如今的美好生活，是一代代革命前辈的鲜血和汗水换来的。

第一次接触“政治制度”这个四字名词，还是在懵懂的初中时期。初中的政治和历史课堂上，老师对于这个四字名词的解释只有简单的几句话，而对于那时的我来说，这不过是书本上一个需要记忆的知识点罢了。随着年龄的增长和视野的开阔，我渐渐对那些书中的名词和干涩的解释有了崭新的理解，我国的政治制度是一种“既有别于苏联又与欧美资产阶级国家完全不同的、全新的人民民主的政治制度”①，而这种特别的“前无古人，后无来者”的政治制度正是我们国家发展的基石。政治课教材对我国的国家性质给出了明确的定义：“中国是由工人阶级领导的，以工农联盟为基础的人民民主专政的社会主义国家。”毛泽东主席曾经在《论人民民主专政》一文中对人民民主专政给出了很明确的解释：“人民是什么？在中国，在现阶段，是工人阶级，农民阶级，城市小资产阶级和民族资产阶级。这些阶级在工人阶级和共产党的领导之下，团结起来，组成自己的国家，选举自己的政府……对人民内部的民主方面和对反动派的专政方面，互相结合起来，就是人民民主专政。”②历史的脚步匆匆，社会的变化飞快，今天我们有崭新的设备、崭新的面貌，但作为社会基石的政治制度却未曾改变，而正是基于这个正确的政治制度，中国才有了今天的新面貌。

“不忘初心，方得始终”“中国梦”，这些词条不止一次地出现在各大新闻网

---

①　谢春涛：《中国共产党如何改变中国》，人民出版社2019年版，第1页。

②　中共中央文献研究室、中央档案馆：《建党以来重要文献选编（1921—1949）》（第二十六册），中央文献出版社2011年版，第507～508页。

站、热搜的头条上面。走中国特色社会主义政治发展道路，这正是我们中国政治制度的改革和发展方向，这也是党的十八大指出的“发展更加广泛更加充分更加健全的人民民主”的一个实施方案和一个重大的改革成就。而对于“中国梦”的解释和阐述更是广泛得多，上至中国社会的领导层，下至普通的工人、农民、学生，每个人都有自己的中国梦。人人为实现中国梦而努力，展现出向着建设更加美好和谐的社会主义迈进的蓬勃向上的精神面貌。林语堂曾经说过：“梦想无论怎样模糊，总潜伏在我们心底，使我们的心境永远得不到宁静，直到这些梦想成为事实才止；像种子在地下一样，一定要萌芽滋长，伸出地面来，寻找阳光。”从来没有一个时代，能够像现在这样幸福。我们的国家为我们每一个人的圆梦和发展提供着契机，我们与时代和国家的联系更加密切。我们每一个中国人对于自己梦想的追求，最终会促成中国梦的实现。从以前的温饱问题的解决，到现在追求更高质量的生活品质，从追求经济发展到追求更环保的生活方式，如倡导绿色出行、低碳出行等，我们的生活正在逐渐变好，这离不开中国共产党的领导。

中华人民共和国从成立初期的一穷二白发展到现在国内生产总值稳居世界第二位，离不开中国共产党在每个历史节点所做出的伟大决策。例如，“一五”计划、土地改革运动、家庭联产承包责任制、国有企业的改革等，都属于中国共产党带领人民进行的创造。

古人曾言：“唯奉三尺之律，以绳四海之人。”这充分表明国家发展离不开法治建设。1949 年中华人民共和国成立之时，各类建设开启了新篇章，其中，社会主义法治建设不断推进。1949 年中国人民政治协商会议制定的起临时宪法作用的《中国人民政治协商会议共同纲领》，为我们国家社会主义法治社会的建设开启了新的篇章，也为中华人民共和国第一部宪法的制定进行了制度准备。婚姻法的诞生不仅对社会的婚姻道德、夫妻关系进行了一定的约束，更是为革除历史上的婚姻陋习做出了巨大的贡献。1954 年宪法颁布之后在长达 20 多年的时间里成为中国的根本法。1982 年颁布的宪法是我国的现行宪法，历经 5 次修订，有 5 个修正案。随着各种疑难案件的出现和解决，我国的法律体系也愈加地完备。《中华人民共和国行政诉讼法》为“民告官”打开了一条通路，使得公民和法人的合法权益获得了更好的保障。

1997 年党的十五大正式将“依法治国”确立为党领导人民治理国家的基本方略，将“依法治国”写入宪法是民主法治建设的里程碑，在中国的法治发展史和社会发展史上都具有十分重大的意义。现如今，习近平新时代中国特色社会主义思想中的“八个明确”和“十四个坚持”就有关于法治的论述。2018 年习近平总书记主持召开中央全面依法治国委员会第一次会议时又对全面依法治国的新思想新理念新战略进行了概括，明确了全面依法治国的指导思想，为中国新时代的法治建设指明了方向。

中华人民共和国成立初期，全国有文盲 2.9 亿人，占全国总人口的 80% 以上，人们的精神文化生活质量不高。戏曲改革、文字改革、扫盲运动、学校课程的改革，这一系列举措体现了中国共产党高度重视社会主义文化建设。“百花齐放，百家争鸣”的提出与落实，是中华人民共和国文化建设史上的一件影响深远的大事。在正确思想的指导之下，中国的文化界也展现出了一种良好的状态，热情的文艺工作者推陈出新，在文化战线的各个领域取得了丰硕成果。同时，科学的发展也逐渐走上正轨，这是激情似火的社会主义建设年代里中国人不怕困难、艰苦创业精神风貌的充分体现。中国共产党还领导全国人民开展社会主义精神文明建设，开展“五讲四美”文明礼貌活动、“学雷锋”活动等。

中国共产党在提高人民生活水平方面更是功不可没，让中国人民从温饱不足进入全面小康。随着经济的发展，人民生活的便利程度大大提高，一些快餐比如方便面、盒饭、熟食等广泛流行，似乎需要我们动手去做的食物越来越少。美团、饿了么这些外卖商家则是近几年食品行业最大的受益者，大街小巷穿梭着无数外卖递送员的身影。休闲娱乐是高品质生活的一个重要方面。自由支配时间的增多也是社会进步和生活水平提高的标志之一。当人们有了更多的休息时间，“旅游热”也变成了常见的娱乐方式。党和政府千方百计解决就业问题，建立起社会保障体系，大力发展医疗卫生事业，实现了从“病有所医”到“病有良医”的转变，并改善广大人民的居住条件和出行条件。中华人民共和国成立之后，住宅的多样化以及交通工具和出行方式的多样化改变着人们的生活，让人们实现从“有地可居”到“寻良地而居”。

中国共产党不断推进生态文明建设，建设美丽中国。在中国共产党的领导下，我国建立并实施了中央环境保护督察制度，真正实现环保和发展相互促进。正如我的家乡所在地区东北三省，是中华人民共和国成立初期的重工业基地，如今正在走绿色发展与可持续发展之路，这与中国共产党的政策是分不开的。

加强国防和军队现代化建设，推进祖国统一大业，中国共产党带领人民正在为实现祖国的完全统一而奋斗。当今的中国社会，各种政治制度和经济体制日益趋于成熟和完善，如今的美好生活离不开炮火纷飞的战争年代革命前辈怀着让老百姓过上美好生活的信仰而流下的鲜血，更离不开改革开放年代所有人的努力奋进，而今处在中国特色社会主义新时代的我们，更应该肩负起社会和国家的责任，以共产党员的标准来严格要求自己，为建设一个更加美好的社会主义现代化国家而努力奋斗！

历史的选择

——读《中国共产党如何改变中国》有感

张冰儿

从牙牙学语的时候师长们就告诉我，我们的国家之所以能繁荣兴旺，是因为我们有一个政党，她叫中国共产党。随着年龄和阅历的增长，我对党的认识逐渐深刻，她渐渐从一个遥不可及的名词变成了报纸上的一篇报道、新闻中的一条政策甚至心中的一种信念。2020年，党已经有99年的历史，她经历了风雨也追逐过彩虹，百年时光里她为中华民族做了太多太多。为了细细品味梳理她走过的这些波折坎坷，在这个夏天，我打开了《中国共产党如何改变中国》，去字里行间寻觅中国共产党走过的漫漫长路。

这本书的开篇带我们回顾了社会主义民主政治的起源。“十月革命一声炮响，给中国送来了马克思主义”，中国共产党诞生之前，轰轰烈烈的十月革命敲开了无产阶级执政的大门，列宁领导苏俄确立了以苏维埃（即代表会议）为基础的政权组织形式和政治制度，这也对中国共产党产生了很大影响。经过秋收起义的实践，中国的革命开启了农村包围城市、武装夺取政权的崭新道路，先后在各地建立了许多根据地，建立了各级苏维埃政权，受到广大工农群众的拥护。中华苏维埃第一次全国代表大会的召开更是明确了政权属于工农群众。随后迫于第五次反“围剿”的失败，红军开始长征。人民代表大会制度的雏形在毛泽东同志的构思中逐渐完善，毛泽东同志指出，“新民主主义革命，不是任何别的革命，它只能是和必须是无产阶级领导的，人民大众的，反对帝国主义、封建主义和官僚资本主义的革命”①。正因为建立了革命统一战线，中国共产党才能够带领人民取得革命的胜利。

中华人民共和国成立之后，人民代表大会制度得到了初步的建立和实施，

① 《毛泽东选集》第二卷，人民出版社1991年版，第1313页。

在经过民主选举之后,1954 年 9 月 20 日,第一届全国人民代表大会第一次会议通过了《中华人民共和国宪法》,这部宪法明确规定了国家的国体与政体以及根本政治制度。在国家的根本政治制度之外,历史的发展使得中国共产党领导的多党合作和政治协商制度、民族区域自治制度以及基层群众自治制度这三项基本制度得到了落实和发展。这些制度,在中学期间的课本上也曾反复出现过,但没有详细阐述其丰富内涵与现实价值。对此,我认为只有认真了解这段历史,才能知道这些耳熟能详的制度名称背后经历了多少前辈彻夜不眠的讨论研究。中国是个幅员辽阔、人口众多的大国,这样的国家要使得人民群众真正掌握对国家的治理权必然需要对国家的政治结构进行最精巧的设计,而现在回顾那时发生的一切,足以证明历史和人民的选择没有错,中国共产党值得人民信任,正是中国共产党带领中国走上了中国特色社会主义发展的道路。

阅读完本书"政治"这一部分内容后,我紧接着阅读了"经济"部分。我们作为普通老百姓,最能明显感受到的国家的发展变化就是经济。我小时候常常听父母讲起他们曾经生活的 20 世纪六七十年代,那是一个几乎无法自主选择商品、只能依赖票券的年代。而现在之所以能够有如此明显的变化,起决定作用的正是经济的发展。中华人民共和国成立之初,在经济上面对的就是一个千疮百孔的烂摊子,生产萎缩,交通梗阻,国民党统治后期出现的严重通货膨胀使得物价飞涨、市场混乱、投机猖獗,如何带领人民制造出一辆拖拉机成为中国共产党面临的难题。

中华人民共和国成立之后,中国共产党迅速采取了一系列措施,比如对官僚资本和帝国主义在华资本采取没收的政策,领导亿万农民进行废除封建土地制度的土地改革运动,进行各行业的民主改革,到 1956 年,生产资料私有制的社会主义改造取得了决定性的胜利。1953 年开始的第一个五年计划更是让一穷二白的中国得到了质的飞跃,奠定了中国特色社会主义工业化的初步基础,提高了人民的生活水平,显示了社会主义制度的优越性,并初步积累了社会主义建设的经验。中国共产党建立了独立的、比较完整的工业体系和国民经济体系,人民的物质生活和文化生活的水平也得到了逐步的提高。这些进步都是在中国共产党的领导下取得的,是全国各族人民共同奋斗的成果,是社会主义制度具有巨大优越性的展示。党的十一届三中全会实现了中华人民共和国成立以来党的历史上具有深远意义的伟大转折,开启了改革开放和社会主义现代化建设的新时期。在这场会议上,确定了把全党工作重心转移到社会主义现代化建设上来,这标志着中国实现了从以阶级斗争为纲到以经济建设为中心、从僵化半僵化到全面改革、从封闭半封闭到对外开放的历史性转变。安徽省凤阳县小岗村当年贴着身家性命干的事，变成了中国改革的一声惊雷，成为中国改革的标志。小岗村拉开了农村体制改革的序幕；与此同时，中央也积极探索城市经济体制改革的措施，扩大企业自主权改革，使企业有了部分的自主计划权；同时期也开展了所有制结构的改革，集体经济、个体经济得到迅速发展，逐步形成了以公有制为主体、多种所有制经济形式和多种经营方式并存，以按劳分配为主体、多种分配方式并存的格局。中国的改革开放可谓大刀阔斧。也正是这样的改革才让中国的经济飞速发展，国际影响力不断提升，朝着全面建成小康社会的目标不断奋进。

在经济建设的同时，社会主义法治建设也日趋成熟。在中华人民共和国成立初期，《中国人民政治协商会议共同纲领》是临时宪法，更是中华人民共和国宪法制定的重要依据；《中华人民共和国婚姻法》明确规定男女婚姻自由、一夫一妻、男女平等；再到经过众多党和国家领导人严密商讨颁布的“五四宪法”，都彰显了中华人民共和国社会主义法治建设的起步。党的十一届三中全会的召开实现了党内思想的拨乱反正，打破了教条主义和盲目的个人崇拜，停止“以阶级斗争为纲”的错误口号，现行宪法“八二宪法”更是在我国社会主义建设与改革开放中发挥了极为重要的作用。如今，全面依法治国的思想已经深入人心，依法维权的观念也牢牢印刻在人民群众的心上，从封建社会“只许州官放火，不许百姓点灯”的落后愚昧到现在人民敢于拿起法律的武器为自己维权，也敢于使用《中华人民共和国行政诉讼法》不畏惧“民告官”，足以证明中国的法治建设已经取得了一定的成效。

源远流长的中华文化也在中华人民共和国成立之后得到了新鲜血液的注入并取得新的发展。中华儿女为了改变落后挨打的被动局面，不断学习人类文明的先进成果，在中国共产党的领导下，坚持正确的文化建设方针，不断加强精神文明建设、深化文化体制改革，不忘本来、吸收外来，建设中国特色社会主义文化，推动中华文化实现大繁荣大发展，中国人的文化自信达到了新高度。中华民族历来是多民族的共同体，中华文化呈现着各民族文化的丰富色彩。中华各民族的文化，既有中华文化的共性，又有各自的民族特性。它们都是中华文化宝库中的瑰宝，都是中华民族的骄傲。在长期的历史发展中，各兄弟民族的文化相互交融、相互促进，共同熔铸了灿烂的中华文化。各族人民对共同拥有的中华文化的强烈认同感和归属感，显示了中华民族厚重的文化底蕴和强大的民族凝聚力。中华文化之所以源远流长、博大精深，一个重要原因是它所特有的包容性，即求同存异和兼收并蓄。求同存异，就是能与其他民族的文化和睦相处；兼收并蓄，就是能在文化交流中吸收、借鉴其他民族文化的积极成分。中华文化的力量深深地熔铸在民族的生命力、创造力和凝聚力之中。中华民族为什么历经沧桑而锐气不减，千锤百炼而斗志更坚？一个重要的原因就是，民族精神永不泯灭。伟大的民族精神，形成于辉煌的古代中华文化之中，也熔铸于近代中国人民救亡图存、前仆后继的奋勇抗争之中，更彰显于发展中国特色社会主义的事业之中。

中国共产党自成立以来，领导各族人民推翻了帝国主义、封建主义、官僚资本主义的反动统治，实现了民族独立和人民解放，完成了新民主主义革命，建立了人民当家作主的新中国；完成了社会主义改造，确立了社会主义基本制度，全面开展社会主义建设，建立了独立的比较完整的工业体系和国民经济体系，使古老的中国以崭新的姿态屹立于世界的东方；推动社会主义现代化建设取得了举世瞩目的伟大成就。只有坚持中国共产党的领导，才能坚持和发展中国特色社会主义，才能维护国家的统一、民族的团结，为社会主义现代化建设创造稳定、和谐的社会环境，才能最广泛、最充分地调动一切积极因素，实现把我国建设成为富强民主文明和谐美丽的社会主义现代化国家的宏伟目标。

读党史有感

闵玉寒

2021年是中国共产党成立100周年，作为新时代的大学生，我在这个暑假阅读了一些关于党史的书籍，如《毛泽东传》《周恩来传》《中国共产党如何改变中国》等，回顾了那个年代的红色故事，体会了中共领导人当初的艰辛与智慧，也通过学习这些党史，加深了对党的认识。

学党史的普遍意义，我想无非两点：一是明史，二是鉴史。所谓“明史”，即明辨历史，知道何为真、何为假，知道什么是历史主流、什么是哗众取宠，客观地认识到中国共产党在历史上展示出且延续至今的伟大的进步的价值典范，强化对中国共产党的价值认可和感情认同，进而为巩固党的执政地位凝聚人心。所谓“鉴史”，即借鉴历史，总结我党在革命和建设中积累的诸多积极经验，吸取在探索过程中犯错的教训，真正做到问计于史、寻策于史，为促进国家建设事业更好发展、实现中华民族伟大复兴贡献力量和智慧。

1921年，在浙江嘉兴南湖的一条小船上，一张桌子，几个有大智慧、大信仰的人，一场会议，成立了影响世界的中国共产党。纵观整个中国近代史，在这片饱受苦难的土地上，从农民起义、洋务运动、维新运动、抗日战争到解放战争，总体上呈现出“你方唱罢我登场”的局面。就这样多年过去了，但大家都应该清楚，历史老人的眼睛是雪亮的，他选择了中国共产党，事实也证明了只有中国共产党才能救中国。

南昌起义、秋收起义、广州起义等一系列的武装起义，在动乱的年代为人民开路，朱德、彭德怀、叶剑英、刘伯承等一批将领运筹帷幄，在无数个不眠夜的灯下统领大军为百姓作战。从1928年起，红军就不断在全国范围内发展壮大，集合了众多爱国将士，他们无惧生死，为国家抛头颅、洒热血，不顾一切只为革命的胜利。最难忘的是红军的长征，爬雪山，过草地，横渡金沙江。这一系列事件，让我们明白铁索桥再险，同样可以征服；饥寒交迫再苦，同样可以忍受。是的，我们牺牲了很多的战士，可是我们最终以一支部队的名义克服天险，走完长征路。在中国共产党的奋斗征程中，长征成为一种精神，照亮了一个民族。我认为，无论将来我们走到哪里，长征都是一首精神之歌，不断唱响耳畔。

中国共产党自成立以来，就以改造中国为己任，为争取民族独立和人民解放、实现国家的繁荣富强和人民的共同富裕，开始了艰苦卓绝的斗争历程。经过28年的浴血奋战，中国共产党带领人民实现了民族独立和人民解放，赢得了新民主主义革命的胜利，使人民进入当家作主的新中国。1949年10月1日的开国大典上，毛泽东主席站在天安门城楼上向全世界庄严宣告"中华人民共和国成立了"，标志着东方雄狮真正苏醒了，她立足当代，眺望未来。中华人民共和国的成立，结束了旧中国四分五裂、民族受屈辱、人民灾难深重的局面，实现了中国历史上最广泛最深刻的社会变革，真正实现了中国人民的民族独立的愿望。

然而中国共产党的探索道路并不是一帆风顺的。抗日战争时期的"四一二"反革命政变、社会主义建设时期的人民公社化运动等都表明建设新中国绝不是一个简单的任务。但是，中国共产党并没有认输，我们的党敢于自我革命，在认识到自己的错误后及时用实际行动纠正了错误，于是就出现了十一届三中全会中党对国家建设的新认识。正是中国共产党的正确部署，才使中国经济实现了数十年的飞速发展。中国共产党带领全国人民进行社会主义革命和建设，这是前无古人的事业。

党的十一届三中全会以来，在邓小平同志的领导下，中国共产党将马克思列宁主义的基本原理与当代中国社会主义建设的具体实践相结合，逐步形成了中国特色社会主义理论体系，开创了社会主义事业发展的新局面。党的十三届四中全会以后，中国共产党人在建设中国特色社会主义实践中不断探索前进，形成了"三个代表"重要思想。党的十六大又提出保持共产党员先进性的要求。这些充分证明中国共产党与时俱进的优点与品质。

思想是一个政党、一个国家发展的力量源泉。中国共产党自成立以来，在马克思列宁主义、毛泽东思想、邓小平理论、"三个代表"重要思想、科学发展观、习近平新时代中国特色社会主义思想等伟大思想指引下茁壮成长。中国共产党提出的"一国两制"基本国策为成功收回香港、澳门做出巨大贡献，建立经济特区的措施成功激发了中国经济的活力，改革开放的决策成功解放了人们保守的思想，加快了中国社会的发展，改善了人民生活，增强了综合国力，为实现中华民族伟大复兴奠定了无比坚实的基础。

进入新时代以来，经济全球化等全球化融合日益加强，来自国际社会的机遇与挑战并存，想要更加快速、稳健地发展，坚定不移地信仰中国共产党、维护中国共产党、听从党的号召是必需的。当今世界正面临前所未有之大变局，进入新旧格局转换、新旧秩序更迭、新旧体系更替的关键期。在这种情况下，中国创造性地倡议构建人类命运共同体，积极推进全球治理体系共商共建共享，有力地推动了大变局向着人类文明进步的方向发展。在这危急存亡之秋，以习近平同志为核心的党中央统筹把握中华民族伟大复兴战略全局和世界百年未有之大变局，坚持用马克思主义的立场、观点、方法观察时代、把握时代、引领时代，对关系党和国家事业发展的一系列重大理论和实践问题进行了深邃思考和科学判断，创立了习近平新时代中国特色社会主义思想，深刻回答了新时代坚持和发展什么样的中国特色社会主义、怎样坚持和发展中国特色社会主义的重大时代课题，同时也回答了新时代坚持和发展中国特色社会主义的总目标、总任务、总体布局、战略布局、战略步骤和发展方向、发展方式、发展动力、外部条件、政治保证等基本问题，点亮了强国复兴的"思想灯塔"。习近平新时代中国特色社会主义思想成为新时代具有开创意义的开篇巨作，成为21世纪马克思主义中最具创新特色、最具时代价值、最具指导意义的重大理论成果。

习近平新时代中国特色社会主义思想的内容十分丰富，涵盖了经济、政治、文化、改革、发展、稳定、内政、外交、国防等方方面面的内容，以中国梦凝聚民族复兴的强大力量，实现国家富强、民族振兴、人民幸福；以坚持和发展中国特色社会主义为主题，坚持中国特色社会主义道路自信、理论自信、制度自信、文化自信；提出"四个全面"战略布局，全面建成小康社会、全面深化改革、全面依法治国、全面从严治党；以新发展理念引领发展，即贯彻落实创新、协调、绿色、开放、共享这五大发展理念；提出以人民为中心的发展思想，把人民放在心中的最高位置，把人民对美好生活的向往作为奋斗目标。

立足今天的中国，中国特色社会主义正全面向前推进；放眼今天的世界，国际形势正发生百年未有之大变局，两者彼此交织、相互激荡。我国正处在从大国走向强国的关键时期，面临难得的历史机遇，也面临一系列重大风险考验，如何在乱局中保持定力、在变局中抓住机遇，对我们统筹国际国内两个大局提出了更高要求。习近平总书记深刻指出："领导干部要胸怀两个大局，一个是中华民族伟大复兴的战略全局，一个是世界百年未有之大变局，这是我们谋划工作的基本出发点。"

作为新时代的大学生，我们是中国未来的希望，我们要做新时代的圆梦人。

实现中华民族伟大复兴是近代以来中华民族最伟大的梦想，青年学生始终争取走在追梦和圆梦的时代前列。中国共产党人一方面指引中国人民追梦，另一方面领导中国人民圆梦。中国共产党以马克思主义为指导，走中国道路，弘扬中国精神，凝聚中国力量，为中国人民特别是青年学生搭建圆梦的平台和创造圆梦的条件。中国特色社会主义进入新时代，党和国家事业发生历史性变革，我们比历史上任何时候都接近中华民族伟大复兴的目标。青年学生作为追梦者，应当具有强烈的使命感和责任感，自觉做圆梦人。习近平总书记指出："广大青年既是追梦者，也是圆梦人。追梦需要激情和理想，圆梦需要奋斗和奉献。""中华民族伟大复兴的中国梦终将在一代代青年的接力奋斗中变为现实。"

我们应该不负国家期望，不负国家的培养，努力学习，努力完善自己，提高自己的能力，培养自己的爱国主义情怀，在激流勇进中勇敢地站出来，勇敢地承担中华民族伟大复兴的责任，以铁肩担起中华道义，勇做时代潮流的弄潮儿！

知史爱党，追梦百年

——读《中国共产党如何改变中国》有感

刘润翌

习近平总书记在参观《复兴之路》的展览时，提出了作为中国共产党在全面深化改革时期的重要理论创新成果——关于“中国梦”的重要战略思想，“每个人都有理想和追求，都有自己的梦想。现在，大家都在讨论中国梦，我以为，实现中华民族伟大复兴，就是中华民族近代以来最伟大的梦想。这个梦想，凝聚了几代中国人的夙愿，体现了中华民族和中国人民的整体利益，是每一个中华儿女的共同期盼”①。

自1840年鸦片战争爆发，中国的国门被西方列强用枪炮打开之后，无数的仁人志士开始探寻中华民族的自强与复兴之道，这也意味着中华民族探寻实现现代化的梦想逐渐开始孕育，“在近现代中国，现代化的追求与民族复兴的梦想一直同向而行。因此，二者时常被当成同一概念而联结在一起使用”②。从开明的士大夫如林则徐、魏源等“睁眼看世界”到清王朝被迫开启的洋务运动，从农民阶级自发抗争的太平天国运动到资产阶级改良派掀起的戊戌变法再到革命派的辛亥革命，可以说中华民族自进入近代以来，就是在屈辱和苦难的深渊中挣扎前行而逐步走向新生和现代化的。

但是，凡此种种的“救国图强”方案都终告失败，这主要是因为当时中国还没有产生一个强有力的、有着科学指导思想的政党来领导民众走向新生，也没有一个先进的政党能够启蒙民众。只有实现中华民族的独立与解放，方能为建立崭新的社会制度、开启国家真正的现代化建设之路创造前提；也只有实现了国家的现代化，民族尊严才能得到维护、民族复兴才能得以完成。这一被动、痛

① 中共中央文献研究室：《十八大以来重要文献选编（上）》，中央文献出版社2014年版，第84页。
② 纪亚光：《中国特色社会主义现代化与“中国梦”》，载《理论月刊》2014年第1期，第92～95页。

苦的局面在中国共产党创建以后才得以改变，中国共产党自诞生之日起就是中国现代化的积极倡导者和设计者，中华人民共和国成立后又成为中国现代化的有力领导者和实践者。正是因为有了党的领导，中国的现代化才找到了正确的道路，拥有了灿烂的现实，具备了光明的前景。

在中国共产党的领导下，亿万民众追求民族复兴的梦想得以延续，并逐步走上了社会主义现代化建设的征程，历经曲折探索和艰苦创业，为实现国强民富的现代化之梦打下了较为坚实的基础。但作为要领导全国人民进入社会主义发展阶段的中国共产党人，他们深知自己的使命崇高、责任重大，始终没有忘记这一责任与使命，中国特色社会主义道路“是在改革开放三十多年的伟大实践中走出来的，是在中华人民共和国成立六十多年的持续探索中走出来的，是在对近代以来一百七十多年中华民族发展历程的深刻总结中走出来的，是在对中华民族五千多年悠久文明的传承中走出来的”①。

因此，在全面深化改革时期，中国共产党人基于百年来亿万中华儿女追求强国富民、民族振兴的历史梦想，并结合新时代广大民众对幸福生活的新期待，又提出了“中国梦”这一战略思想，这是对“历史梦想”的提升，同时制定了推进国家治理体系和治理能力现代化的施政方略，以期为进一步扎实有效地开展现代化建设打下基础。

“中国梦”的核心目标也可以概括为“两个一百年”的目标，也就是：到建党一百年时建成经济更加发展、民主更加健全、科教更加进步、文化更加繁荣、社会更加和谐、人民生活更加殷实的小康社会，然后再奋斗三十年，到新中国成立一百年时，基本实现现代化，把我国建成社会主义现代化国家。

理解“中国梦”，必须要认识到它的主体与力量所在。这个主体和力量就是中国人民，就是全体中华儿女。从整个中国近代史的历程来看，是否以人民为主体、是否以人民为依靠力量决定着中国的兴衰成败，中华人民共和国的成立及其带来的整个民族复兴事业的进步，都证明了这个道理。习近平总书记提出的“中国梦”突出强调了要以人民为“主体与力量”，其着眼点在于让全体中国人民“共同享有人生出彩的机会，共同享有梦想成真的机会，共同享有同祖国和时代一起成长与进步的机会”②，这个着眼点对于在新的时代条件下进一步调动人

① 贺新元：《中国道路——不一样的现代化道路》，福建人民出版社2014年版，第12页。

② 中共中央宣传部：《习近平总书记系列重要讲话读本》，人民出版社、学习出版社2014年版，第32页。

民的积极性、主动性、创造性无疑具有非常积极的意义。“中国梦”与西方某些国家提出的如“美国梦”的区别之一就是，“中国梦”特别强调全体中国人民的主体性意义，凸显全体中国人民在创造、实现“中国梦”中的意义。

中国梦是国家的梦、民族的梦，也是每一个中国人的梦。“得其大者可以兼其小。”“宏大叙事”的国家梦，也是“具体而微”的个人梦。历史告诉我们，每个人的前途命运都与国家和民族的前途命运紧密相连。国家好，民族好，大家才会好。中国这么大一个国家，就像是在大海中航行的一艘超级巨轮。在这艘巨轮上，我们每个人都是“梦之队”的一员，都是中国梦的参与者、书写者，都应当同舟共济、齐心协力、奋勇前行。当今时代是放飞梦想的时代，每个人都有自己的美好梦想。中国梦的广阔舞台，为个人梦想提供了蓬勃生长的空间；每个人向着梦想的不断努力，又都是实现伟大中国梦的一股力量。只要每个人都把人生理想融入国家和民族的伟大梦想之中，敢于有梦、勇于追梦、勤于圆梦，就会汇聚成实现中国梦的强大力量。

从中国共产党团结和带领全国人民开拓和发展中国特色社会主义现代化道路的艰辛历程来看，无论是革命、建设还是改革时期，中国共产党都力争保持清晰的战略判断和科学的顶层设计，矢志不渝、与时俱进地推进现代化建设事业，为实现中华民族的伟大复兴奠定坚实基础，而“正当时”地奋力实现中国梦的历程将再次证明这一点，实现中国梦的历程呈阶段性，党领导中华民族伟大复兴的任务也具有时代性，革命、建设、改革的“三步曲”构成的历史实践显示了接力奋斗的发展线索，促进国家治理体系和治理能力现代化是实现中国梦的时代选择。

中国梦是中国共产党史和中国特色社会主义理论发展的一座重要的里程碑，是根据 21 世纪的国际形势与中国特色社会主义的基本国情提出的，这是中国共产党的又一个伟大理论。中国梦顺应了人民的期盼，是符合当今时代发展的理论，是中国特色社会主义道路发展的必然产物。它为中国特色社会主义的发展指引了一条鲜明的道路，让全体中国人民看到了中国特色社会主义的光明前景。中国梦明确了社会主义道路发展的总体目标与理想。这一总目标与总理想的提出，是中国特色社会主义道路发展的一个历史性的里程碑。它明确了中国人民发展的最终目标。中国共产党成立至今，党始终站在人民的立场上，一切以人民的利益为出发点。实现中国梦，需要将改革的道路进行全面的深化与总结，抓住改革的总目标，明确改革的总理想，并且要做到紧抓六个“紧紧围绕”，实现“两个一百年”的奋斗目标，实现社会公平正义和建设共同富裕的中国特色社会主义社会。

读完全书后，我了解了中国共产党的历史，了解了党所走过的艰辛历程，并真正懂得今天的幸福生活来之不易，激发了我热爱党、热爱祖国、热爱社会主义的真情实感。通过对党史的学习，我加深了对中国共产党的理解和认识，也深深明白了“落后就要挨打”这句警世名言。通过阅读我深深懂得：在 14 亿中国人中，作为 14 亿分之一的我，发自内心地拥护实现中国梦，会更加奋发有为、踏实进取，树立心中的远大理想，为了祖国的明天更美好而努力奋斗！

承青年之志，继我党之风

——读《中国共产党如何改变中国》有感

张培媛

中国共产党，简单的5个字对于中国青年来说却承载着不同的意义。随着时代的变迁，穿行过无尽绵延的岁月时光，中国共产党诞生近百年，这百年时间，对于人类历史也许仅仅只是沧海一粟，对于人类进化的全部进程也许不值一提，但对我们现如今繁荣富强的美丽中国来说，这百年时光是一段难忘的奇迹。

读罢《中国共产党如何改变中国》，我的眼前交织着中国共产党一路艰辛走过的画面和当前中国繁荣一新的全新景象，重重叠叠之下，我看见了几代共产党人的身影。我看见1921年7月嘉兴红船上传出的中华民族的无声呐喊，如同春雨惊蛰般的巨响；我看见抗日战争中年轻的脸庞下炙热的心脏，前仆后继中显现着共产党人反抗欺压侮辱的嘶吼；我看见开国大典上喜笑颜开的面颊和一声响过一声的欢呼，中华民族百年屈辱在那一刻洗刷干净；我看见唐山地震、汶川地震中万众一心众志成城的呼告，那一双双血肉模糊的手在天灾人祸下握在一起；我看见新冠疫情当中那些年轻的穿着隔离服强忍泪水的身影，他们用生命为国家创造希望。我们见证了太多灾难和困难，也见证了太多欣喜，在中国共产党的带领下，星星之火以燎原之势遍布神州大地，中国共产党员手持镰刀火把去照亮黑暗，为中国披上红色的奇迹。

《中国共产党如何改变中国》，这其实是一个问句。在书中，作者从政治、经济、法治、文化、民生、生态文明、国防和军队现代化建设等方面来梳理阐释中华人民共和国成立以来发生的一系列的历史性变革和取得的突出性成就，向我们展现出了中国共产党领导中国人民进行社会主义建设取得的惊人成果和重大成就。这本书用活泼明快的语言让我了解到了许多山乡巨变的中国道理，在故事当中体味中国共产党的伟大成就和艰辛历程。

中国共产党如何改变中国？中国共产党坚持发展社会主义民主政治，建设现代化经济体系。2020年全面建成小康社会的脚步毫不停歇，建成全面小康后的重大战略部署也正在紧锣密鼓地进行之中。经济建设是“五位一体”总体布局的根本，我国经济已由高速增长阶段转向高质量发展阶段，中国共产党在当前重要的经济发展关头，在优化经济结构和转换增长动力的重要发展时期，坚持大方向不放松，将现代化经济体系建设置于世界多极化和全球治理体系当中，在世界经济增长动能不足的情况下仍然大步向前进。几年里，我们看着丝绸之路贯穿大洲之间，各个国家相互往来，海上陆上连贯蜿蜒，合作共赢思想得到了深入的贯彻，技术创新共享发展。几十年来，经济建设的逐步推进，资源配置的合理运用，曾经贫瘠的大地终于迎来了光辉。我感受到的，是教室越来越明亮，街道越来越宽广，人们脸上的笑容越来越多，而我们青年，更感到未来可期。

中国共产党如何改变中国？中国共产党坚持建设社会主义法治国家，全力提高人民生活水平。“依法治国，建设社会主义法治国家”是一个长久的历史性过程。中华人民共和国成立以后，各种复杂的原因交织在一起，使得我们曾在法治建设道路上走过一条绵长而曲折的道路。1997年党的十五大正式把依法治国确立为党领导人民治理国家的基本方略。2012年党的十八大提出全面推进依法治国。一路走来，我们经历过连年饥荒民不聊生，见证过洪水泛滥家园尽失，但现在我们正处于一个更好的时代，从温饱不足到2020年实现全面小康，从高考取消到重新恢复，从医疗物资短缺到医疗卫生事业大大改善。在中国共产党的带领下，在各项决策的实施之中，人民生活水平直线提高，不仅物质生活得到改善，精神生活也得到了丰富。教育事业的发展，九年义务教育利民政策的落实，使更多的中国人享受读书的权利，也让中国这片广大土地的各个角落都能够响彻朗朗的读书声。我们应该在一言一行中抓规范、在一点一滴中打基础，在领悟“四史”精神内涵的过程中肩负起时代赋予我们的责任，在不断学习实践中完成自我认识与自我塑造。我们不但要敢于创新，还要严格要求自己，时刻谨记学习才是完成自我成长与自我塑造的唯一途径，不断更新知识结构、拓宽知识层面、提高理论层次，为中华之崛起而读书。

中国共产党如何改变中国？中国共产党推动生态文明建设，不断加强国防和军队现代化建设。生态文明建设在近年来不断被提及，习近平总书记提出“绿水青山就是金山银山”的重要理念和科学论断。我的家乡——河北，近年来看得到蓝天白云的优良天数比例不断提高。中国革命的艰难历程让中国共产党意识到了军队和武装力量的重要性，国防和军队现代化是保家卫国的必要途径，也是彰显大国实力与风采的重要方面。国庆阅兵里，一辆辆新型坦克从眼前开过，一架架战斗机从天空划过，人民军队昂首阔步，我们深感祖国的伟大、中国共产党的伟大。中国共产党注重培养创新型军事人才，在国防和军队现代化建设方面不断改革，将中国特色强军之路走稳、走好。在我们青年当中，有的去当兵，志在守好祖国的每一寸土地；有的去教书，志在教育好祖国未来的希望；有的去科研，志在打破他国的科技封锁自立自强。我们心里都清楚，我们取得的这一切成就来之不易，未来还将面对更加严峻的挑战，我们会让这世界看到中国青年的力量。

《中国共产党如何改变中国》这本书讲述了一代又一代中国共产党人的付出与经验，也在不断地激励着现在的青年们。身为一个青年人，身为一名大学生，身为一名入党积极分子，我有义务肩负新时代的责任，举起爱国主义的伟大旗帜，在中国共产党的带领之下为建设新时代中国特色社会主义、实现“两个一百年”奋斗目标贡献自己的力量。

作为新时代的青年，要树立远大的理想。青年的理想是关乎国家未来的，是关乎民族希望的。处在中华民族发展最好时期的我们，要以实现中华民族伟大复兴为己任，跟随中国共产党的旗帜，在中国共产党制定的一系列方针、政策、措施的指导之下树立自己的目标，将小我融入祖国的大我之中，融入民族的大我之中，融入中国共产党的大我之中，更好地实现人生价值。

作为新时代的青年，要担当时代责任。中国共产党在百年时间一路走来，靠的绝不是一时气运，而是脚踏实地、负重前行。新时代的我们，作为共产主义接班人，作为未来的国家栋梁，要勇于担起时代责任，保持初生牛犊不怕虎的刚强坚毅，勇于探索尝试，勇立时代潮头，脚踏实地地将中国未来放在心中。

作为新时代的青年，要练就过硬的本领。所谓空谈误国、实干兴邦，一切口头的加油和努力皆是浮云，要在学习中不断更新自我，在创新中敢于坚持真理，在新技术新模式新业态不断涌现的今天发奋刻苦、勤于钻研，珍惜我们的韶华青春，将大把时间用在努力提高个人素质与学习过硬本领上，为成为一名优秀的共产主义接班人不断奋斗，也为未来能以真才实学服务人民与社会不断努力！

《中国共产党如何改变中国》让我看到了中国共产党一路走来的艰辛，更学到了脚踏实地敢为人先的精神和品质。身为青年要敢于担起时代重任，身为青年要勇于传承中国共产党的先辈们的意志与经验，相信拥有如此志向的我们将在新时代的浪潮中挺立向前！

跟党脚步，走向中国未来

高岩峰

五千多年的悠悠历史长河，中华大地经历了无数次的革命与无数次的政权更迭，但没有一次能够像中国共产党领导的革命一样如此深刻、彻底。中国共产党的成立适应了近代以来社会进步和革命发展的客观要求，一代又一代中国共产党人为取得民族独立和人民解放，实现国家繁荣富强做出了非凡贡献。是什么让一个政党取得了如此辉煌的成就？又是什么让一个成立百年的政党依然充满朝气与活力？带着这样的问题，我深入了解了党的奋斗历史，并试图找寻其成功的关键所在。

一个国家的执政党，其执政能力的强弱集中体现在其治国理政的本领上。如何实现党对国家的领导，如何体现一切权力属于人民，这是我们普通大众最为关注的问题，也是《中国共产党如何改变中国》这本书尝试回答的问题。我们党领导人民取得革命的胜利，让中国人民站起来了。而作为执政党，中国共产党随之面临的问题就是如何保持党的本色、防止腐败，进而始终保持先进性。通过深入了解党的历史，我们可以看到党始终努力推进形成制度保障机制，中国特色社会主义法治体系的建设和完善正是最好的证明。

党的十八大以来，在领导法治中国建设谋新篇、开新局的伟大实践中，以习近平同志为核心的党中央推进全面依法治国取得重大成果，形成一系列重要论述。党的十九大明确提出到2035年基本建成法治国家、法治政府、法治社会，确立了新时代法治中国建设的路线图、时间表；党的十九届二中全会专题研究宪法修改，更好地发挥宪法在新时代坚持和发展中国特色社会主义中的重大作用；党的十九届三中全会决定组建中央全面依法治国委员会，加强党对全面依法治国的统一领导、统一部署、统筹推进；党的十九届四中全会对坚持和完善中国特色社会主义法治体系，提高党依法治国、依法执政能力做出专门部署、提出更高要求。中央全面依法治国委员会成立后，习近平总书记先后三次主持召开全体会议，发表一系列重要讲话、做出一系列重大部署、提出一系列明确要求，法治中国建设力度不断加大、步伐不断加快、成效不断彰显。

在发展和前进的道路上总会有困难与阻碍。建党之初的50多人的队伍，犹如星星之火，为何却点燃了燎原之火，掀起了反封建、反剥削、反压迫的浪潮，并唤醒了四万万同胞？从抗日战争到推翻以蒋介石为首的反动的国民党政府，一批又一批的有理想、有志向的共产党人前赴后继，流血牺牲，这是因为什么？历史告诉我们，他们为的就是人民的解放，为的就是在自己的国土上砸碎“华人与狗不得入内”的牌子，自己当家作主。当前中国的繁荣昌盛业已证明，这一页历史已经过去。中华人民共和国成立后，中国共产党人开始加强学习和积累建设经验。土地改革、公私合营等一系列政策相继出台，然而，冒进和激进，也导致犯了一些错误，走了一段弯路，这些教训让我们铭记。我们积累了一些宝贵的经验，而且取得了长足的进步。例如，基础工业体系的建立，原子弹、氢弹的成功爆炸等都大大地树立了国威，弘扬了民族精神。所以人民依然信赖和支持中国共产党。

“落后就要挨打。”“什么是社会主义，怎样建设社会主义？”这些耳熟能详的话语，我们都记忆犹新。党的十一届三中全会是一个里程碑，以邓小平为核心的第二代领导集体，凝聚了全党智慧，成功开创了中国特色社会主义。国家对内搞活，对外开放，全面实施改革开放政策。深圳、厦门、汕头、珠海、海南，一个又一个经济特区的开发，犹如雨后春笋一般，充满蓬勃生机。这一切人民看得见、摸得着，饭菜丰富了，衣着鲜艳了，国人腰杆挺直了，说话气足了、硬了。这些成就与辉煌都是党带领我们所取得的重大成就。党的战略眼光是睿智的，不仅批判地继承和发扬了马克思列宁主义，而且结合中国国情，开创了中国特色社会主义理论体系。中国共产党之所以能够发展并能够时刻保持生机与活力，与党的自身建设有着很大关系。俗话说打铁还须自身硬，当今世界正经历百年未有之大变局，党的建设十分重要。

党的十九大以来，面对瞬息万变的国际环境，以习近平同志为核心的中央领导集体拥有马克思主义伟大政治家的雄才大略，运筹帷幄、披荆斩棘、决胜千里，大大增强了中国共产党的创造力、凝聚力、战斗力、领导力、号召力，以新发展理念有力推动中国发展不断朝着更高质量、更有效率、更加公平、更可持续的方向前进，大力推动全面深化改革呈现全面发力、多点突破、纵深推进的崭新局面，坚定不移推进全面依法治国，显著增强了党运用法律手段领导和治理国家的能力，加强党对意识形态工作的领导，巩固了全党全社会思想上的团结统一，大力推进生态文明建设、推动美丽中国建设迈出重要步伐，坚定不移推进国防和军队现代化、推进国防和军队改革取得历史性突破，坚定不移推进中国特色大国外交，营造了有利于中国发展的和平国际环境和良好周边环境，坚定不移推进全面从严治党，着力解决人民群众反映最强烈、对于党的执政基础威胁最大的突出问题，形成了反腐败斗争压倒性态势，使党内政治生活气象更新，为党和国家各项事业发展提供了坚强政治保证，做出了无论是理论上还是实践上都堪称丰功伟绩的巨大贡献。

中国共产党带领人民在一个又一个五年中不断起步、追赶和超越。从“一五”计划开始，在党的正确领导下，我国的各个行业不断发展、壮大，民族工业不断完善和进步。短短几十年时间，中国已然发生了翻天覆地的变化，大到探月工程，小到移动支付，中国正在国际舞台上不断展现中国力量，不断向世界发出中国声音。

中国共产党在对外交流方面为全球各国提供了一些参考，对内谋发展，对外求开放，党在不断成长和发展的道路上提出一个又一个方案。例如，人类命运共同体的提案一经提出，便在联合国会议上好评如潮，为当今世界如何处理好国与国之间的关系问题提供了一个新的思路。由中国共产党领导的中华人民共和国在国际舞台上大放光彩，这足以证明党的大局观念和极具前瞻性的战略眼光。

面对不同时代发展的不同需求，中国共产党在不同历史阶段，根据国内外形势和我国的发展条件，提出相应战略目标引领事业发展，执政兴国，实干兴邦。为了大力恢复和发展经济，在改革开放之后，我们党提出社会主义现代化建设“三步走”战略目标。在解决人民温饱问题、人民生活总体上达到小康水平这两个目标提前实现的基础上，我们党又提出“两个一百年”奋斗目标。经过长期努力，党和国家事业不断取得新成就，中国特色社会主义进入新时代。为了把握历史新方位，顺应时代新特点，党的十九大提出分两个阶段实现全面建成社会主义现代化强国的战略安排，这是对“三步走”战略目标既一脉相承又与时俱进的深化和推进，凸显以习近平同志为核心的党中央运用战略思维、进行战略谋划的高超智慧和卓越能力，展现出党和国家事业蓬勃发展的光明前景。在党的十九大报告中，明确了从 2020 年到本世纪中叶分两步走全面建设社会主义现代化国家的新目标。这一目标描绘了建成富强民主文明和谐美丽的社会主义现代化强国的宏伟蓝图，对新时代中国特色社会主义发展做出战略安排，彰显了中国共产党的战略谋划和使命担当。

中国共产党为什么能够救中国，是因为她推翻了封建帝制和反动势力，把中国人民从水深火热的无休止的战争中解放出来；是因为她心系人民，忠于人民，一切以人民为中心，扎根于人民，为人民谋发展。党肩负着人民的期望，我相信，在中国共产党的领导下，经过全国各族人民的团结奋斗、不懈奋斗，中国特色社会主义道路必定越走越宽广，中华民族一定能够再次站在世界舞台中央。

中国共产党成为中国特色社会主义事业领导核心的原因之我见

——《中国共产党如何改变中国》读书思考

吴天泽

前言

2021年是中国共产党成立100周年。100年栉风沐雨，100年砥砺前行。中国共产党的成立是中国历史上开天辟地的大事。在中国共产党的领导下，中华民族创造了一个又一个辉煌成就。没有共产党，就没有新中国，就没有我们今天的幸福生活。100年来，中国共产党带领中华民族迎来从站起来、富起来到强起来的伟大飞跃，用事实向世界宣告：在中国，中国共产党能！且只有中国共产党能！

我潜心阅读、学习了《中国共产党如何改变中国》一书，对党在各方面的建设有了更深入的了解，也对“为什么要热爱中国共产党”这一问题有了全面客观的思考，并从党的宗旨、党的信仰、党的策略、党的格局等方面给出了自己的理解。

一、中国共产党一以贯之的初心与宗旨：为人民服务

习近平总书记在党的十九大报告中指出：“不忘初心，方得始终。中国共产党人的初心和使命，就是为中国人民谋幸福，为中华民族谋复兴。”

从邓小平同志关于必须把人民拥护不拥护、赞成不赞成、高兴不高兴、答应不答应作为衡量改革和一切事业根本标准的重要思想，到江泽民同志关于中国共产党必须始终代表最广大人民根本利益的重要思想，到胡锦涛同志关于必须把最广大人民的根本利益作为贯彻落实科学发展观的根本出发点和落脚点的重要思想，再到习近平总书记提出的以人民为中心的发展思想，把改善人民生

活、增进人民福祉作为出发点和落脚点，中国共产党始终站在人民大众立场上，一切为了人民、一切相信人民、一切依靠人民，全心全意为人民谋利益。

中华人民共和国的一切权力属于人民，人民代表大会制度保障了人民行使国家权力。《中华人民共和国宪法》明确规定，人民行使国家权力的机关是全国人民代表大会和地方各级人民代表大会，国家机构实行民主集中制的原则。无论是普及九年义务教育，提高全民文化水平，还是推行医疗保险、养老保险，完善公共设施、开展脱贫攻坚，党始终为人民办实事、办大事。

中国共产党以人民的利益为根本利益，致力于实现人民对美好生活的向往，使广大人民的生活质量不断得到提高。我们能切实感受到在党的领导下生活过得越来越好，因此，我们应该热爱中国共产党。

二、中国共产党理想信念坚定，以科学理论作为武器

中国共产党是坚定的马克思主义无产阶级政党，坚信共产主义远大理想，坚信中国特色社会主义共同理想，坚信中华民族伟大复兴的中国梦，坚信社会主义核心价值观，坚持走中国特色社会主义道路。马克思主义作为共产党人的信仰，是科学的理想信念的理论基础。党章中明确规定实现共产主义是党的最高理想和最终目标。只有坚持马克思主义这一根本指导思想，把马克思主义同当代中国实践结合起来，理论联系实际，中国的社会主义事业才能不断向成功迈进。

以毛泽东同志为主要代表的中国共产党人把马克思列宁主义基本原理同中国革命具体实践结合起来，创立了毛泽东思想，完成了新民主主义革命，建立了中华人民共和国，确立了社会主义基本制度，发展了社会主义的经济、政治和文化。党的十一届三中全会以后，以邓小平同志为主要代表的中国共产党人创立了邓小平理论，科学回答了建设中国特色社会主义的一系列基本问题，成功开创了中国特色社会主义。党的十三届四中全会以后，以江泽民同志为主要代表的中国共产党人形成了“三个代表”重要思想，成功把中国特色社会主义推向21世纪。党的十六大以后，以胡锦涛同志为主要代表的中国共产党人形成了科学发展观，成功在新的历史起点上坚持和发展了中国特色社会主义。党的十八大以来，以习近平同志为主要代表的中国共产党人，从理论和实践结合上系统回答了新时代坚持和发展什么样的中国特色社会主义、怎样坚持和发展中国特色社会主义这个重大时代课题，形成了习近平新时代中国特色社会主义思想，中国特色社会主义进入了新时代。

不论风吹雨打，胜似闲庭信步。中国共产党紧跟时代发展潮流，坚定信念，

坚持走中国特色社会主义道路，不断发展思想、完善理论，不仅能合理解释现实，更重要的是用不断创新的理论来指导新的实践。这样的党怎能不让人民热爱？

三、中国共产党有创新的精神与改革的勇气

《周易》中有言："穷则变，变则通，通则久。"在党的正确领导下，中国在经济建设、政治建设、国防和军队建设等方面不断改革创新，取得了飞速发展，围绕着社会主义革命和建设，开辟了一条中国特色社会主义道路。

1978 年召开的党的十一届三中全会，实现了中华人民共和国成立以来党的历史上具有深远意义的转折，开启了改革开放和社会主义现代化建设的新时期。从安徽省凤阳县小岗村响起改革的第一声惊雷，到全国上下掀起开放的浪潮，以经济建设为中心，实行改革开放，建立、完善社会主义市场经济体制，推动了经济高质量发展，为中国现代化建设提供了有力保障。

中国共产党人在政治政策问题上灵活务实，着眼大局，开拓创新，提出了"一国两制"的伟大构想，在一个中国的原则下，港澳台保留资本主义制度，求一国之大同，存两制之小异，为早日完成祖国统一大业提供了政策保证，为解决台湾、香港、澳门问题指明了方向，为解决争端和历史遗留问题提供了新的思路和方式。

在过去很长一段时间里，人民解放军是一支单一的步兵型部队。中华人民共和国成立以来，国家领导人高瞻远瞩，下定决心变革，开始建设海军、空军。厉兵秣马，风雨兼程，中国人民解放军由小变大、由弱变强，保家卫国、戍卫边疆，勇往直前、砥砺改革。我国军队兵种不断丰富，精简组织体制和编制，大力推动科技兴军，实现武器装备的机械化、信息化，成为一支强大的现代化、正规化的革命军队，走出了一条中国特色强军之路。

创新才能驱动发展，改革才能焕然一新。中国共产党始终坚持改革创新，未来的路一定会越走越宽！

四、中国共产党有极强的凝聚力与领导力

从 1921 年中国共产党成立时的 50 多名党员，到 1949 年中华人民共和国成立时的 448.8 万名党员，再到 2019 年年底的 9 191.4 万名党员，近百年的奋斗历程中，中国共产党的吸引力、凝聚力、战斗力不断增强，始终保持旺盛的生机活力。

哪里有需求，党员就去哪里；哪里有危险，党员就去哪里。广大党员干部始终冲锋在前，为人民树立起一个个好榜样。正因如此，人民才相信党、热爱党，积极响应党的号召；中国共产党才形成了强大的领导力，在全国上下才有了极强的凝聚力。

积土成山，风雨兴焉；积水成渊，蛟龙生焉。中国共产党将14亿国人紧紧团结起来，集中力量办大事，创造了一个个奇迹般的辉煌成就。

五、中国共产党有兼济天下的宽广胸怀与宏伟格局

时光荏苒，风云变幻，中国共产党胸怀天下的崇高格局始终没有改变。中国热爱和平，奉行独立自主的外交政策，坚持走和平发展道路，逐步走近世界舞台的中央。

作为联合国安理会常任理事国，中国为维护世界和平、推动世界发展做出杰出贡献。从提出“求同存异”的方针，到提出和平共处五项原则；从“一带一路”倡议落地，到亚洲基础设施投资银行的设立，我国已经跃升为世界第二大经济体，近年来，我国对世界经济增长的年贡献率保持在30%左右。中国在国际事务中扮演着越来越重要的角色，中国的国际地位随之越来越高。中国在周边环境压力较大的背景下依然取得重大成果，体现出大国的风度与实力。

在贸易保护主义抬头的形势下，中国坚持顺应全球化时代发展的潮流。习近平总书记在十九大报告中强调：“构建人类命运共同体，建设持久和平、普遍安全、共同繁荣、开放包容、清洁美丽的世界。”构建人类命运共同体，要相互尊重、平等协商，坚决摒弃冷战思维和强权政治；要坚持以对话解决争端、以协商化解分歧；要同舟共济，促进贸易和投资自由化便利化；要尊重世界文明多样性；要保护好人类赖以生存的地球家园。中国共产党也正为努力实现人类命运共同体的构想而不懈奋斗，中国的路只会越走越宽、越走越远。

“天下兴亡，匹夫有责。”作为新时代的青年，我们也应胸怀天下，热爱中国共产党，为创造美好未来不懈奋斗！

结束语

中国共产党以人为本的初心、坚定的理想信念、科学的理论、改革创新的精神、强大的领导力与凝聚力以及心怀天下的胸襟与气度，是我们热爱她的理由。她独特的魅力吸引着我们拥护她、支持她。我会一心向党，始终跟党走，为实现中华民族伟大复兴的中国梦贡献自己的一份力量！

为什么要热爱中国共产党

张益博

暑假期间我读了《中国共产党如何改变中国》，对中国共产党带领全国人民取得的丰功伟绩有了更深刻的认识。这本书深刻揭示了中国共产党为什么能改变中国的奥秘，也揭示了中国共产党得到广大人民群众拥护、支持的根本原因。

回首我国近代屈辱史，晚清时期西方列强把我国当作可以任意宰割的羔羊，肆无忌惮地来我国烧杀抢掠后，还要我们割地赔款，占领我国的领土作为租界，还在公园门口挂上侮辱中国人民的牌子。中华民国时期，不仅日本帝国主义对我国人民进行惨无人道的奴役，而且国民党也只能看美国、英国等外国势力的脸色办事。我们知道，是中国共产党带领中华民族抗战到底，血染山河，才赢得了中华民族的独立与解放，我们有什么理由不热爱中国共产党？

中华人民共和国成立后，“雄鸡一唱天下白”，中国共产党领导中国人民，不仅使人民真正实现当家作主，而且探索出了一条中国特色社会主义道路，这一道路符合中国实际，有利于推进国家进步发展。中国共产党致力于带领全国人民实现中华民族伟大复兴的奋斗目标。改革开放40多年来，还是中国共产党带领中华民族实现从站起来、富起来向强起来的跨越。作为“00后”，我们亲眼见证了祖国逐渐富强，改革开放的红利让我们这一代感触最深、获得感最强，我们自然深爱祖国，深爱中国共产党。

老百姓对中国共产党的热爱来自切身感受，来自自身得到的实惠和幸福感。近些年来，人们富起来了，生活水平提高了，对生活质量的要求也在提高，其中生态环境的明显变化是人们近年来的最大感受，污染减轻了，天变得更蓝了，空气质量明显改善。这些变化，来自中国共产党对生态文明建设的极大重视。2005年8月15日，时任浙江省委书记的习近平同志在浙江省湖州市安吉县余村考察时，首次提出了“绿水青山就是金山银山”的科学论断。后来，习近平又进一步阐述了绿水青山与金山银山之间三个发展阶段的问题。习近平的“两山”重要思想，充分体现了马克思主义的辩证观点，系统剖析了经济与生态在演进过程中的相互关系，深刻揭示了经济社会可持续发展的基本规律。2017年10月18日，习近平总书记在党的十九大报告中指出，“坚持人与自然和谐共生。建设生态文明是中华民族永续发展的千年大计。必须树立和践行绿水青山就是金山银山的理念，坚持节约资源和保护环境的基本国策，像对待生命一样对待生态环境，统筹山水林田湖草系统治理，实行最严格的生态环境保护制度，形成绿色发展方式和生活方式，坚定走生产发展、生活富裕、生态良好的文明发展道路，建设美丽中国，为人民创造良好生产生活环境，为全球生态安全作出贡献”。

就拿北京的环境变化来说吧，以前在北京生活的大多数人都听过一个段子：“二月吃霾，三月吃沙，四月吃絮。”但这个段子现在基本上已成为“老皇历”了，雾霾、沙尘暴等天气在北京已大幅减少，几乎绝迹了。对于雾霾减少这一成就，我自己的感受非常深刻。2016年北京的雾霾还非常严重，让人感到暗无天日、无法呼吸，家里紧急购买了空气净化器，但也仅仅使用了两年左右，此后几年空气净化器已没有用武之地了，放在家里的角落里，显得有些多余和碍事。官方的数据也能说明这一切，北京市生态环境局在2020年初晒出了2019年大气治理的成绩单，2019年北京市 $PM_{2.5}$（细颗粒物）年均浓度为42微克/立方米，相比2018年的51微克/立方米又下降了9微克/立方米，创下了2013年有监测数据以来的最低值，而且2019年全年没有出现严重污染日，重污染日仅4天，优良天数为240天（占比65.8%），北京市空气质量持续改善。北京已经连续两年没有出现严重污染日和持续3天以上的重污染过程，污染峰值明显降低、持续时间明显缩短、发生频率明显减少。2019年3月9日，在肯尼亚首都内罗毕举行的环境问题“科学—政策—商业”论坛上，联合国环境署发布了《北京二十年大气污染治理历程与展望》评估报告。报告指出，1998—2017年这20年间，北京市在经济社会高速发展的情况下，分阶段持续实施有力的大气污染综合治理措施，全市的污染物排放强度逐年下降，空气质量明显改善。

北京沙尘天气的减少也非常明显。沙尘暴是荒漠化的标志，一般来讲，每年春季3—4月容易出现沙尘天气，1981—2011年北京观象台平均沙尘日数2.2天，最多沙尘日数12天，出现在1954年。“又是一年春来到，满城尽戴黄金甲”，一句打油诗把北京2006年的春天描绘得惟妙惟肖。2006年4月17日，北京连续出现沙尘天气，主要是外来沙尘被气流带动，而北京风速较小，在重力的作用下，形成尘降。据估计，那次尘降是 20 克/平方米，全北京大约有 30 万吨，以 1 500 万人口计算，人均约 20 千克。

治理沙尘暴最有效、最彻底的方法莫过于植树造林。在党的领导下，北京风沙治理已经取得明显的成效，国家大力建设的三北防护林在逐渐发挥保护北京免受风沙侵袭的作用。北京地区年平均沙尘暴、扬沙和浮尘日数在 20 世纪 50 年代最多，总体上看近 40 年来沙尘天气日数的年变化呈减少趋势。尽管很多人明显地感觉北京近几年的沙尘暴越来越少了，但却少有人知道其根源。通过查阅相关资料，我发现北京沙尘暴三大源头之一的库布其沙漠位于内蒙古鄂尔多斯高原北部、总面积达 1.86 万平方公里，这一地区的沙尘暴已经由十几年前的每年六七十场(次)减少到现在每年只有 3～5 场(次)。经过 30 多年的坚持治理，库布齐沙漠完成治理的 4 000 多平方公里地段，已经为中国北疆建设了一道长达 240 多公里的“绿色长城”。

不单北京的环境、空气质量提升了，全国环境的变化也很大。中华人民共和国成立以来，国家和政府投入了大量的人力、物力和财力，采取了有力的退耕还林、植树种草、防风固沙等政策和措施，并取得了显著的成效。全球荒漠化以每年 5 万～7 万平方公里的增幅迅速扩张，110 多个国家和地区、10 亿人口深受其害。中国作为世界上荒漠化面积最大的国家之一，荒漠化和土地退化是中国面临的最为严重的生态威胁，2014 年，中国有荒漠化土地 261 万平方公里，影响超过 4 亿人。然而，经过艰苦卓绝的治理，中国的沙化土地面积连年持续缩减。尤其是近些年，中国沙化土地面积平均每年净减 1 980 平方公里，一举扭转荒漠化趋势，成为世界生态建设史上的奇迹。2019 年美国宇航局(NASA)公布的卫星监测数据显示，过去 20 年间地球正在变绿，其中仅中国一个国家的植被增加量，便占到过去 17 年里全球植被总增加量的至少 25%。

通读《中国共产党如何改变中国》可以发现，我国实现民族独立、人民解放，找到实现中华民族伟大复兴的正确道路，创造世所罕见的经济快速发展、社会长期稳定“两大奇迹”，其根本原因在于坚持中国共产党的领导，这是近代以来中国历史发展的必然，是中国人民的理性选择。中国共产党能够做到这一点，原因在于始终坚持以科学理论为指导，始终坚持以人民为中心的根本政治立场，始终为实现初心使命而不懈奋斗，始终保持坚强又严密的组织体系，始终坚定不移推进自我革命。中国共产党的这些优秀品格是其他任何政党所不具备的，这就是中国历史和中国人民选择中国共产党作为民族复兴伟业领导者的原因所在。

现在，我们比历史上任何时候都更加接近实现中华民族伟大复兴的目标，但从外部环境看，世界正经历百年未有之大变局，风险挑战无处不在；从内部形势看，我国发展处于爬坡过坎的关键时期，解决发展不平衡不充分问题、实现高质量发展任务艰巨，还有许多短板、弱项。我相信，只要我们热爱、支持中国共产党，充分发挥坚持中国共产党领导这个最大优势，就一定能实现各项奋斗目标。

共步百年峥嵘路 同沐中华盛世泽

——读《中国共产党如何改变中国》有感

刘宽昊

自1840年始，中国人民对于救亡图存之路的探寻就不曾停息过：自强自救的洋务运动、短暂壮烈的戊戌变法、浩浩荡荡的太平天国运动。然而这些风起云涌的起义也好，视死如归的变革也罢，终都走向了失败。沧海横流显砥柱，万山磅礴看主峰，1921年开天辟地的一声惊雷——中国共产党创立，她让沉沦落后的中国焕然一新，她让这只沉睡多年的雄狮再次咆哮于东方。透过风云变幻、波澜壮阔的历史，我们会看到，唯有中国共产党能改变中国！

我也曾抱有疑问，中国共产党是如何让一个积贫积弱的古国再次崛起，中国共产党领导的社会主义革命又究竟优越在哪里？读完《中国共产党如何改变中国》这本书，我想我已经有了答案。答案就蕴含在党的路线方针政策及不断实践当中。

《中国共产党如何改变中国》这本书分别从政治、经济、法治、文化、生活、生态文明、国防和军队现代化建设、推进祖国统一和构建人类命运共同体9个方面讲述了中华人民共和国成立以来中国发生的历史性变革和取得的辉煌成就。这9个方面正对应着党的群众路线、思想路线以及组织路线。纵观世界各国，没有哪一个国家能像中国一样历经上千年的沧桑岁月仍然可以屹立于地球之巅。20世纪末，西方列强用坚船利炮打开了闭关锁国的大清，那个早已病入膏肓的天朝大国轰然倒下。彼时的中国无论是经济还是科技都被西方列强远远甩在了身后，而中华人民共和国成立后仅仅用了70年的时间就能再次崛起，这离不开中国共产党对于中国发展之路的谋划和部署。

“中国共产党必然因其使命非凡而壮大，必然因其道路壮阔而伟大，必然因其本领高强而强大。”正是凭借着中国共产党所确立的路线方针政策，中国走过了那段艰辛的峥嵘岁月，铸就了今日的华夏盛世。

群众路线是党的生命线和根本工作路线，以毛泽东为主要代表的中国共产党人在长期斗争中形成了“一切为了群众，一切依靠群众，从群众中来，到群众中去”的群众路线。中国共产党“始终与人民想在一起，干在一起”，中国共产党总是代表着最广大人民的根本利益。这些年来，西方国家社会矛盾加剧，恐怖袭击频发，各政党之间争权夺利，剥削阶级通过压迫穷人增加他们自己的财富，却丝毫不顾及贫苦人民的死活。我认为社会安定与否最大的影响因素就是贫富差距的大小。董仲舒说过：“使富者足以示贵而不至于骄，贫者足以养生而不至于忧。以此为度匀调之”。普罗大众的生活水平才最能反映这个国家的发展水平，“朱门酒肉臭，路有冻死骨”是社会的病态，国家的悲哀。“小康路上一个也不能少”是中国共产党人对人民、对历史许下的铮铮誓言。

书中第五部分详细介绍了中国共产党在提高人民生活水平方面的努力。我们追求的目标从简单地解决温饱、安排就业，到完善教育和社会保障体系，再到今天全面小康社会的建成。我们每个人都能切实感受到中华人民共和国成立以来人们的生活水平明显提高。2021 年中国人均国内生产总值（GDP）突破 8 万元，地区之间发展不平衡的差距也在逐渐缩小，政府也一直致力于建设为弱势群体提供保障的社保体系。我们学生尤其能感受到的是教育条件的改善。中华人民共和国成立以前，人民群众的入学率非常低，教育资源不平衡的问题非常严重。我在暑期的社会实践中采访了一位曾经从事教育事业的老党员，他在介绍自己从教经历时多次提及共产党对于乡村小学建设的支持——乡党委领导带头翻修教室，国家提高教师工资待遇，出台政策实现义务教育。也正是无数党员同志扎根乡村，在三尺讲台上燃烧自己、奉献青春，才让小小的村庄走出了一个又一个大学生，去建设美好的祖国。

群众是历史的创造者，我们党是在与人民群众的密切联系、共同战斗中诞生、发展、壮大起来的。放眼世界，中国共产党经历长期革命斗争所形成的群众路线，是前无古人的伟大创造。也正是中国共产党在中国特色社会主义建设事业中始终坚持群众路线，才有了如今党依靠群众、群众相信党的大好局面。

思想路线是中国共产党认识问题、分析问题、处理问题所遵循的最根本的指导原则和思想基础。中国共产党在长期的革命实践中，确立了一条辩证唯物主义的思想路线，即一切从实际出发，理论联系实际，实事求是，在实践中检验真理和发展真理。改革开放 40 多年来，我国经济发展创造了世界史上的奇迹。当面临生活物资匮乏、社会生产力发展不充分的问题时，领导人没有逃避，而是迎难而上选择了改革开放。共产党人拥有改革的勇气和魄力，当改革开放遭到质疑、舆论发起“姓资还是姓社”的问题时，88 岁高龄的邓小平不辞辛劳发表南方谈话，给全国人民打了一剂“定心针”，让改革开放继续轰轰烈烈地展开，中国也从那个一穷二白的国家，成为现在的世界第二大经济体。

中国共产党对于中国的未来发展有着清晰的规划。当今世界处于大发展大变革时期，局部动荡和战乱威胁着人民的生命安全和国家的经济发展，我们需要实现国家之间的良好合作，才能更好地实现中华民族的复兴之梦。中国抓住了历史的机遇，以“一带一路”为依托有序推进与欧亚经济联盟的对接合作，同时也建立起了一个和平稳定的发展环境。新时代的中国为民族复兴尽责，为人类进步担当，在世界乱象中维护中国发展的良好环境，在国际变局中提升中国的国际地位和影响力，谱写了中国特色大国外交的精彩篇章。

“加强国防和军队现代化建设”这一部分浓墨重彩地介绍了我国在加强国防和军队现代化建设方面的努力。在议定建立中华人民共和国的全国政协第一届会议上，毛泽东庄严地提出：“我们的国防将获得巩固，不允许任何帝国主义者再来侵略我们的国土。”在中华人民共和国成立之初，国家经济并没有完全复苏，我们便将大量资金和人才投入国防建设中。为什么要这样做？因为我们曾经饱受西方列强的武力威胁，因为我们曾为一场场战争的失败而割地赔款，因为一次次痛苦的经历告诉我们要凭借强大的国防和军队来维护国家的核心利益。一个国家安全系数的大小，国际威望的高低，经济发展潜力的大小，很大程度上取决于国防力量的强弱。历史的经验告诉我们，缺乏国防意识、忽视国防建设将会付出惨痛的代价，国防建设是国家独立自主的前提和繁荣发展的重要条件。影片《钱学森》中有一句经典的台词“手上没有剑，和有剑不用，不是一回事”，中国崇尚和平但一样要发展国防。“好战必亡，忘战必危”是我们要时刻牢记的历史教训。

唯有坚持解放思想、实事求是、与时俱进的思想路线，我们才能在建设中国特色社会主义的道路上不走错路，不犯错误。

组织路线是党在一定历史时期内根据政治路线的需要而制定的关于组织工作总的原则和方针，是政党进行组织工作的根本原则和根本方针。中国共产党的成立与发展深受列宁及其领导的俄国十月革命的影响，苏维埃政权制度也给中国共产党以重大影响，然而中国共产党人并没有囿于苏联模式的桎梏。中国共产党根据国情建立了人民民主专政的国体和人民代表大会制度的政体，将国家的最高权力交给了人民，真正实现了人民当家作主。在阅读《中国共产党如何改变中国》的过程中，我被书中这样一段话深深触动：代表们“从车床边来，从田地里来，从矿井来，从海岸的防哨来。放下钳子，放下犁耙，放下镐头，放下笔杆、圆规……同他们所爱戴的党和政府的领导人们一起，商量着国家的大事”。这是多么旷古烁今的革新，让人民做国家的主人翁，调动了全国各族人民建设国家、管理国家的积极性。

中国尤其不同于其他国家之处是中国实行的政党制度是中国共产党领导的多党合作和政治协商制度，它既不同于西方国家的两党制或多党制，也有别于有的国家实行的一党制。它既避免了多党制造成的国家内耗、也避免了一党制造成的领导人专制。

组织路线保证了党中央是大脑和中枢，党中央拥有定于一尊、一锤定音的权威。也只有这样，才能让中国这样一个庞大的国家有条不紊地运行。

习近平总书记曾说：“学习中国近现代史，就要了解近代中国所经历的屈辱历史，深刻汲取落后就要挨打、就要受欺负的教训，增强励精图治、奋发图强的历史使命感和责任感。”从书中我读到了共产党人对人民、对民族、对国家的赤子之心。“为中国人民谋幸福，为中华民族谋复兴”，今天，曾经遥不可及的梦想已能望见雏形，一代代共产党人没有辜负前人的浴血奋战和殷切期盼。

我们经历了14年抗战的“誓倾热血挽危亡”，我们走过了改革开放的“披荆创业步维艰”，也终将会迎来属于我们的“神州处处盛世歌”。

疫情读党史，意义心自知

刘君龙

“中共执政创新貌，辉煌成就惠全球”。就在中国共产党建党的百年间，中国实现了令人惊叹的华丽转身，从一个受尽屈辱的半殖民地半封建国家，成长为如今的全球第二大经济体，在自身茁壮发展的基础上扶助周边各国，与世界交友，凭借实力与智慧在世界上拥有了举足轻重的地位。中国共产党如何领导人民创造了这举世瞩目的奇迹？如何使中国迎来了从站起来、富起来到强起来的伟大飞跃？《中国共产党如何改变中国》一书以翔实丰富的历史细节和史料为依托，从经济、政治、文化、社会、生态文明、国防军队建设、外交、推进祖国统一等方面，深刻阐释了中国共产党成立以来中国发生的历史性变革和取得的辉煌成就。该书采用讲故事的方式，用生动的语言展现山乡巨变，用故事传递思想、讲清经验，同时，立足国际，从国际大背景观察中国经验，向世界讲述中国的治理奇迹。

抚今追昔，中国近代以来的历史，不论是在推翻三座大山、争取民族独立的革命战争年代，还是在中华人民共和国成立后的国家建设中，抑或是在新时期改革开放的大潮里，中国共产党的领导都起到了决定性作用。中国的国运、中华民族的命运就因 1921 年 7 月中国共产党在南湖的一条小船上的诞生而改变。党领导中华民族实现伟大复兴，党领导中华民族实现了站起来、富起来、强起来三个伟大飞跃，党领导当代中国正走向善治。在中国共产党引领下的百年间，中国发生了翻天覆地的变化，中国共产党亦经受住了各种风浪与考验，不断地发展壮大。

建党以来，中国共产党把中国历史推向了新高度。中国共产党在社会主义民主政治的发展中积极地充当着领导者的作用，为中国奠定了根本政治前提和制度基础，为中国特色社会主义政治的发展扫清了障碍。在现代化经济体系的建设中，中国共产党带领人民为国家工业化和现代化打下坚实的基础；党的十一届三中全会做出改革开放的伟大决策，提出以经济建设为中心，建立和完善社会主义市场经济体制，大力推动了经济的高质量发展。在建设社会主义法治国家方面，中国共产党推动了社会主义法治建设，确定了依法治国的基本方略，在新时代全面推进依法治国。在社会主义文化繁荣方面，中国共产党开创了“百花齐放、百家争鸣”的盛世局面，积极进行文化体制改革，坚定了国人的文化自信，用实际行动讲好中国故事。在人民生活水平提高方面，中国共产党带领人民实现了从温饱不足到全面小康，并把教育摆在了优先发展位置，千方百计解决就业问题，给广大人民寻出路，此外，建立健全了社会保障体系，发展了医疗卫生事业，改善了居住和出行条件。在推动生态文明建设中，中国共产党带领人民植树造林，绿化祖国，积极保护和改善生态环境，秉持“绿水青山就是金山银山”的理念，竭尽全力建设美丽中国。在国防和军队现代化建设中，中国共产党更是坚守着“中国必须建立强大的国防军”的目标，在国防和军队建设的各领域进行改革，坚定不移地走中国特色强军之路。中国共产党矢志不移地推进祖国的统一大业，并有着“实现国家统一是民族的愿望”“我们只要播好种，把路开对了就行”“求一国之大同、存两制之大异”“送别殖民主义、保留资本主义”等坚持“一国两制”的先进思想观念。不仅如此，在中国共产党的领导下，中国亦是体现出了应有的大国担当，在构建人类命运共同体方面，提出并践行新外交方针，提出“两个中间地带”和“三个世界”，主张独立自主的和平外交政策，坚持走和平发展道路，一步一步地走近世界舞台的中央。

中国共产党是共建美好世界的引领者。中国共产党不仅是为中国人民谋幸福的政党，也是为人类进步事业而奋斗的政党。在中国共产党的领导下，中国高举和平、发展、合作、共赢的旗帜，恪守维护世界和平、促进共同发展的外交政策宗旨，积极参与国际和地区事务，为世界发展做出了重要贡献。中国共产党寻求与世界各国不同政党开展党际交流，为推动国家关系全面发展、共建美好世界发挥了引领作用。中国共产党始终致力于为人类进步事业奋斗。习近平总书记提出的构建人类命运共同体、共建“一带一路”、建立新型政党关系等理念，得到各国政党的广泛支持，对世界产生了深远影响。通过倡导建立新型政党关系，中国共产党为不同政党之间弥合分歧、寻求共识、开展建设性合作奠定了坚实政治基础，与世界各国志同道合的政党建立了兄弟般的关系，并通过党际交流慷慨分享经济、政治、文化、社会、生态等领域的发展经验，帮助各国政党提高治国理政能力，中国共产党的国际威望和影响力也得到了空前提升。2020年，面对全球爆发的新冠疫情，中国共产党领导中国人民迅速做出应对，并积极参与和开展抗疫国际合作，及时与世界各国分享抗疫经验，以实际行动践行了人类命运共同体的理念。总而言之，中国在当今国际政治中的作用不可替代，任何全球性问题的解决都离不开中国的参与。

“哪有什么岁月静好，不过是有人替你负重前行。”在中国共产党有条不紊的指挥领导下，“一方有难，八方支援”在中国当下成了现实。翩翩白衣，举止若天使的医护人员，纷纷请愿，舍小家为大家，瞒着家人，奋斗在抗疫第一线。为了方便穿脱防护服，有的医护人员剪掉了自己心爱的长发，甚至剃了光头，脸上被勒出了印记，汗流浃背亦是不管不顾。也许他们也曾迷茫过，恐惧过，但疫情危急时刻，他们不惧艰险，毅然地踏上了征程。还有那一个个灰头土脸的身影，一个个不拘小节的睡姿，被称为“基建狂魔”的他们，仅仅用了几天时间就建造成了完全符合标准的“火神山医院”，让许许多多患病的人看到了希望。在此期间，也有人们向武汉派发医用物资，医用物资的生产厂家也纷纷召回员工，夜以继日地生产。2020 年 1 月 27 日，受习近平总书记委托，中共中央政治局常委、国务院总理、中央应对新型冠状病毒感染肺炎疫情工作领导小组组长李克强赴武汉考察指导疫情防控工作，代表党中央、国务院慰问疫情防控一线的医务人员，给予前线奋战的医务工作者信心，更给予了全国人民信心。在疫情防控斗争中，共产党员、干部挺身而出，增强“四个意识”、坚定“四个自信”、做到“两个维护”，切实把思想和行动统一到中央决策部署上来。他们清楚，一个党员就是一面旗帜，一个支部就是一座堡垒。越是在紧急关头，党员干部越要勇挑重担、迎难而上，组织带动群众共同战胜疫情。

中国共产党在民不聊生、破败不堪的旧中国诞生。她经历了战火的洗礼和历史的考验，凝聚着无数革命志士的智慧和力量。在中华人民共和国成立初期，盛传的歌词是“没有共产党就没有新中国”；在改革开放、不断发展的今天，我认为应该是“没有共产党就没有和谐发展的中国”。

学习党史就是要我们始终牢记党的理想信念，不忘党的最终目标，就是要我们牢记党的历史经验，以史为鉴。读毕《中国共产党如何改变中国》，我明白当前我们的任务是拥党爱党。我们应当拥护党，努力学习、工作，为共产主义事业而奋斗，与一切反党反人民的行为做斗争。在高度文明的现代社会，一切都在迅速发展，我们青年人必须树立正确的科学的奋斗目标，并为实现目标而积极努力。作为新时代的青年，我们应当肩负起建设祖国、保卫祖国的重任，这就要求我们要有过硬的本领，同时要有坚定的立场和正确的思想认识。

面对滚滚前行的历史车轮，我更加坚定了一个信念：没有共产党就不会有屹立于世界强国之林的中国和中华民族。尊重历史、立足眼前、放眼未来，坚持党的领导，才能不断地发展中国，才能实现中华民族的伟大复兴！

中国与共产党

庄天源

2020的今天，在共产党领导下的中国，在可见的未来会有非常好的发展。但是，为什么是共产党？中国又是如何发展到如此高度的？阅读了《中国共产党如何改变中国》这本书，我有了如下思考与感悟。

为什么是共产党？这个问题还得从近代中国内忧外患的环境说起。经历了几千年的封建统治，中国早已被时代抛下，被多国入侵欺辱，割地赔款，民不聊生。封建地主阶级也想过维新变法的自救，却无法摆脱封建主义和帝国主义的桎梏。资本主义革命如辛亥革命等掀起了一时风浪，但是仍旧没有彻底改变中国。随着俄国十月革命的炮声，中国共产党应运而生。中华苏维埃第一次全国代表大会通过了《中华苏维埃共和国宪法大纲》，其中明确规定："中国苏维埃政权所建设的是工人和农民的民主专政的国家。苏维埃全政权是属于工人、农民、红军兵士及一切劳苦民众的。在苏维埃政权下，所有工人农民红军兵士及一切劳苦民众都有权选派代表掌握政权的管理；只有军阀、官僚、地主、豪绅、资本家、富农、僧侣及一切剥削人的人和反革命分子是没有选派代表参加政权和政治上自由的权利的。"由此可知，共产党既没有封建主义的为己不为民，也没有资本主义的软弱性，共产党对于当时内忧外患的中国无疑是一个耀眼的希望。

社会主义的新中国不同于其他资本主义国家，最重要的特点是能集中力量办大事。这一优点在现在来看是极其明显的。同为人口众多的国家，印度在当时的经济实力比中国要高出不少，但走社会主义道路的中国现在在经济上已远远甩开了印度。

一个国家要想强大首先就得发展军事工业，只有军事实力上去了，国家才能有话语权，不会被随意欺负，这是中国在近代学习到的深刻的教训。但是军事工业不能盲目发展，没有底层的经济基础，军事工业是无论如何都无法取得重大突破的。在苏联的示范和帮助下，中国共产党选择了优先发展重工业。这个方向好处多多，首先就是有苏联的援助，我们可以迅速发展重工业；其次就是当时的军事工业要以重工业为基础，只有有了飞机大炮，国家才能免于外敌侵略的伤害；再次发展重大工业可以为国家的工业化和现代化打下坚实的基础，工业化可以确保自己尽可能不会被国外卡脖子，现代化则是为国家的全面发展奠基。在之后的几十年里，国家取得了以“两弹一星”为代表的伟大成就，巩固了国家在国际社会中的地位。

当然前进的道路不是一帆风顺的，其中也有许多挫折，但是中国共产党的自我革命能够克服这些困难。从“一五”计划开始，国家以苏联援建的156项重点工程、694个大中型建设项目为中心，进行了大规模投资，逐步建成了一批门类比较齐全的基础工业项目，为国民经济的进一步发展打下了坚实的基础。国家基本建设投资，从“一五”时期到“四五”时期，累计达4 956.43亿元。这无疑是一个非常巨大的进步。

要说进步就必须提到党的十一届三中全会的召开了。作为党和国家历史上的一个极其重要的转折点，它确认了改革开放的道路。改革与开放缺一不可。没有开放，自己缩在一处不与外界交流，这与清朝的闭关锁国无异；缺少改革，我们就会在僵硬的体制中被外来的敌人撕扯，无法尽可能地抓住那份机遇。改革从确认家庭联产承包责任制开始，一步一步扩大，一步一步令国家跟上世界发展的脚步。也是在不断积累经验的过程中，党和国家的领导人敏锐地发现了现有体制和前进的方向存在很大的局限性，由此一条“中国特色的社会主义”道路便成了前进的路。虽然一路上仍有磕磕碰碰，但是方向是对的。

有机遇就肯定有挑战。比较大的其一自然是1997年下半年索罗斯收割东南亚的事了。当以索罗斯为代表的对冲基金进攻我国香港的金融市场的时候，中央靠着战略眼光帮助香港成功挡下了巨大的冲击，给国家经济发展的稳定性提供了非常重要的保障。其二便是加入世界贸易组织所带来的冲击了。为了加入世界贸易组织，国家做出了一些让步和牺牲。但是，凭借自己超前的战略眼光，中国共产党带领着中国扶摇直上，一步一步走上了世界第二大经济体的位置。其中的困难和努力清晰可见。

经济发展的同时，国防是不会单独落下的。这两者相结合才能实现对外的震慑以及保障国内的和平富强。在经济发展的同时，各类军事作战平台和装备也被一一研发出来。在海湾战争以后国家深刻意识到了体系化作战的重要性，也由此发展出歼15、运20、武直10和武直19等一大批新装备。特别值得一提的是能直接带来威慑力与影响力的歼 20、自研航母山东号、055 舰和 075 舰、99a 坦克，以及几乎可说无法拦截的 DF-17 和确保国家安全的、打击面覆盖全球的 DF-41。

说完经济和军事，就该说下民生了。中华人民共和国成立之初，国家还处于一穷二白的状态，中国共产党把大家团结在一起，心往一处想，劲往一处使，给当时的中国指出了一条光明的道路。改革开放后，大家的生活逐步富裕起来。2020 年是全面建成小康社会目标实现之年，也是全面打赢脱贫攻坚战收官之年，我们有信心如期实现第一个百年奋斗目标。

满足一定的物质消费之后，大家开始关注的自然是精神文化方面的消费，包括文娱用品、教育、书报杂志、旅游、休闲，以及游园、看剧等的消费。显而易见的是我国的文化总体是往好的方向发展的。李子柒在国外社交媒体上宣传中国丰富多彩的农家生活，引来众多关注。共青团等官方机构会联合公众人物进行文化宣传，例如借由“我的世界”这个游戏塑造“清明上河图”的情景，在吸引年轻人的同时，大幅度地增强了大家对中国传统文化的认同感。新时代的中国更加自信地在国际舞台上展示着自己的魅力。

回到最初的问题，为什么是共产党？因为是共产党在最危险的时候拯救了中国，在最困难的时候带着中国走出困境，正向着实现全面建成社会主义现代化强国的目标迈进。

中篇

我与红色历史

缅怀烈士英魂，歌颂红色故事

——寻找家乡红色历史访谈报告

谷昊宇

2020年是中国共产党成立99周年以及中国人民抗日战争胜利75周年，也是中华人民共和国成立以来共产党执政的第71个年头，更是全面建成小康社会的收官之年，中国人民在共产党的领导下正在前所未有地接近实现中华民族伟大复兴的中国梦。

本次访谈我以“记忆历史，牢记初心”为主题，旨在发掘家乡的红色基因，传播家乡的红色故事。首先我找到了石家庄市高邑县第七届、第八届、第九届政协常委的老党员程瑞山爷爷；接着按照写好的访谈大纲了解了程爷爷入党的事迹，以及成为县政协委员之后为人民谋实事做贡献的点点滴滴；然后我又从程爷爷的口中了解了发生在高邑县的红色故事。

程爷爷以“忠魂公墓”与“武城烈士墓”为例，讲述了东北抗日联军抗击日本侵略者的英勇事迹，以及华北地区八路军抗击日本侵略者的铁血豪情。在实地拜访之后，我深深感受到了我们现在的幸福生活都是建立在前人的血汗和牺牲的基础上的！

最后我记下了程爷爷对我们这些大学生的殷切期盼，以及对家乡红色故事能够得到宣传的渴望，我也希望这些光辉的红色故事能够被更多的人传播与歌颂！

一、访谈背景

2020年是中国共产党成立99周年，转眼间中国共产党已走过了近百年的光辉历程，中国社会也在中国共产党领导人民的长期奋斗中，发生了翻天覆地的变化。中华人民共和国成立以来70余年的时间，极大地改变了中国，影响着世界。中国人民自力更生、艰苦奋斗，创造了举世瞩目的中国奇迹，中国迎来了从站起来、富起来到强起来的伟大飞跃。回忆与寻找中国共产党成立以来在中国大地上的光辉岁月，在物质生活充裕的现在就显得尤为重要。

习近平总书记在河南考察时就强调："要讲好党的故事、革命的故事、根据地的故事、英雄和烈士的故事，加强革命传统教育、爱国主义教育、青少年思想道德教育，把红色基因传承好，确保红色江山永不变色"①。习近平总书记的指示，为我们高举红色旗帜、传承红色基因，以坚定的理想信念守初心、担使命指明了方向。坚定的理想信念是共产党人的胜利之"本"，更是推动党的事业发展的内在动力。通过访谈的形式寻找红色故事，可以提高我们的马克思主义的理论水平，坚定革命的理想信念。

中国共产党人坎坷的99年是奋斗的，是砥砺前行的，要想在新时代继承和发扬党的优良传统，就要认真学习中国共产党的红色历史。唐太宗李世民在魏征死后说："以铜为镜，可以正衣冠；以史为镜，可以知兴替；以人为镜，可以明得失。"历史的真正价值并不在于历史知识本身，而在于隐藏在历史知识背后的思想，这种思想可以改变人们的观念，培养人们判断是非、分辨善恶的能力。而当一个人的观念和思维发生改变时，他的行为方式必然随之发生改变，这就是学习历史的真正意义所在。

记忆历史，牢记初心。我们不仅要主动寻找家乡的红色故事、党史故事以及爱国案例，也要积极地寻找历史当事人，希望能够从他们的口中了解当年发生过的那些振奋人心的红色事迹。我们也希望通过对一些老党员的采访，了解共产党员的历史，尤其了解一些优秀的共产党员的爱国事迹并加以整理和学习。

鉴于上述访谈背景，我利用暑假的空闲时间，以我的家乡河北省石家庄市高邑县为基地，采访了西街村的老党员，向前辈了解红色知识、学习红色精神，感受到了高邑县所散发出的红色光辉。

二、访谈对象

程瑞山，石家庄市高邑县第五届、第六届政协委员，第七届、第八届、第九届政协常委，共产党员，从1999年当选为高邑县第五届政协委员至今已有20余年。从第一次佩戴委员证走进政协会场起，他就下定决心把政协委员当作一个

① 中共中央宣传部宣传教育局：《守正创新的践行——新时代公民道德建设评论员文章和工作实践体会汇编》，人民出版社2020年版，第85页。

崇高的政治荣誉，当作一项神圣的履职担当，积极参政议政。

为了积累素材，他积极搜集阅读县里的各类报纸，了解县里的大事小情，将身边的小问题和居民需求都一一记录下来，集中整理分类，努力做到“谏言以安民心，献策不添乱”。20多年来他连续获得“提案优秀个人”“优秀政协委员”等称号。作为一名老政协委员，他始终牢记20多年前成为政协委员时的初心和承诺，始终以此约束自己，尽职尽责地写好每一份提案。

三、访谈过程

我原打算登门拜访这位老党员，但由于疫情期间的种种不便，联系后老党员建议我通过QQ聊天的方式进行问答式的访谈，这样虽然多了些距离感，但是很方便我对访谈进行后续的整理工作，也方便了老党员能够对我提出的问题做出更加细致的回答。我首先大致整理了如下的访谈大纲。

Q1：首先请您做些简单的自我介绍吧！比如：性别、年龄、家乡等。

Q2：我知道您是一位老党员了，我想知道您是什么时候以及出于什么原因选择加入中国共产党的呢？

Q3：众所周知，河北作为抗日武装的大后方，在抗日战争期间就留下了很多感人肺腑的红色故事，我们居住的石家庄高邑县也是英雄辈出，坊间流传着很多红色故事，您能给我介绍一些咱们这里的红色事迹吗？

Q4：您对这些红色故事的宣传是否满意？您觉得在宣传红色故事上我们还有哪些可以做的呢？

Q5：我们可以看到中国共产党执政的这70余年间中国发生了翻天覆地的变化，您想对现在的大学生说些什么？您希望他们可以书写什么样的新的故事呢？

根据访谈大纲我与这位老前辈进行了较为充分的交流，找到了我需要的答案。让我眼前一亮的是在这次访谈中我得知县里建有革命传统教育基地，随即我到那里进行了参观，进一步了解家乡的革命历史。访谈的交流是短暂的，我对没能与这位老党员爷爷见面交流而惋惜，也期待日后的进一步交流！

四、资料内容

（下文中G表示采访者，C表示被采访者）

G：爷爷您好，我是中国矿业大学的学生，很开心能够与您交流。本次访谈的目的是寻找咱们家乡包括您身上的红色故事，把这些故事传播出去。访谈后我也会将访谈内容整理成访谈报告提交，涉及隐私或其他不便之处还请您跟我说明。

C：好的！

G：爷爷，请您做个简单的自我介绍吧。

C：我是咱们石家庄高邑县的一位政协常委，今年70多岁了。

G：我们知道爷爷您是一位老党员，退休后也一直担任政协委员，参与政协的各项工作，您是什么时候在什么情况下加入中国共产党的呢？

C：我加入中国共产党是在1986年的时候，当时在西关村参加工作不久，是为数不多的会读书的，相当于知青一样。当时咱们这里正搞大生产呢，我也是跟其他知青一样一边搞建设一边学习。

G：那当时的条件还是十分艰苦啊！

C：是啊，当时带我们的是一位县里的下乡干部。当时咱们这很多干部都要下乡，这些干部、党员们都扛着锄头什么的在乡里帮老百姓收地、搞建设，我印象特别深刻。带我们的那个干部一干就是一天，天黑了，村民们也非常热情，拉着他回家吃口饭。这些干部们也都是用毛巾擦一擦往炕头一倒就是一晚上。

G：这对您入党是不是产生了很大影响？

C：是的，当时这些吃百家饭的干部都让咱们老百姓称赞。我那时候年轻，也算是一腔热血吧！哈哈，想着我要向他们学习，为咱们老百姓服务！后来终于有了机会，我当时在村里也算是个积极分子，如愿加入了中国共产党。

G：爷爷，咱们高邑也算是一个红色的革命圣地，您知道咱们这的一些红色故事吗？

C：那可多了，你知道咱们武城那个八路坟吗？

G：是武城那边那个公墓吧，我听说过。

C：那是后来修过了，我跟你讲讲吧。当时是八路军的战士们，一个叫耿文斌的连长带着100多号八路军战士，他们带着些山货，要来咱们这边换食盐和其他生活用品。但是当时有好多汉奸特务啊，有人就告密了。高邑、元氏、赞皇的日伪军有500多人，在石家庄这边就打开了。寡不敌众，100多名八路军战士都牺牲在这儿了，只有20多名战士冲了出去。

G：他们可真是勇猛啊！

C：是呀，当时咱们村民见着这些八路军战士的尸体就半夜里偷偷地帮着给埋了。为纪念他们，1965年的时候在武城修了一座烈士墓，叫咱们后人们记住这段历史！

G:这段历史必须铭记!

C:在咱们花园村东边,有一座"忠魂公墓",是国民革命军 63 军军长冯占海为在东北抗击日寇阵亡的东北抗日联军将士而建的。当时冯占海是军长,他们从察哈尔省的怀来县迁移到咱们河北来了。

G:他们不是东北抗日联军吗?

C:对啊,当时日本不是早就把东三省占了吗,建那个伪满洲国,他们抗日联军就顺势到咱们这继续抗日了。他们在高邑驻扎的时候建立了这个烈士公墓。1937 年日军攻占高邑后毁坏了公墓,推倒了石碑。当时石碑被当地农民们偷偷埋到了地下,保留了下来,后来建设公园的时候又进行了重建。

G:可见咱们内部真的是军民一心啊!

C:是啊,就在刘秀公园里面,你们没事去看看吧,现在知道这段历史的人不多了!

G:没问题,我过两天就去参观拜访一下!还有爷爷,您觉得咱们这儿对这些红色事迹宣传得怎么样?

C:挺好的,县里这些年做得挺好的。像公园、纪念馆这些年建设得都挺好的。咱们西街村街边上以前乱七八糟的,这些年不是都挂上一些牌子宣传这些红色事迹么。村委书记开党员会议,也经常提起一些优秀党员的故事,我听了之后很受鼓舞啊!

G:是呀,我回家这段日子在大街小巷也常常听到人们讨论咱们共产党和政府这些年做了很多实事呢!关于宣传这方面您还有什么建议吗?

C:建议的话,现在不是网络发展得特别快吗,你们都会用手机上网了,我觉得通过网络这种途径帮助你们这些年轻人加深对红色故事的了解是很有必要的。

G:是呀,我也觉得我们现在的年轻人需要更加关注这些振奋人心的红色故事了。

C:这样吧,我记下来,今年有机会了再写一份提案给县里。

G:爷爷您真是生活中无时无刻不在发现问题、服务人民啊!

C:咱们是政府执政的参谋啊,一直不敢懈怠。

G:我也会向爷爷您学习的!您也知道今年是全面建成小康社会的收官之年,中华人民共和国成立以来的 70 多年可谓成果显著,给咱们国家带来了翻天覆地的变化,基于此您有什么对我们大学生说的吗?

C:共产党有句话说得好,说共产党人要"不忘初心"。中华人民共和国成立有 70 多年了，为人民服务就是不忘初心。我做政协委员有 20 多年了，我可以说也是不忘初心，也算是用心写好了我手上的每一份提案，为咱们西街村的人民带来了很大的便利，我也时常感到欣慰。对你们大学生，我希望你们也能够不忘初心！国家现在很需要人才，希望你们学成之后能够建设祖国，成为祖国的栋梁啊！

G：谢谢爷爷，我们一定不负众望！

C：我还希望你们能够把咱们家乡的这些红色故事传播出去，让更多人了解咱们高邑的红色血统！

G：没问题，爷爷，这段历史应该被记住，我回学校一定向同学们进行宣传！好的爷爷，咱们今天的采访就到这里吧，非常感谢您的配合！您说的我都会认真记录整理，祝您身体健康！

五、总结与思考

本次访谈主要以了解家乡的红色故事为主题，我从老党员程瑞山口中了解了家乡著名的一些红色故事，包括忠魂公墓与武城烈士墓等，这些故事中都流露着我们中华儿女万众一心的一腔热血，是曾经饱经沧桑的中国历史的重要组成部分。身为新时代的大学生，我被这些故事深深地打动了，那些英勇的革命先烈与爱国将士的壮举深深刻在我的心中，回到学校后我也希望能在各种场合讲述家乡的这些故事，做好红色故事的传播者！

武城烈士墓，位于石家庄市高邑县武城村。南边正门两侧石灰柱上镌刻“为人民而死，虽死犹荣”的挽联，以纪念八路军 1944 年在石家庄一带抗击日本侵略者，壮烈牺牲 100 余人的英雄事迹。这里现已成为高邑县的革命传统教育基地，每年清明节时，都有许多学校组织学生前来扫墓，进行理想信念教育。采访过后我也有幸来到这个烈士墓地亲身感受先烈们所留下的红色光辉。先人已逝，但是他们保家卫国的精神仍在，为生民立命的勇气尚存。在这样光辉神圣的地方，我仿佛又看到了八路军与日本侵略者作战时的英勇无畏，也感受到了我们中华儿女血脉里所传承下来的红色的力量。

花园村“忠魂公墓”，建于中华民国二十四年(1935 年)。公墓坐北朝南，四周建砖墙环绕，墙高 5 尺。南有大门，中建公墓一座，广袤约二丈。该公墓是国民革命军第 63 军军长冯占海为在东北抗击日寇阵亡的东北抗日联军将士所建，见证了日本帝国主义侵华的罪行与事实，也表明了我们中华儿女抗击日本侵略者的勇气与牺牲。它记载的历史又一次激荡起我心中的爱国之情。我也在暑假期间拜访了老爷爷所说的这个公墓，偌大的公墓面前我的敬畏之心油然而生，时间虽然风蚀了公墓，墓碑也被重建，但站立在公墓前读着上面凝练且铁骨铮铮的碑文，让人不禁感慨万千，碑文不仅体现了英雄好汉的大义，也记载着日本侵略者压迫下人民的苦难生活。回首这段历史，我不禁想着如今来之不易的和平是建立在前人血与泪的基础上的，我也希望传递这段爱国主义的故事，让红色精神激起我们在新时代奋进的力量。

这次采访中，让我印象更加深刻的是老爷爷一心为人民、一心为党的赤胆忠心。他担任了数届的政协常委，还被报纸报道成为“提案大王”。他通过不断学习来提升自己建言献策的能力，写下了关于建设西关村的重要资料——《西关村记》。老爷爷虽然年迈，但足迹依然遍布大街小巷，寻找着人民所需、人民所盼，在生活中寻找为人民服务的可能。我觉得老爷爷身上这种一心为人民的精神值得我们年轻人学习和思考，我也希望自己能够早日成为一名合格的共产党员，投身到建设祖国、服务人民的事业当中！

铭记永和历史，传承优秀精神

——访共产党员郑田慧

李自豪

一、访谈前篇

2020年是中国共产党成立99周年，同时也是中国人民抗战胜利75周年。在过去的99年里，中国共产党无时无刻不在为人民服务，为了让人民过上更加美好的生活而努力。而我们，中国人民，在通往幸福的大道上应该时常回顾历史，反思现今，展望未来。我们要牢记历史发奋图强，不忘初心跟着党走，为实现中华民族伟大复兴而坚定不移地奋斗，为把中国建设成为社会主义现代化强国而贡献出自己的力量。

谈到历史，就不得不提及历史本身所具有的重大意义：在于不断发现真实完整的过去，以史为鉴，借古论今，指导人们过好当下的生活。也就是说，当我们在当下生活的时候，如若遇到与曾发生在历史中的事件类似甚至一致的问题的时候，我们能够用历史的眼光来看待当下的问题，这样的话我们也能更加从容地处理问题，而不是慌慌张张，毫无办法可言。

那么，我们应该如何来铭记历史呢？这也是一个值得思考的问题。时间在不断流逝，历史在不断被创造，而我们在不断回顾历史，铭记历史。其实，回顾历史的方式有很多种，简单举几个例子：从比较浅的层次来说，首先，就是去历史事件发生过的地方走访，重温当地的历史；其次，阅读大量的相关历史文献，在阅读的同时，我们可以更加详细地了解到完整的历史，也就有了更加深刻的理解。从比较深的层次来说，就是进行访谈等调查，向经历过历史事件的当事人或是在我们要调查的方面取得丰硕研究成果的人员开展访谈，从而对某一方面的内容进行了解。或者是，开展课题研究，可以具体到某个历史事件，也可以是针对某段时间发生的历史事件，通过对这些人类历史上发生过的历史事件进行分析研究，取其精华，提炼出全新的观点看法，记录下来后，最终也能够整理成相关资料，供以后的人们参考借鉴。

基于以上论述，此次访谈的目的就很明晰了：通过了解家乡的红色历史、挖掘家乡的党史故事和爱国主义案例，使得访谈者对家乡的红色历史、党史故事和爱国主义案例有更深刻的了解和理解。访谈者在整理好材料后，可以向身边的人去宣传通过访谈了解到的优秀事例和人物体现出来的精神，并号召人们向这些优秀人物学习。在这次访谈开始之前，我也简单地搜索了我的家乡——永和镇有哪些著名的红色历史故事以及相关的人员的故居，搜索之后我进行了记录和整理，从而为接下来的访谈做好准备。

二、访谈对象

郑田慧同志，女，1976 年 7 月 2 日出生于浏阳市永和镇，中专文化，中共党员。现担任浏阳市永和镇商会秘书，华夏保险浏阳支公司业务经理，于 2017 年评为“优秀共产党员”，2019 年被评为社区“学习强国”标兵，2020 年浏阳市党建＋微网格百佳优秀共产党员微网格长。她多次参加浏阳市党建文化活动，讲述党建＋微网格的工作开展与为群众排忧解难、办实事的案例，参与精准扶贫及病患救助捐款等活动，为美丽永和、平安永和、和谐永和的建设工作做出了贡献。

三、访谈大纲

问题一：请您做些简单的自我介绍，比如：性别、年龄、家乡。

问题二：在访谈之前，我就已经知道您是一名党员，想请问下您是什么时候加入中国共产党的？您是因为什么想要加入共产党的呢？

问题三：众所周知，湖南是一个有着许多红色革命历史故事的省份，那么，作为来自湖南浏阳众多党员中的一位，想必您对浏阳的红色革命历史也有着一定的了解，您能给我们简要介绍有哪些比较著名的革命历史事件或地点吗？（询问红色故事的具体信息，如相关人物、现存地址等）

问题四：如果让您将家乡的红色历史在乡镇的各个村子里进行宣传，您会采取怎样的方式呢？

问题五：您觉得，作为大学生，我们应该怎么做，才能对家乡的历史有更多的了解呢？

四、访谈内容

采访人：您好！我是来自中国矿业大学的一名学生，很高兴这次能找到您来参与红色家乡故事访谈活动！接下来的事情是您需要知道的：本次访谈的内容会作为我的访谈报告的依据和材料，若有些问题不方便回答的话，您可以拒绝！

受访人：你好！

采访人：首先，请您做个简单的自我介绍吧！

受访人：好的。我叫郑田慧，今年44岁，是一名党员。我出生在湖南省长沙市浏阳市永和镇，这是一个有着悠久红色历史的小镇。

采访人：好的，非常感谢您！其实在访谈之前，我就已经知道您是一名党员，那么，想请问下您是什么时候加入中国共产党的呢？

受访人：我是在2009年成为一名中国共产党党员的。

采访人：哦，那到现在也已有11年的时光了，您还记得当时入党的原因吗？能描述下吗？

受访人：当然，很清楚地记着。像我们20世纪70年代出生的人，关于这些红色历史的记忆，一直都是深深地刻在脑海中，浸入骨髓里的。在我很小的时候，我们就开始学习革命先烈的事迹，我的家乡也是一个有着红色基因的小镇。长大之后，不管是通过媒体的宣传还是身边党员的行动，我都深深地感到了一个共产党员的担当与责任。2005年，我找到了商会党支部，主动向党组织递交了第一份入党申请书。当时我怀着激动敬仰的心情，花了两天时间才完成我的第一份入党申请书。

采访人：看来您周围的环境对您起到了很好的作用！想必当时递交了入党申请书，您的心情也是十分愉快的呀！

受访人：当然呀！

采访人：那么，像您这样已经入党多年，又从小就学习革命先烈的事迹的人，应该对我们家乡有着一定的了解吧！您能给我们简要介绍下，永和有哪些比较著名的革命历史事件或者有名的历史地点吗？

受访人：好的。我们这里有见证红一方面军成立90周年的李家大屋，还有李贞广场、唐亮将军故居等。

采访人：我想详细询问下李家大屋的具体地址是？

受访人：好。红一方面军成立旧址（李家大屋）位于浏阳市永和镇菊香社区大屋组。2010 年 9 月，湖南省人民政府拨专款对其现存建筑进行了修缮并对外开放。2011 年，湖南省人民政府将其公布为省级文物保护单位。2020 年再一次修缮，以纪念红一方军成立 90 周年。

采访人：对的，据我了解，红一方面军成立旧址（李家大屋）于 2011 年 1 月正式被湖南省人民政府公布为湖南省文物保护单位，紧接着于 9 月份，又被长沙市委宣传部公布为长沙市爱国主义教育基地，近些年成为了红色历史的打卡名地。

受访人：很正确，你了解得很透彻呀！

采访人：那么我们再来谈谈唐亮将军吧！您对唐亮将军的事迹应该很了解吧？

受访人：是的，唐亮将军出生于 1910 年，在我们永和镇菊香社区（现永和镇镇政府的旁边）。1926 年秋，他参加了“青年工人俱乐部”，从此，开始了革命活动。1927 年年初，“马日事变”后，唐亮加入当地农民协会，并担任赤卫队小队长，率队攻打了永和市和浏阳城。1930 年唐亮加入红一方面军，并且加入中国共产党。1937 年，抗日战争全面爆发，他参加了平型关战役。

采访人：是的，据我搜集的资料，唐亮将军还是中华人民共和国开国上将，一生中获得了很多枚勋章！他的那种为人民服务的精神值得我们学习！同是永和人，他给我们起了很好的带头作用啊！

受访人：是的，唐亮将军的精神一直都是我们学习的榜样。

采访人：对于李贞，这一位同是在永和出生的开国少将，我有着很深的印象。在永和，有一所以她名字命名的小学。

受访人：是的，李贞小学。在磷矿路上还有一个李贞广场。

采访人：那在最近几年，李贞小学是不是更换了地点？

受访人：是的，新学校地址离原来的旧址不远。由于地质环境的原因，学校不得不搬迁到新校址去。新校园更美！

采访人：这是为了学生的安全和改善他们的学习环境，也能培养出更多优秀的永和人！

受访人：是的。永和是个人杰地灵的好地方，也培育着一代又一代优秀的人！

采访人：谈完了永和这边的历史故事，您能简要地列下浏阳其他地方有名的红色历史地点吗？我还知道的就是位于浏阳城区北半截胡同的谭嗣同故居。

受访人：好。文家市的秋收起义文家市会师纪念馆、中和镇的胡耀邦故居、葛家乡的宋任穷故居、张坊镇的王首道故居、北盛镇的王震故居、浏阳城区的烈士公园、楚东村附近的湖南省苏维埃政府旧址（锦绶堂）、张坊镇的李白烈士故居等，太多了。

采访人：这么看来，不仅是永和，整个浏阳，或者说，整个湖南都有着许许多多的红色历史地点。

受访人：是的。如果可以的话，我来当向导，带你去走走看看，好好感受。

采访人：好的，那真是先谢谢您了！

受访人：不客气。

采访人：谈完这些，我还想问问您，如果让您来将家乡的红色历史在乡镇的各个村子里进行宣传，您会采取怎样的方式呢？

受访人：第一，通过电视、微信以及网络媒体宣传；第二，制作海报；第三，在车站、码头、机场宣传；第四，人与人之间口碑宣传；第五，移动宣传（车载广告）。

采访人：您这些方法都是很可行的啊！

受访人：因为这样可以带动家乡的特色产业发展！

采访人：如果未来家乡真的有这方面的需求，相信你们一定可以让家乡的红色文化传播得更广！那我们“移步”到下一个问题吧！您觉得，作为大学生，我们应该怎么做，才能对家乡的历史有更多的了解呢？

受访人：对于大学生来说，努力学习，利用寒暑假多走出去看看，感受家乡的浓厚历史氛围，然后将家乡的红色文化传播出去，让更多的人知道我们的家乡，将红色精神更好地传承下去。

采访人：是的，我也十分认同您的看法，亲身的经历会给我们大学生留下非常深刻的印象。

受访人：对！

采访人：本次我的访谈就到此结束了！非常感谢您的配合！然后，您刚刚提及的那些红色地点，在访谈结束后，我也会搜集具体信息的，对之也能有更多的了解！非常感谢！

受访人：不用客气！

五、访谈感想

访谈结束后，针对郑田慧提到的浏阳市内的其他红色历史地点，我又去查找了相应的资料，也搜集了许多图片。下面，我简要介绍这些红色历史地点。

首先，位于浏阳市张坊镇的王首道故居和李白烈士故居。王首道于1906

年出生在此处，并一直在此生活和学习。1925 年加入中国共产主义青年团，同年参加革命工作。1926 年春成为中国共产党党员。他的故居位于浏阳市张坊镇上洪社区蟹形组，故居始建于清乾隆年间，两次易手后成为王首道祖辈产业。李白烈士被称为中国无线电波之父、十大红色特工之一，是中华人民共和国机要保密工作和国家安全工作的奠基人。他的故居位于浏阳市张坊镇白石村，始建于清朝雍正十二年（1734 年），坐西南向东北，土木结构，呈正方形布局，屋面由小青瓦铺设而成，是典型的四合院形式。

其次，位于浏阳市文家市镇的秋收起义文家市会师纪念馆景区也是一个意义重大的地方，该景区主要包括秋收起义文家市会师旧址、历史陈列馆、积谷仓、秋收广场、"光辉起点"雕塑、游客服务中心、停车场等部分。其中，历史陈列馆以时间为主线，通过"一场危机、一面旗帜、一条道路、一支军队、一部史诗"的展示线索布局，围绕"光辉起点"的主题，分为序厅、高举新旗帜、开辟新道路、创建新军队、苦难辉煌 5 个部分。整个展区陈列 251 张照片、45 件文物、18 份文献，运用声光电、场景复原、电子沙盘等技术和形式真实再现了秋收起义的那段烽火岁月。馆内收藏的文物中，有秋收起义前夕地下党传递情报用的钟表箱和当时部队使用的长龙炮。

最后，还有位于浏阳市葛家乡乌石龙村的宋任穷故居、位于浏阳市北盛镇马战村的王震故居、位于浏阳市中和镇苍坊村敏溪河的胡耀邦故居和位于浏阳市大围山镇楚东村的湖南省苏维埃政府旧址。在这里我就不一一详细介绍了。总而言之，这些红色历史地点见证了众多革命烈士成长以及红色革命故事。

经过这一次访谈，我了解到家乡永和的红色历史、党史故事和爱国主义事例。这也让我对永和有了更深的了解，从以前只知道去过的一两个革命英雄故居到现在清楚了浏阳市大部分的革命历史地点。我通过整理搜集的资料，了解了这些历史以及历史人物体现出的精神！唐亮将军身先士卒、为人民服务的精神对我有着深深的影响，让我产生要向他学习靠拢的想法。进而，这也更加坚定了我要向中国共产党靠拢的决心。在生活中，我要积极主动地帮助有需要的人，对于组织上安排的任务，要全力以赴地完成，不能有一点闪失。我也相信，会有越来越多的人去了解家乡的红色历史的！

高密：缅怀县委书记的牺牲，永记红色文化的传承

刘君龙

一、访谈背景

历史在变迁，岁月在流逝。中国共产党成立的100年，是矢志践行初心使命的100年，是筚路蓝缕奠基立业的100年，是创造辉煌开辟未来的100年。从上海石库门和南湖"红船"出发，走过南昌、经过武汉，也走过瑞金、延安……中国共产党的足迹逐渐遍及全国，引领人民走过风风雨雨。昔红军二万五千里长征，"迈步从头越"；后经过解放战争，建立新中国，"天翻地覆慨而慷"。时光悠悠，南湖烟雨依旧，在五星红旗的辉映之下，中国共产党领导的社会主义中国发生了亘古未有的巨变，中华民族亦在伟大复兴之路上阔步前行。中国共产党用一段段不平凡的历程，向全国、向全世界证明：只有中国共产党，才能领导中国人民取得民族独立、人民解放，实现民族复兴与国家富强。当今生于盛世的我们，更应回顾历史，挖掘家乡的红色资源，缅怀革命先辈的热血情怀，记忆历史，牢记初心。为此，在暑假里我先后进行了在家乡阅读红色故事、走进红色基地、访谈红色人物等系列社会实践来感悟历史、缅怀先烈。

二、访谈对象

赵明昌，山东省潍坊市高密市第三中学校长，中国共产党党员。

赵明昌毕业后从高密市双羊镇中学的后勤老师做起，当过政治老师、班主任，也当过级部主任、副校长。2018年，时任高密市教科院院长的赵明昌转到高密市第三中学担任学校的党总支书记、校长。上任后第一年，他便带领学校取得了"办学水平先进学校""教学工作先进学校""平安校园建设先进单位""办学满意度工作先进单位""学校特色发展先进单位""家庭教育示范学校"等荣誉。

学校还被国家知识产权局和教育部联合确定为“全国中小学知识产权教育试点学校”,成为潍坊市唯一获此荣誉的学校,学校的教学质量和办学水平得到了上级的充分肯定和社会各界的赞誉。

三、访谈过程

疫情起,不畏惧。赵校长首先着眼当下,细谈了中国共产党在决定中国命运的征途中所发挥的巨大作用。新冠肺炎疫情暴发后,在中国共产党的领导之下,全国人民有秩序、有组织地应对这场突如其来的疫情,终于让这场传播速度极快、传播范围极广的疫情在全国范围内得到了有效的控制。2020 年,对中国来说本就是具有里程碑意义的一年。在 2020 年里,中国将全面建成小康社会,中国亦将实现第一个百年奋斗目标。2020 年也将是脱贫攻坚决战决胜之年,绝对贫困将在中国全面消除,千百年来困扰中华民族的绝对贫困问题将会历史性地画上句号。2020 年,中国将开展第七次全国人口普查。在 2020 年,被誉为中国“新四大发明”之一的中国高铁,将迎来京沈高铁、京雄城际铁路等多条重磅新线。民生方面,5G 网络将覆盖所有地级市,港澳台居民也可在内地(大陆)参加社保。航空航天领域,中国实现了巨大的突破。2020 年,中国首次火星探测任务将提上日程,中国航天也继“超级 2019”之后开启“超级 2020”,将建设长期有人照料的近地载人空间站。此外,2020 年北斗导航卫星全球系统将建成由 30 颗卫星组成的混合星座,服务范围延伸至全球,真正做到“中国的北斗,世界的北斗”。种种成就,皆是源于中国共产党的正确领导。

谈及红色文化,赵校长说高密本身就是红色历史底蕴极其深厚的地方。高密市在山东省东部,位于胶东半岛和山东内陆的接合部,在胶莱河和潍河之间,有着良好的区位优势和便利的交通条件,东临青岛,西依潍坊,是山东建立党组织较早的县区之一,在山东党组织早期创建发展史上有着重要的地位。在高密党组织的领导下,高密的工运、农运、兵运活动发展迅猛。在革命战争年代,亦有许许多多的高密儿女为了国家独立和民族解放,献出了宝贵生命。高密,为探索革命道路积累了宝贵的经验,极大地促进了党组织在山东的发展壮大。底蕴深厚的高密城里,自然少不了优秀共产党员的不朽事迹,而这些事迹中蕴含着无数个平凡的感人瞬间,亦体现了战争年代里革命先辈的铮铮铁骨。

“我是听着红色革命故事长大的。”赵校长说道,“在我的印象里,最为深刻的当属曾为革命牺牲的三任高密县委书记。”王全斌就是其中的一个,也是高密党史上第一位为革命牺牲的县委书记。王全斌，又名王佑文，是一位出身豪门的英烈，生于1900年，是潍坊市茂子庄人（见图1）。他自幼性情豪爽，富有正义感，1916年袁世凯窃国称帝时，他就决定了投笔从戎，参加到讨袁斗争中。1925年，王全斌结识了庄龙甲，并经他的介绍正式加入了中国共产党。加入共产党后第二年的6月，王全斌被选为中共潍县县委委员，并成为潍县党的创始人之一，和庄龙甲一起组织了农民武装，领导和发动了抗捐抗税斗争，捣烂了大柳树伪税局。1927年，蒋介石叛变革命并大肆屠杀共产党员。山东省委根据中央"八七"会议精神，指示潍县县委迅速建立革命武装，开展武装斗争，任务是发动广大党员、群众夺取地主恶霸与军阀败兵的武器来武装自己。王全斌说服姐姐王全荣捐钱买枪。在他的带动下，全县党员积极捐款，购买枪支并建立了潍县第一支人民革命武装——赤卫队。1928年王全斌调任高密县委书记，不幸于虾蟆屯车站被国民党特务认出并逮捕，秘密押送到国民党潍县公安局。

图1　王全斌画像

敌人将他带入潍县县城审讯时，进行严刑拷打、威逼利诱，王全斌始终坚贞不屈，誓不低头。时任公安局长李朝英是国民党右派，逮捕了王全斌之后欣喜若狂，企图用重刑撬开王全斌的嘴巴，但这不过是妄想。王全斌第一次受审时，就把法庭变为了讲坛，历数了国民党反动派的丑恶行径和累累罪行。李朝英理屈词穷，悍然下令割下了王全斌的耳朵。忍着割耳剧痛，王全斌高呼："打倒土豪劣绅！"气急败坏的李朝英又下令割掉王全斌的舌头。王全斌口吐鲜血，用手蘸血写下“共产党好，救国救民”8个字，酷刑受尽，气节不改。李朝英又下令割去他的双手、双脚……最后，又残忍地将王全斌怒视敌人的双眼挖出。1929年1月9日深夜，王全斌英勇就义，年仅29岁。

人生自古谁无死，留取丹心照汗青。王全斌虽死犹生，在他的精神指引下，更多的仁人志士前赴后继，开启了潍坊地区解放事业发展的新篇章。

孔楚白是抗日战争全面爆发后高密牺牲的第一任县委书记。他原名孔庆珩，1918年农历二月十八日出生于沂水县孔家庄一个小知识分子家庭。孔楚白的父亲孔宪儒是个思想进步的读书人，1935年加入中国共产党。孔楚白从小受到父亲的教诲和熏陶，接触了不少共产党员和进步书刊，也学习了中国共产党的革命理论，对共产党的认识逐步加深，并积极参加政治活动。年幼时的他便晓得将洋铁盆绑在门外的树上，遇到生人上门，就敲打铁盆，给以“走亲戚”“赶集”为名到他家找他父亲的共产党员示警。在师范见习所读书时，他就曾领导学生罢课，赶走思想反动的教员。暑假期间孔楚白带着弟弟下地干活，凡是遇到边界石，他就会对弟弟说：“将来推翻了旧社会，建立了新社会，这些界石就会被全部拔掉，实行土地公有制，穷人翻身做主人，不再受地主老财的剥削和反动派的压迫。只要坚定地跟共产党走，自由、幸福的生活就一定能实现。”1936年，孔楚白方才18岁时，经由李贵德介绍，加入了中国共产党。1939年，孔楚白调任高密县委书记，高密党组织自1929年被破坏后刚恢复不久，工作基础薄弱，又地处胶济铁路沿线，日军、伪军、国民党顽固派势力猖獗，工作环境十分险恶，这些都未吓倒孔楚白。只经过一个多月的组织发动，孔楚白便在高密建立了一支抗日武装，称八路军高密铁道大队。孔楚白有带兵打仗的经验，对部队亦是严格训练。因此，队员们的军事素养提高飞快。当年腊月，他们便在蔡家庄车站以西炸毁了一段铁路和敌人的一列军车，有力地配合了沂蒙抗日根据地军民的反“扫荡”斗争。1939年，在国民党顽固派发动的一次大规模的反共高潮中，孔楚白不幸被捕。迎接孔楚白的，自是敌人的严刑逼供，但在酷刑面前，遍体鳞伤的孔楚白毫不示弱，誓死不屈，并对国民党顽固派晓以大义：“你们不把枪口对准日本鬼子，反而破坏团结抗日，残酷镇压抗日军民，你们将成为民族的罪人！”

孔楚白自知性命难保，他托付前来打探情况、准备营救的同志将一张纸条交给上级党组织，纸条上写道：“我深深感激组织的多次营救，我宁可牺牲生命，也决不让敌人从我身上得到什么。我将踏着烈士的鲜血前进。”多次拷问未果后，敌人将孔楚白押到胶县南乡的朱陈沟活埋。孔楚白站在土坑前，仍是高喊

“打倒国民党反动派！”“共产党万岁！”孔楚白高大的英雄形象、闪光的人生轨迹以及一心为民的革命本色，为我们树立了学习的榜样，永远鼓舞和激励着我们奋发向前。

第三位是抗战胜利高密县委恢复建立后牺牲的第一任县委书记：江涛。江涛是广东省东莞人，对于江涛这个南方人来说，北方的饮食让他很是不适应，每到吃饭就犯难，强忍着咬上几口煎饼，也总是难以下咽。后来上级得知此情况，特批给他小米，江涛勉强就着咸菜度日。语言上的不通也给他的工作带来了很多麻烦，为了克服和群众交流时的困难，他便努力学习普通话和北方方言，放慢语速耐心地和群众解释，逐渐适应了当地的环境。1945 年 8 月，江涛任中共潍东县委（后改为高密县委）书记。那时的潍东县斗争形势严峻，大汉奸张步云的家便安在县委所在地附近。后来张步云主力被歼灭，但其残部王金铭匪部仍继续与人民为恶，并时时处处和党的工作人员为敌，伺机暗杀。江涛遇袭，中弹牺牲，长眠高密大地。

四、访谈感想

听完赵校长对这三位高密县委书记的讲述，我不禁感慨：如今的高密已然发生了翻天覆地的变化，他们虽然没有亲眼看到他们曾经心心念念的高密如今的风采，但是他们为高密革命事业做出的贡献，在人民群众口中、心中永远流传。

为激励和引领广大青年大力弘扬以爱国主义为核心的伟大民族精神，增强国家观念，增进民族自信心和自豪感，高密从未忽略和轻视过对红色资源的抢救、传承与发扬。

2012 年，经过高密市民政部门的反复考察核实，确定了全市共有 295 座散葬烈士墓。为告慰牺牲的革命英烈，高密市联合当地群众对散葬于全市各处的 295 座烈士墓全部迁葬，集中安置，为革命烈士安“新家”于高密市革命烈士陵园（见图 2、图 3），并为每位烈士定做了花岗岩墓碑（见图 4），对陵园的基础设施进行建设，美化环境，为革命烈士打造一个静谧温馨的人生后花园，使其成为褒扬革命先烈、弘扬革命历史传统的爱国主义教育基地。

2017 年 8 月 15 日下午，共青团高密市委员会在惠影数字影城文体店举办“传承爱国情怀　奉献热血青春”青少年公益观影活动，230 余位来自高密市各界的青少年参加了活动，各大高校也统一安排共同观赏爱国主义大片——《战狼 2》。此次观影活动，不仅是向军人致敬，更是希望借此激发高密市青少年顽

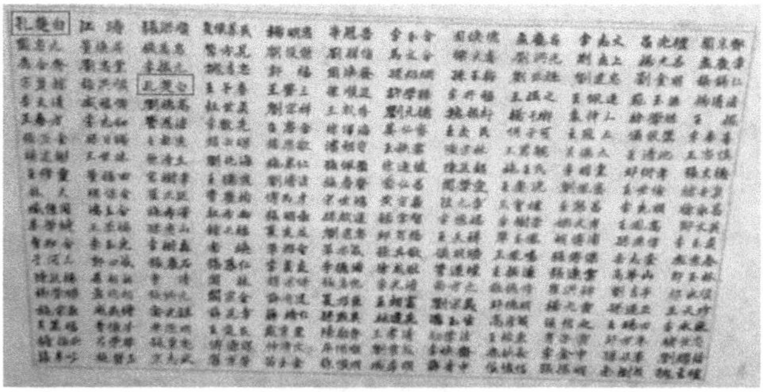

图 2　烈士名单

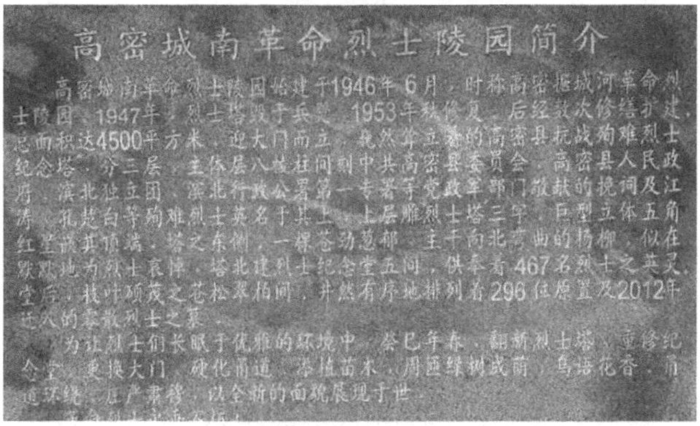

图 3　烈士陵园简介

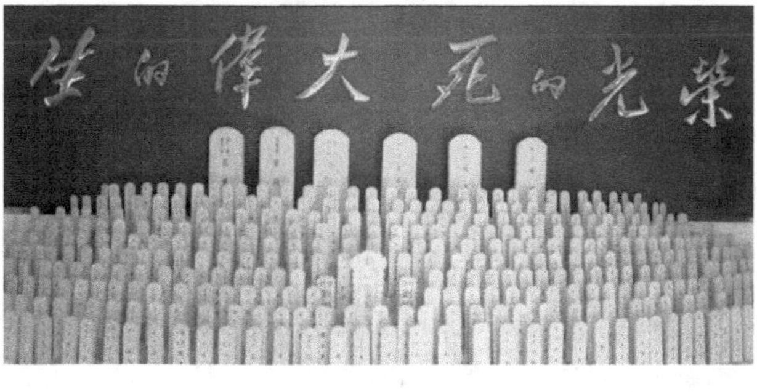

图 4　烈士墓碑

强拼搏的精神和爱国主义精神，激励青少年以热血青春奉献祖国，引导广大青少年把社会主义核心价值观的根扎牢植正。

2019 年 5 月 4 日上午 8 时，在高密市文体中心火炬广场，随着《我和我的祖国》音乐伴奏响起，高密市“奋进新时代 · 辉煌七十年”爱国歌曲快闪活动正式拉开帷幕(见图 5、图 6),近千人同唱《我和我的祖国》《我的祖国》《我爱你中国》3 首爱国歌曲,用歌声告白伟大祖国,用歌声唱响青春激情,向中华人民共和国成立 70 周年献礼,向五四运动 100 周年致敬。除了歌曲演唱,此次活动还融合了茂腔、泥塑、剪纸、扑灰年画、书法等多种表现高密市文化符号的艺术表现形式(见图 7、图 8),弘扬优秀传统文化,让五四精神在艺术领域得到传承和弘扬。

图 5　爱国歌曲快闪活动(1)

图 6　爱国歌曲快闪活动(2)

对家乡红色基因的挖掘、学习与传承,是人们发自内心的渴望和呼唤。通过对那些有理想、有信仰和富有献身精神的人的了解,通过对那些物质贫乏但精神富足的革命者的学习,我们深刻体会到生命的意义和快乐的真谛。从社会

图 7　剪纸活动

图 8　书法活动

实践效果来看，红色基因激励了一代又一代中华儿女为理想和信仰拼搏奋斗。中国革命波澜壮阔的历史进程，革命者感天动地的丰功伟绩，革命旧址、烈士遗物展现的震撼人心的场景，永远都是感动和教育后来人的最佳教材。从高密得天独厚的优势看，丰富的红色文化资源为我们探寻那段激情燃烧的岁月提供了最佳素材。高密，犹如一座没有围墙的革命历史博物馆，无数革命先辈和英烈在这里用鲜血和生命写下了一部气壮山河的英雄史诗，是值得后人寻访缅怀的地方。

红色资源具有印证历史的价值和功能，见证了“没有共产党就没有新中国”的历史，昭示了“只有社会主义才能救中国”的真谛，是开展青少年德育的有效载体，使人们在寓教于乐中受到润物细无声的熏陶。马克思早年曾在被问及“最喜爱的颜色”时，明确回答为“红色”。红色，象征着革命和胜利，寄托了革命者的理想和信念。中国共产党的党旗、人民军队的军旗和中华人民共和国的国旗均为标有不同图案的红旗。红色传递的是一种精神、一种追求、一种崇拜和一种信仰。文化是人的精神家园，是一个国家和民族的标志与灵魂。

或许先辈们浴血奋战、艰苦奋斗的日子已经离我们远去，但是他们的故事、他们的文字依旧被我们传颂和阅读。和平年代与战争时期人们的使命不同，但对家乡故土的热爱却是永恒不变的。如今，我们不需要抛头颅洒热血保卫家园，但要立足岗位无私奉献，呕心沥血建设家乡。我们作为新时代的青年，更应该担起责任，传承红色基因，发扬红色精神，为民族复兴铺路架桥，为祖国建设添砖加瓦。

做一颗螺丝钉

——献身乡村教育的老党员于盼希采访报告

刘宽昊

“中国共产党的历史是中国近现代以来历史最为可歌可泣的篇章”①。历史是最好的教科书，作为新时代的青年，我们要了解党和国家事业的来龙去脉，汲取我们党和国家的历史经验，正确了解党和国家历史上的重大事件和重要人物。这对正确认识党情、国情十分必要，对开创未来也至关重要。在我们当地的小县城，有一座革命烈士陵园，那里埋葬着上千名为革命献身的英魂。烈士的名字刻在一座巨大的纪念碑之上，我久久凝望着那座高耸的纪念碑，内心的敬意油然而生。后来我通过工作人员联系到了一位老党员，并前往他家中采访，希望可以在交谈中获悉那个年代的党史故事。他是一名人民教师，在那样一个贫穷困难的时期，他扎根基层，于三尺讲台上燃烧自己，奉献青春。我想老人就是那个年代基层党员的缩影，也许他们并没有赫赫战功、传世之名，但他们同样心怀国家和人民，以自己的方式在华夏大地上发光发热，照亮着我们的国家。岁月如歌，初心如磐，是共产党人矢志不渝的奉献，创造了今天这个繁荣安定的盛世。

一、访谈背景

我虽然在安丘已经生活了近20年，但对于发生在这座城市的红色故事却几乎一无所知。为了更好地了解我的家乡，我来到了安丘市烈士陵园。这座始建于1964年的烈士陵园里埋葬着数千名为国家独立、民族解放而献身的烈士，每年都会有许多中小学组织学生来到这里接受爱国主义教育。在安丘市烈士陵园祭奠时，我通过工作人员联系到一位常常前往烈士陵园拜祭的老党员于盼

① 董振华等：《治国理政思想方法十讲》，人民出版社2017年版，第96页。

希同志，他多年来致力于教育事业，曾担任南逯小学的校长，他身边有很多参加过抗日战争、解放战争、抗美援朝战争的人。

二、访谈目的

通过这次与老党员的访谈，我希望可以探寻家乡的红色基因，挖掘家乡的党史故事，让我对故乡有更加深刻的了解。同时我也想了解那个大时代下的小人物——老党员于盼希，他作为一名人民教师，是如何为国家的发展贡献自己的力量的。

三、访谈对象

于盼希，1951 年出生于山东潍坊，1978 年加入中国共产党，先后在安丘市完全小学、南逯小学执教，曾担任南逯小学校长一职，为乡村教育事业贡献了自己的力量。

四、访谈内容

问：我们安丘当地在抗日战争时期有哪些红色事迹？

答：就拿抗日战争来说，1943 年在安丘辉渠发生过平顶山战役。著名的将领于学忠率领国民党 51 军在平顶山激战了 7 昼夜，最终付出了很大的代价才突破敌军的包围，歼灭了 1 000 多日军。这是咱们当地一个非常著名的战役，安丘烈士陵园那边有很多跟这个战役有关的记录。另外就是城顶山战役，咱们县上的周复将军当时带领部队在城顶山上和鬼子周旋了好几天，后来在弹尽粮绝的情况下就让部队分头突围，他不幸在突围过程中牺牲了。现在到城顶山上还能看到刻着“周复将军殉国处”的墓碑。比较有名的还有李桂于，他是安丘辉渠的一名共产党员，参加过解放战争中的很多战役，像淮海战役、渡江战役、上海战役等。他多次立功，后来被评定为革命烈士。

问：中华人民共和国成立之后我们当地有哪些红色事迹？

答：我有几个同村的人参加过上甘岭战役，当时大家很积极地报名参军。他们是属于 38 军韩先楚部队的，去之后脚趾头都冻掉了。战争结束后他们对经历的这场战争不愿意多提，只是说条件非常艰苦，同志们付了很大的牺牲。他们在七八年前先后去世了。咱们县上还有栾希，立过一等功。他也参加过抗美援朝战争，后来在上甘岭战役中牺牲了，当时只有 24 岁。还有冀振国，他参加了对越自卫反击战，牺牲的时候只有二十几岁，为了掩护战友过河，被洪水冲走了。

问:当年您是如何加入中国共产党的?

答:我是 1978 年加入中国共产党的,当时我 27 岁。我在师范学校毕业参加工作后,领导比较信任我,把我转到了西南山区的陡山中学任教。在这期间党委领导给予了我很大的肯定,我也有向党组织靠拢的愿望,主动写了入党申请书。1978 年 12 月我光荣地加入了中国共产党。

问:作为一名乡村教育工作者,您工作生活的环境应该是比较艰苦的,那是什么在一直鼓舞和支持着您?

答:我其实就是做一颗螺丝钉。我就想着能让村里这些孩子都有学上,以后出息了能更好地去建设我们的家乡,建设我们的国家。因为乡党委一直对我们很支持,帮我们解决了很多在教学工作中遇到的困难。当时学校教室已经很破了,都是在乡党委领导下,发动党员和群众捐钱捐物,修建校舍,教师的工资待遇也得到了提高。由于乡党委的支持、群众的信任,我们教师队伍尽心尽力地工作,学生们很刻苦,学校的考试成绩在全县能有一个很好的排名。可以说没有共产党对于我们乡村教育事业的支持,就不可能取得这么好的教学成果。

五、访谈结果

我们要更好地学习中国共产党的历史,才会更加强烈地热爱中国共产党。于盼希老人作为一名老党员,虽然没有经历过血肉横飞的战争,但他深知中国人民为了今天这个和平的时代做出了多大的牺牲。他家客厅的壁橱中央,挂着一幅毛主席像。老人自青年时就崇拜着毛主席,热爱着共产党。他在讲到自己年轻时在乡村教学的那些年时,两眼射出炯炯的光芒,他知道自己教出的每一个学生,日后都会成为建设国家的一分子。老人在我将要离开时对我说:"要感谢共产党,咱们才赶跑了鬼子,咱们才过上了好日子,你才能接受教育,成为这么好的小伙子。"老一代党员对共产党有着很深厚的感情,在那个一穷二白的时代,是乡党委的支持让贫穷的乡村建起学校。

今天安逸稳定的生活,是无数仁人志士用生命换来的。我们要铭记历史,居安思危。老人跟不少参加过战争的老战士都还有联系。故乡的每一寸土地,都是革命先烈用血肉之躯从敌人手里夺回来的。老人常常去烈士陵园拜祭,在那个面临亡国灭种危险的时代,就是无数无畏的英雄,把祖国破碎的河山扛在肩上。为了中华民族的独立和富强,无数仁人志士抛头颅、洒热血,上下求索,经受百般磨难乃至付出生命。透过鲜红的党旗，我仿佛又看到了狼牙山五壮士义无反顾跳下深渊的决绝；透过鲜红的党旗，我仿佛又感受到了江姐在敌人酷刑下那撕心裂肺的痛楚；透过鲜红的党旗，我仿佛又看到了亿万同胞饱受战争磨难的痛苦……我们要时时铭记烈士的鲜血，反思国家民族的未来。

六、访谈感想

在游览革命烈士陵园时，我第一次知道我的家乡居然也有这么多人亲历过战争，也有这么多人为了今天的和平而流血受伤甚至付出生命。我常能望见的那座城顶山，过去也曾有过一场场激烈的战斗，也曾有过百余爱国志士的壮烈牺牲。访谈过后我在城顶山旁长久驻足，青山仍在，绿水长流，人们的生活却有了天翻地覆的变化。想必安葬于这青山的英魂们，当年毅然从戎之时期盼的就是中国能有今天的模样吧。

抗战时期中国死伤人数达 3 500 万之巨，当我们沉浸在安定和谐的生活中时，也该时时追忆那个动荡的年代，那个无数共产党人为大义为民族毅然决然付出生命的年代。英雄应当追忆，历史也该铭记。

共产党带领着我们一枪一炮赶走了侵略者，一砖一瓦建起了新中国。

习近平总书记说："中华民族 5 000 多年的文明史，中国人民近代以来 170 多年的斗争史，中国共产党 90 多年的奋斗史，中华人民共和国 60 多年的发展史，都是人民书写的历史。"①历史总是向前发展的，我们总结和吸取历史的经验和教训，目的是以史为鉴、更好前进。"欲知大道，必先为史。"党史、国史中蕴含治国理政的瑰宝，是先行者们从实践经验中提炼出来的立国、兴国智慧。我们学习党的历史，就是要从历史的发展脉络中梳理出经验，在面临相同问题的时候不再犯错，是为了更好地认识今天，开创更好的明天。

"落后就要挨打"，当今的国际局势比几十年前更加紧张，中兴华为被扼住咽喉，抖音微信被威胁限制，我们该何去何从？退让以求喘息自保？绝不是。历史已经告诉我们，弱肉强食的国际局势没有道理可讲，巴黎和会之上，即便是铮铮男儿顾维钧，据理力争让日本代表哑口无言，也丝毫没有改变中国被继续蚕食的结果。蒋介石一次次退让示好，换来的只会是帝国主义更加肆无忌惮的侵略。现在的中国已然强盛，我们可以在美国以贸易战威胁中国时狠狠反击，但我们也要看到，美国对中国多家企业进行制裁，确实给我们的发展带来很大

① 董振华等：《治国理政思想方法十讲》，人民出版社 2017 年版，第 100 页。

阻碍。这是我们的不足，我们要看到。我们需要继续发展，这是当代青年奋斗的目标。几十年前我们一样被各种技术封锁扼住喉咙，大桥造不得，卫星造不得，核弹造不得，但在爱国科学家的努力之下，这些壁垒被一一攻破。既然前人做得到，那么今天我辈青年也一样可以做到。

如今网络上弥漫着一股不良风气：丑化英雄，歪曲历史。这是爱国主义教育、党史教育的缺失。这是我们当前面临的意识形态的问题。文化课的教育是重要的，但爱国主义教育这一课同样是不可缺少的。这些年有不少来自高校的学生对国家和英雄发表不良言论，丑化国人敌视国家，试问这样的人有再高的文凭又有何用？我们青年人要更多地接受爱国主义教育，我们要去看一看烈士陵园、红色博物馆，真正地从史实上了解那段峥嵘岁月。在访谈过程中于盼希老人告诉我，在战争中很多战士会冻掉脚趾冻裂皮肤，会伤口溃烂无法愈合，会在弹尽粮绝之时用血肉之躯与敌人一决生死。是他们这样的负重前行才有了今天这个安定繁荣的社会，只有知道了今天的和平是多么来之不易，我们才会更珍惜今天也更渴望和平。几十年改革开放的发展，中国一改积贫积弱的面貌，成为世界第二大经济体，科技领先世界，这只沉睡多年的东方雄狮终于苏醒了。今日中国如此强盛，我们足以告慰先烈，这盛世如您所愿。

中国共产党从人民中来到人民中去，是一个真正代表人民利益的政党。看待一个国家的好坏，最根本的要看国家如何对待穷人，如何为穷人提供保障。中国共产党就是这样一个真心实意代表人民、全心全意服务人民的政党。在与老人的交谈中，讲到在乡村教学时，老人多次提及“乡党委”的帮助。教室破，乡党委领导带头修缮；学生少，乡党委挨家挨户劝说；老师少，乡党委拨款提高工资。为什么要这样做？因为要想让乡村从贫穷变得富裕，唯有依靠教育，让下一代学有所成，更好地建设家乡；因为教育是一个国家发展的根本，要想提升国民素质，要想发展尖端科学技术，唯有依靠教育。取消了延续千年的农业税，实现九年义务教育，凡是对人民有利的事，党都在努力实现。就拿这次疫情来说，疫情暴发之初，国家迅速反应，调集全国各地医护人员驰援武汉，封城、停业、停运，全力救治患病者，这些举措无不反映着：中国共产党把人民放在了首位。

毛泽东主席说：“历史是人民创造的”①；习近平总书记说：“我们要永葆蓬勃

---

① 《毛泽东文集》第三卷，人民出版社1996年版，第88页。

朝气，永远做人民公仆”①。中国共产党让曾陷入亡国灭种危机的国家走近了世界舞台中央，让一个饱经磨难的民族走上了伟大复兴之路。我们曾一起度过炮火连天的战争，也将一同建设更好的明天！

① 中共中央党史和文献研究院、中央“不忘初心、牢记使命”主题教育领导小组办公室：《习近平关于“不忘初心、牢记使命”论述摘编》，党建读物出版社、中央文献出版社2019年版，第238页。

追忆历史,感悟家乡红色故事访谈报告

李佳林

一、访谈背景

为寻找绵延千年的中原文化,寻觅深藏在中原大地上那段热血奋战的岁月,我于暑假在家乡开展以"记忆历史,牢记初心"为主题的访谈调研实践活动,通过追寻家乡的红色基因,了解爱国主义历史,并采访相关历史当事人,加深对家乡红色历史文化的了解,进一步激发当代大学生的爱国主义情怀,让红色基因融入血脉,让红色精神激发力量。

二、访谈目的

(1) 了解白洋淀的抗日斗争故事,以及当时白洋淀的战略地位。
(2) 了解雁翎队的由来及其在抗日战争期间的战斗经历。
(3) 探讨红色精神对当今时代中国发展的重要意义。
(4) 探讨传承红色精神对当代中国青年的重要意义。
(5) 探讨作为新时代的青年一代,该如何去传承并弘扬红色精神。

三、访谈对象

张奇元先生(见图 1),1954 年 2 月 18 日出生,1974 年 12 月入伍,1977 年 4 月入党,现担任白洋淀文化发展研究会顾问、文化苑顾问。近年来主要为全国党政机关、大专院校讲课(红色传统教育),曾多次参加中央电视台及省市台的直播活动。

图 1　张奇元先生

四、访谈时间及地点

时间:2020 年 8 月 2 日。

地点:白洋淀文化苑。

五、访谈过程

2020 年 8 月 2 日,我来到淀泊相连、芦苇纵横的水乡——白洋淀,并且参观了嘎子印象、雁翎队纪念馆、冉庄地道战纪念馆等景点(见图 2、图 3、图 4),在馆内看到抗日英雄们留下的枪炮船只,感受着白洋淀那浓浓的水乡文化,体验着地下错综复杂的通道,我的心被深深地震撼了。无论时光如何变迁,历史都会永恒地存在着,供后人学习和怀念。

图 2　嘎子印象

图 3　雁翎队纪念馆

图 4　冉庄地道战纪念馆

走在白洋淀雁翎队纪念馆中，看着这些英雄儿女的照片上笑颜仍在，他们是在为作战胜利而喜悦吧，是在为无愧于党而欣慰吧，这笑容，笑到了心里。当看到用电光声、三维动画立体成像等现代技术手段再现了闻名中外的白洋淀雁翎队神出鬼没、机智灵活地打击日寇的生动场面时，我的心中自豪骄傲，眼角也渐渐湿润。智取十方院岗楼、夜袭大淀头岗楼、痛打保运船、扫帚炮震敌胆……一幅幅抗日英雄的战斗画面从眼前飘过，飘进了我的心中。英勇的他们虽然已经随历史而去，但他们的身影会一直活在我们心中，他们的精神会一直激励并指引我们，那敢于斗争、顽强无畏的民族气节将永远地流传下去。

参观完后，我按照约定的时间地点和张奇元先生见面并进行访谈，想要对抗日战争期间白洋淀的“淀上神兵”——雁翎队进行更加深入的了解。以下便是访谈的具体内容：

问:您好,首先能简单地做一个自我介绍吗?

答:我叫张奇元,1954年2月18日出生,1974年12月入伍,1977年4月入党,现担任白洋淀文化发展研究会顾问、文化苑顾问。

问:您能介绍一下雁翎队名称的由来吗?

答:雁翎队的名称来源于他们使用的武器,因为火枪和大抬杆的引火处易被水打湿,所以要插上雁翎,因此他们的队伍被称为"雁翎队"。(见图5、图6)

图5　雁翎队雕塑

图6　雁翎队使用的大炮

问:当时日军在白洋淀水域接连受到雁翎队的重创,但还是多次尝试从白洋淀水域向各地运送物资,可见白洋淀在当时应该是一个重要的交通枢纽吧?

答:没错,白洋淀水域辽阔,物产丰富,府河和大清河上下贯穿,上通保定,下达天津,是水上交通的重要枢纽,军事上也属于重要的位置。渔村之间,水陆交错,芦苇遍布,便于隐蔽、周旋,是开展游击战争的好战场,因此白洋淀在当时

的战略意义十分重要。（见图 7）

图 7　纵横交错的芦苇荡

问：当时雁翎队用没有炮弹的大炮，轻松消灭装备重机枪的日军部队，这个没有炮弹的大炮是一种什么武器呢？

答：这种武器叫大抬杆（见图 8），一般都在 3 米以上，因此主要放在船上攻击敌人。这实际上是一种前膛土枪，口径在 50～100 毫米之间，这些枪的特点是射程较近，打出的都是铁砂子，从枪膛射出后立刻散开，一打就是一片，杀伤力很大。

图 8　大抬杆

问：我从相关资料中了解到，当时雁翎队的著名战役有痛打保运船和扫帚炮震敌胆，您能具体介绍一下这两个战役的经过吗？

答：首先是痛打保运船。1943 年 10 月 4 日雁翎队接到侦察员赵波的报告，敌人要用保运船把从天津、赵北口等地运来的军用物资和从白洋淀抢来的大米、鸭蛋等运往保定。押运物资的有 15 名日军、120 余名伪军。雁翎队对敌情进行认真的分析：敌人在明处，我们在暗处；敌人是逃窜，我们是进攻；敌人士气衰退，我们士气正旺。加上临近初冬，敌船逆水逆风行驶，必靠北岸。只要埋伏隐蔽，指挥得当，必获全胜。上午 8 点，敌船进入雁翎队伏击圈，队长郑少臣一枪打掉敌船上的瞭望哨，随即火枪、大抬杆、手榴弹齐响，敌人乱成一团。这次战斗共击毁敌船 3 只，截下全部物资，并且活捉了日军中队长初士加三郎和伪河防中队长秦凤祥。

另一个就是扫帚炮震敌胆。1939 年秋季，日伪军的一只汽船经常出没在赵北口至安新一带，通常情况下是上午去新安，下午返回赵北口。雁翎队摸清敌人的活动规律后，决定打掉这只汽船。事先，雁翎队队员埋伏在日伪汽船必经的水路旁，当汽船进入伏击圈后，队长一声令下，20 支大抬杆打船体，20 支大抬杆打日伪军。刹那间，枪声轰鸣，硝烟弥漫，铁砂四射，日伪军死的死，伤的伤。事后，受伤的日军心有余悸地说："扫帚炮真厉害！"

问：雁翎队的抗日游击战争可以说是非常成功，因此有了"淀上神兵"的称号，您觉得雁翎队多次成功消灭日军的原因有哪些呢？

答：首先最重要的就是抗战将士们的英勇斗争，他们有无私奉献的爱国情怀，在日军侵略者肆意妄为的时候，他们勇敢地与侵略者进行斗争。还有就是毛泽东《论持久战》的发表，阐述了游击战对抗日战争的重要作用，为当时的抗日力量指明了斗争方向。其次就是游击队巧妙地利用白洋淀地形展开斗争，他们神出鬼没，来无影去无踪，戏耍鬼子于无形，仿佛神兵天降一般收割鬼子的性命。最后还有游击队取得了老百姓的支持和拥护。正所谓得民心者得天下，当时的中国共产党也做到了这一点，所以才会带领中国人民走向抗战胜利。

问：您觉得这种红色历史中的红色精神，对当今时代的中国发展有什么重要的意义呢？

答：我之前拜访过那些白洋淀老雁翎队队员孙革、李全、刘海文、赵波等人，听他们讲述当年雁翎队的战斗故事，振奋人心，相信这对国家也是同样的道理。时光流近，而雁翎队的精神却伴随着历史的发展又有了新的内容。伟大的爱国主义情怀鼓舞着下一代，红色精神所象征的中国共产党人艰苦奋斗、不畏艰险的优秀品质无论何时，都是促进中国发展的不竭动力，是激发和增强民族凝聚力、推进中国特色社会主义现代化建设和实现民族复兴大业的重要保障。

问：您觉得这种红色历史中的红色精神，对新时代青年的成长有什么重要的意义呢？

答：青年群体不仅是国家的建设者，也是民族复兴的担当者，是实现民族复兴大业的重要力量。首先这种红色精神为青年提供了有力的思想武器，让他们的思想更加强大，心灵更加坚强。其次，这种红色精神可以引领当代青年树立正确的三观，为构建和谐社会奠定基础。还有这种精神可以培养当代青年的团结协作、以人为本的精神，这种精神从古至今都是十分重要的。

问：您觉得这种红色历史中的红色精神，作为新时代的我们，该如何去传承并弘扬呢？

答：你们属于新时代的青年一代，在考虑如何传承弘扬这种红色精神的时候，可以从这三个方面来考虑。第一个方面就是要好好学习，掌握足够的专业知识，主动学习感悟革命先辈们的奉献和斗争精神。第二个方面就是要牢记自己的初心，不要陷入声色物欲的泥沼，时刻提醒自己身上所肩负的时代责任。第三个方面就是要有创新精神，传承并赋予这种红色精神新的时代内涵。你们这一代可以参考这三个方面，找出适合自己的方法，以此来传承红色精神，为实现民族大业贡献力量。

在访谈过程中，张奇元先生通过自己的讲述，生动地刻画了这支"一叶扁舟芦苇荡，一挺抬杠报家国"的抗日游击队。当谈到雁翎队的抗日斗争历史时，张奇元先生朗读了一段抗战时期在白洋淀流传的民谣：

雁翎队，是神兵，来无影，去无踪。汉奸心里直打战，鬼子跺脚喊头疼。

雁翎队，是奇兵，端岗楼，像拔葱。淀头、刘庄、十方院，眨眼端个干干净。

雁翎队，是天兵，打了伏击打保运。水路切断运输线，旱路击毙杨文凤。

雁翎队，是子弟兵，白洋淀百姓最欢迎。群众是水它是鱼，雨水相连骨肉情。

从这段民谣中，我听出了雁翎队是一支在中国共产党领导下的人民抗日武装，它令敌人闻风丧胆，它与人民血肉相连，它有着无数传奇的故事，是一部生动的爱国主义教材。

六、访谈资料分析

从访谈内容中可得出以下几点信息：

(1) 雁翎队最终取得成功的原因：① 英勇抗战；② "论持久战"思想的产生；③ 巧妙利用地形；④ 赢得民心。

(2) 红色精神对当今中国发展的影响：不仅是中国共产党在反抗外来侵略的年代克服重重困难取得胜利的法宝，而且对当今的中国发展有着启示与指引作用。

(3) 红色精神对当今青年成长的意义:① 提供有力的思想武器;② 引导树立正确的三观;③ 有利于培养团结协作、以人为本的精神品质。

(4) 新时代青年传承红色精神的途径:① 主动学习红色精神;② 不忘初心,牢记使命;③ 发展创新,赋予其新的时代内涵。

七、总结与讨论

本次实践活动以白洋淀的抗日斗争为主题进行,通过搜集相关史料、参观白洋淀文化苑以及访谈白洋淀文化苑顾问张奇元先生来了解先辈们的抗战历史,感悟抗战精神,加深对家乡红色历史的认识,同时也对红色精神对当今中国和青年的意义、新时代青年应该如何传承红色精神等问题进行深入的思考。以下便是对本次实践活动的相关资料和访谈资料进行分析和思考后得出的几个问题的讨论成果:

1. 红色精神对当代中国的发展有什么重要意义?

人要有精神支柱,国家也需要一种精神来指引前进的方向。革命时期是这样,建设与发展时期亦如此。一位哲人说过:"一个国家、一个民族,没有优秀的历史传统,没有民族人文精神,就不战而败。"中国精神内涵丰富,红色精神便是其中的精华。如今红色精神已经成为中国精神的重要组成部分,成为中国人民和中华民族最宝贵的精神财富。它不仅是中国共产党在反抗外来侵略的年代克服重重困难取得胜利的法宝,而且对当今的中国有着启示与指引作用。在全面建设小康社会,加快推进社会主义现代化建设,努力实现中华民族伟大复兴的今天,我们面临的发展机遇前所未有,应对的挑战也前所未有。因此,让红色基因融入血脉,让红色精神激发力量显得尤为重要。

今天,铸造红色精神的艰苦岁月已经过去,但红色精神却永远不会过时。红色精神作为中国精神的一部分,具有极强的象征性,代表着中国共产党百年奋斗历程。红色精神所象征的中国共产党人艰苦奋斗、不畏艰险的优秀品质,无论何时都是促进中国发展的不竭动力,是中华民族的精神食粮,是推进中国特色社会主义现代化建设和实现民族复兴大业的重要保障。

2. 红色精神对当代青年成长有什么重要意义?

(1) 红色精神为新时代青年提供思想武器。习近平总书记说过:"马克思主义揭示了事物的本质、内在联系及发展规律,是'伟大的认识工具',是人们观察世界、分析问题的有力思想武器"。红色精神作为一种社会意识形态,是马克思主义中国化的一种具体体现。这种红色精神会指导和引领全体人民，尤其是为青年一代提供了强大的思想武器，帮助其成长。

（2）红色精神有利于引导当代青年树立正确的世界观、人生观和价值观。红色精神蕴含坚定的社会主义和共产主义信仰，以及全心全意为人民服务的精神品质，与正确的世界观、人生观和价值观以及马克思主义荣辱观在内涵和价值取向上是一致的，因此引导青年树立正确的“三观”（世界观、人生观、价值观）便是其在当今时代主要的价值体现之一，是构建社会主义和谐社会的基础。

（3）红色精神有利于帮助培养团结协作、以人为本的精神品质。正如毛泽东所说：“只要共产党人团结一致，同心同德，任何强大的敌人，任何困难的环境，都会被我们战胜的”①。依靠这种团结协作的精神，中国共产党带领中国人民克服了一个又一个困难。无论是2002年抗击“非典”、2008年的汶川抗震救灾，还是2019年年底暴发的新冠肺炎疫情，我国人民都体现出了团结协作、以人为本的精神，而这也正是红色精神在新时代被赋予的时代内涵之一。

3. 作为新时代新鲜血液的青年一代，如何继承并弘扬红色精神，使其融入血脉，激发力量？

（1）主动学习，争做红色精神接班人。习近平总书记在党的十九大报告中指出：“青年兴则国家兴，青年强则国家强。青年一代有理想、有本领、有担当，国家就有前途，民族就有希望。”面对习近平总书记的殷切嘱托，新时代的我们更要有回应的决心与勇气。一寸光阴不可轻，红色精神不可丢，我们理应志存高远，只争朝夕，在不断学习中增长知识，坚定理想信念，将这份红色“作业”继续书写下去。

（2）不忘初心，以红色精神凝聚人心。随着国家经济实力的不断上升和人民生活水平的不断提高，各种诱惑接踵而至，而此时，“不忘初心，牢记使命”便是新时代青年需要恪守的准则。听老党员讲一讲党史、道一道红旗下的故事，去革命旧址看一看，重温红色记忆，用最简单、最朴素的方式探寻前人的红色足迹，重温红色精神，这些都能让青年人在红色精神潜移默化的浸染下得到进一步成长。

（3）传承历史，将红色精神融入时代血脉。“江山代有才人出，各领风骚数百年”，在时代飞速发展的今天，只有将红色精神包裹上时代的外衣，才能让红色精神永不褪色。“百折不挠”精神放在革命年代体现为将士们的英勇战斗，放

① 《毛泽东文集》第三卷，人民出版社1996年版，第22页。

在今天则可以延伸为执着坚守、精益求精的工匠精神。“无私奉献”在烽火年代可以体现为为民族大义而牺牲自我的革命战士，在当今时代则可以在与新冠肺炎病毒坚决斗争的白衣天使们的身上得到体现。当代青年应当继续挑起传承和弘扬红色精神的重担，赋予红色精神新的时代内涵。

4. 通过此次“记忆历史，牢记初心”社会实践活动，有什么感悟？

儿时看《小兵张嘎》，看那小小少年的抗日英姿，就对白洋淀怀有一种敬意、一种向往。后来读了孙犁先生的《荷花淀》，读抗日英雄在硝烟战火中演绎出的夫妻之情、家国情怀，更加对这养育一方百姓、彰显抗战精神的水乡生出一种亲切感。那儿，是革命的一个根据地；那儿，是百姓反抗外来侵略的一个缩影。我们虽身处和平年代，但也要了解和平的来之不易。作为新时代的青年，我们更应该明确自己所肩负的历史使命，不忘初心，牢记历史，在时代发展中不断学习，将红色精神传承下去。

“劝君莫惜金缕衣，劝君惜取少年时”，背负着无数前辈期许的我们要牢记革命先烈的红色精神，为建设祖国未来不懈奋斗，在红色精神的感召下，做到爱国，忠于祖国，忠于人民；做到励志，立鸿鹄志，做奋斗者；做到求真，求真务实，练真本领；做到力行，知行合一，做实干家。

少年强则国强，少年富则国富，我们应该把爱国之意变成爱国之行，不断坚定理想信念，主动投身社会实践，自觉把个人的理想追求融入国家和民族的事业中，在这红色精神的照耀下昂首前行，完成中华民族的千秋伟业，争做时代先锋。

上高会战:中国抗战精神的缩影

吴世佳

上高会战(上高战役、锦江作战、鄱阳扫荡战、宜春会战)是抗日战争中中方取得全面胜利的一场战役,被时任军委会参谋总长何应钦称为“抗战以来最精彩的一战”。上高会战在政治和军事上,给日本侵略者造成了极为沉重的打击,大大加速了其必然走向灭亡的历史命运,大大减轻了东南亚各国人民的深重苦难,延缓了太平洋战争的爆发,在第二次世界大战反法西斯同盟的正义战争中写下了光辉的一页,因而具有深远的国际意义。

一、访谈背景

赣西的武功山到九岭山,绿意葱茏,锦绣如织,多年之后,我才从书本中得知我从小长大的小镇周边竟发生了如此重要的一场战役。从地理区位看,上高紧扼南昌经浏阳入长沙之古道,山峦迭起,灌木连绵,如此易守难攻的交通要冲,实为兵家必争之地。

为了重温当年的抗战历史,我决定前往上高县的上高会战抗日阵亡将士陵园参观。逝去的是岁月是历史,却不是一种情怀。怀着沉重的心情去上高会战抗日阵亡将士陵园,大量的参观者、游客纷至沓来,重温历史,找寻着中国人民走向胜利的答案。望着陵园内那长长的碑林,那一个个刻在冷冷碑石上的名字本该是一张张鲜活的笑脸,他们却长眠于此。他们有的走的时候还没有我大。他们的人生那么短暂,他们的幸福从何谈起。可他们坦然地面对了生死,面对了自己的信仰。一种信仰最大的号召力就是让人们为之无怨无悔地付出自己的热血和青春,革命烈士这面鲜艳的旗帜永远飘在了任何一个以民族为重的人的心里。

上高县博物馆的前身为 1979 年 1 月成立的上高县革命历史纪念馆,隶属县委宣传部。1980 年 12 月改称现名,隶属县文化局。在参观烈士陵园之后,我来到了上高县博物馆，与上高县博物馆馆长进行访谈，了解上高会战的更多细节，体会其中的抗战精神。

二、访谈目的

回顾我们党和国家走过的历程，无论是在血雨腥风的战争岁月，还是在社会主义建设的和平年代，为了党和人民的事业，无数先烈义无反顾地献出了自己宝贵的生命，谱写了惊天动地、可歌可泣的壮丽诗篇。没有他们的牺牲，就没有我们的今天。

希望这次参观和访谈能让我们学习到英雄们那种为了实现理想信念忠贞不渝、抛头颅、洒热血、不屈不挠的革命英雄主义精神，学习他们那种模范遵守党的纪律，把一生交给党来安排的高贵品格，学习他们为了人民的利益，上下求索坚韧不拔的毅力。希望这次参观和访谈能让我们现代人明白幸福生活来之不易，回顾革命历史，继承和发扬不怕苦难、无私奉献的革命英雄主义精神，了解更多革命先烈为了拯救中国而做出的不懈努力，培养爱国主义精神，发扬伟大的抗战精神。

三、访谈对象

刘清华，上高县博物馆馆长。

四、访谈资料分析

（一）上高会战基本经过

上高会战，发生于 1941 年 3—4 月，共分三个阶段。

第一阶段为诱敌深入阶段。

北路日军 33 师团首先行动，主力于 3 月 15 日凌晨 3 时由奉新于州南下，在飞机掩护下，中午攻占奉新。中国军队李觉的 70 军经浴血两夜截击，歼敌 2 000 余人。日军急忙突围，退守奉新。南路日军第 20 混成旅团及赣江支队在 9 架飞机、6 门大炮掩护下，于 3 月 15 日中午开始溯江而上。16 日强渡锦江河。中国军队王耀武的 74 军激战一昼夜退敌。就在南北两路日军行动之翌日（即 3 月 16 日），中路日军 34 师团及其配属部队共 17 000 余人，从西山、高坪向高安进犯，主力由数十架飞机和 20 多辆战车掩护，继续西侵。中方 70 军 107 师师长宋英仲为诱敌深入，放弃高安，转移至锦江南岸，造成对日军大贺师团反包围态势。

3 月 19 日，日军派出 200 多人的先头部队合围渡赣江，进犯樟树镇。又有敌赣江支队主力在坂本支队长带领下经兰家桥、张家山，企图渡过陈家坊偷袭临江。中国军队 26 师先头团已先于 18 日午后渡江到达张家山一线，占据有利地形与敌激战。大贺不顾大局，轻举妄动，亲率 34 师团主力绕窜至阵地前沿——官桥、泗溪一线。其间，大贺师团 216 联队第 2 大队长木下少佐指挥部队准备渡泗溪河时，在官桥东面 1.7 公里处的万子桥被中国军队阻击，木下被打死，该大队的指挥力量立即下降。

日中路军的 34 师团本已陷入绝境，而其夺取上高的野心却未死。20 日，日军集中大炮 10 余门、飞机 30 余架，集中轰击泗水西岸唐、港西罗地区，中国军队阵地被毁，日军强渡。为了增强中国军队的力量，罗卓英抽调两个师的兵力南下围歼日军第 34 师团，以确保上高城的安全。随后中日双方激战数日，日军仍未突破上高。

时任少尉排长 22 岁的归国华侨曾天耸，率部直赴敌阵与日军肉搏，打退日军多次冲锋。全团将士血战一天，给予日军歼灭性打击，仅崇祯观就消灭日军 4 000 余人，确保了樟树、临江一线安全。

自此，日军遭重创，残部于 20 日夜由灰埠北渡锦江，与中路敌会合。开战到这时仅 4 天，日军企图包围中国军队之两臂全部被斩断。

第二阶段为围歼阶段。

自 20 日开始，中路日军占领高安后，在飞机掩护下，用锥形战术进攻。22 日，全线大战，日军突破了云头山阵地，逼近上高县城及锦江大桥，战役中中国军队先后有多处阵地告急，形势险恶。中国军队驻守锦江南岸的 51 师一个团奉命抢占华阳，全团将士顶着敌机的轰炸，以每小时 15 公里的速度先于敌人之前赶到华阳，阻击进犯之敌，使整个战局转危为安。

就在日军主力被困泗溪、官桥一带时，中共地下特别党员、时任上高县县长的黄贤度，通过地下党支部成员及县政府各部门负责人的公开合法身份，带领支前民众冲在最前线，发动了 3 万群众（占全县人口的 1/4）支前，运粮送弹，支援中国军队。此外，他们仅用一天时间就搭起凌江口浮桥，保证中国军队及时过河赶到上高东北战场，包围和歼灭敌人。

第三阶段为分路追击阶段。

24 日午后，日军开始变化，向东北方向逃窜突围，中国军队第 19 集团军左翼由敌后反插毕家敌师团指挥部，龟缩在奉新的日 33 师团急忙南下援助。

26日，敌方占领并会合于官桥，日军总司令部又从九江增派2 000余人，于27日逼近龙潭接应。中国军队加紧运动，58师和28师于26日、27日分别进到水口、敖山一线和龙潭墟、杨公墟一线，28日夺回官桥。新15师打鼓岭、荷舍一线，对日军又形成新包围圈。

29日中国军队压缩包围圈。30日，日军惊慌逃命向东突围，分别向南昌和奉新溃退。中国军队即分两路乘胜追击。31日收复高安等地。4月2日，攻占至西山万寿宫，并与南昌城郊日军形成对峙。自此，恢复了战前形势，上高会战胜利结束。

（二）军民团结抗日

（1）王全昌，住在上高第三区墓田乡八保的峨坑村，人一瞧就知道是个憨厚的农民出身。他一向是当甲长的，在这村子里平日就很受人尊重。当疯狂的敌寇窜到墓田附近的时候，王全昌在炮火的压制下，已再没有撤退的可能，他只得领导全村的民众，向附近山中暂避，但因为太仓促了，仍陷入敌寇的包围。敌寇放火烧了他们的村庄，机枪威胁着他们的生命，可是，王全昌并不害怕，仗着熟悉地形和道路，不顾危险，率领着民众冲了出来，到达了我军阵地。

这时，我军正扼守在上高一带，面向着敌军严阵以待。当我们的指挥官听到王全昌的报告，而明了敌寇盲动的情况以后，决定抽调兵力，迂回包抄，准备给敌寇一个前后夹击！王全昌心中复仇的怒火燃烧着，他自告奋勇充当向导，带领一群斗志昂扬的战士，爬山越岭，穿林涉水，偷偷地到了敌寇的背后土地岭。

战斗很激烈，没有飞机，没有大炮，也没有机关枪，有的只是震天的喊杀声、手榴弹的爆炸声、惨烈的呼号声和金属的碰击声，这是出乎敌寇意料的，也许连思索和考虑的时间都没有，在刺刀和手榴弹的攻击下，日军一个大队的人马就全部报销。光荣的战果，使战士脸上放出胜利的光辉，可是，我们的民族英雄——王全昌却在我敌酣战、冲锋肉搏的时候，受伤过重而牺牲。

（2）壮烈牺牲的还有熊先移烈士，他是个青年知识分子，住在墓田乡第十二保的蒲城村。他不仅爱着自己的家乡，更有对抗战的深刻认识。当情况紧急的时候，他就先把家属疏散到安全的地方，自己为杀敌的热情所驱使，不愿轻易离开，经过我军允许，义务开展情报工作。

蒲城村距泗溪不过十多里，敌寇窜到泗溪的时候，蒲城跟着沦陷了，熊先移也就在这个时候不幸被捕的。起初，敌寇并不知道他是什么人，迫他充当役夫，熊先移并不害怕和反抗，很顺从地忍受着鞭挞，为敌人扛运粮弹，甚至还更比别人努力，这样使敌寇更不疑惑，把他当作忠实的顺民看待。其实，熊先移绝不是冷血动物，也决不甘愿做奴隶！他这样做，是有自己的想法的。夜晚，敌寇宿营在村里，过度的疲惫使他们疏于防备。午夜熊先移趁着敌人已经酣睡，悄悄地起来，将军用地图和重要的作战文件收拾了一大包，偷偷地潜出警戒线，奔向附近的山林藏匿。不久，敌寇发觉被窃，惶恐异常，立即派队追捕，暗夜昏沉，结果毫无所获。当然敌寇并不会罢休，仍将整个山林包围着，不使熊先移有脱身的机会。

这样一直坚持第二天微明，唯一的出路只有偷渡泗溪河。熊先移这时早已置生死于度外，不慌不忙地先把文件、地图包在一起放入河流，让它漂向对岸，然后自己再纵身入水。不幸的是，他还是被敌寇发现了，一时间枪炮声大作，只要是血肉的躯体，谁也没有办法抵挡！熊先移壮烈牺牲了，但为对岸的中国军队留下了珍贵的作战资料。

(3) 尽忠尽孝、矢志不屈的罗柏会烈士是我们的榜样。罗柏会是下陂乡第八保村人，为人慷慨轩昂，平日除热心地方公益以外，还常常劝人为国要忠，对亲要孝。这次敌寇窜到下陂桥一带，罗柏会因为有 80 多岁的老娘不能行动，在无可奈何之中，只有拼着性命，立定志愿准备与老母同殉难。

当罗柏会和年迈的老母同时被虏时，敌寇曾强迫他做向导。他置之不理，残酷的敌寇便放火焚烧他的房屋，以做威胁和报复的表示。在熊熊的火光中，眼见自己的房屋将化为乌有，这是何等痛心和愤恨的事！罗柏会也不能忍耐了，不顾一切地去扑灭火焰，后面抄起扁担向着敌寇挥击。无耻的敌寇，对着这样一个手无寸铁的中国老百姓，居然大发其武士道的“威风”。在几挺机枪的扫射声中，罗柏会“打倒日本强盗！”的喊声响彻云霄。

(三) 战役意义

上高会战是中国正面战场 22 次大会战之一，也是我国抗日战争中 13 次大捷之一，是正面战场当中取得完全胜利不可多得的一次大会战。彻底粉碎了日军的战略意图，寸土未失，极大地鼓舞了前线将士的士气和全国的民心，沉重打击了日本法西斯的嚣张气焰，而且保护了第九战区的侧翼，保证了后来发生的第三次长沙会战的胜利，增强了国际社会对中国抗战胜利的信心，在一定程度上扭转了国际社会对中国战局的悲观看法。

同时，上高会战的胜利稳定了我西南大后方局势，破坏了日军抽兵南下的计划，从一定程度上说，减轻了东南亚各国人民的深重苦难，延缓了太平洋战争的爆发，具有深远的国际意义。

五、访谈结果

日本的侵略战争使中国人民遭受了严重的身体和心理创伤，成百上千万人民被屠杀，人民流离失所，民不聊生，家园毁于战火，经济损失无法估量。通过访谈我了解到刘馆长的父母亲身经历了上高会战，他们作为老百姓，没有太多的能力去反抗装备精良的日本侵略者，只能随着家人逃到山上去逃避日本侵略者的烧杀抢掠。

俗话说："欺凌一个民族，势必会唤醒一个民族。"中华民族热爱和平，但绝不会默默忍受外来的压迫和欺凌。中华民族蕴藏的强大凝聚力和不屈不挠的斗争精神，在危亡之际发出了格外耀眼的光芒。上高会战只是中华民族抗击日本侵略者的无数战役中的一个。上高会战的胜利，得益于中国军队良好的战斗素质和正确的战斗指挥，来源于全体官兵勇往直前的战斗精神和视死如归的英雄气概，体现了中国军民团结一心、同仇敌忾的民族气节和高度的民族自尊心、自豪感。这次战役的胜利，沉重地打击了日寇的嚣张气焰，极大地鼓舞了中华民族的抗日斗志。

上高会战的胜利只是中国抗战胜利史的缩影，而其中中国人民的抗战精神体现了中国人民自己解放自己的历史主动性，表现出中国人民在反侵略斗争中的无比坚决、坚韧和坚强。在抗日民族精神的推动下，人们敢于赴汤蹈火，舍生取义，描绘出一个又一个可歌可泣的感人故事。无论是自愿带领军队突击日军的王全昌，还是尽孝尽忠的罗柏会，他们用自己的血肉之躯和不屈脊梁筑成了我们新中国的长城。

虽然我们现在处于和平盛世，但是我们要明白，没有先烈们的抛头颅、洒热血、舍身救国，就没有我们如今的幸福生活。一个国家要有它的主流意识，要发扬红色精神。红色精神体现出的坚定的人生信仰，崇高的爱国精神，社会责任意识和无私奉献精神，在今天被赋予了艰苦创业、无私奉献、服务社会、报效国家新的时代意义，它契合了时代的精神，代表了社会前进主流价值的取向。

青少年是祖国的希望、民族的未来，是将来社会的中流砥柱，如何在青少年群体中正确地弘扬红色精神、抗战精神，使青少年真正做到了解红色革命历史就显得尤为重要。利用好本土的历史资源对青少年进行教育，能使他们更加深刻地感受到民族精神文化，这也是刘馆长认为自己从事这份工作的职责所在。

关于西柏坡红色革命的研究报告

徐　帅

一、访谈背景

西柏坡精神是中国共产党在中国革命即将取得全面胜利的伟大历史转折时期形成的一种优秀革命精神，其科学的内涵具体表现为：谦虚谨慎、艰苦奋斗的精神，敢于斗争、敢于胜利的精神，依靠群众、团结统一的精神。西柏坡精神，不仅是我们党在当年顺利实现历史性转变的重要保障，而且在新世纪新阶段也是我们党领导人民群众推进经济社会科学发展的强大精神动力，为了更好地学习和传承西柏坡精神，我进行了这次老党员的访谈。

二、访谈内容

（一）访谈目的

从中央工委进驻西柏坡到中共中央离开此地，仅仅不到两年的时间，但这一段不算长的历史，却成为中国革命史上的聚焦点。更为可贵的是，中国共产党人在这段时期的革命实践中所形成的西柏坡精神，与井冈山精神、长征精神、延安精神一样成为中国共产党精神谱系的一部分。我们一直在思索为什么这么短暂的时间能够孕育出如此伟大的精神？这就是西柏坡精神独特魅力所在，通过访谈了解到西柏坡精神的核心内涵，了解革命精神的意义所在。

（二）访谈过程

问：您小的时候的生活环境如何呢？

答：那个年代在现在看来非常艰苦，但在当时人们并没有感到什么不妥，觉得一切都那么正常，就如同现在的我们看现在的年代一样平常，虽然生活条件不好，但却从不缺少快乐。

问:当初您为什么要入党?

答:当初入党并没有多想,只是一心想为人民服务,想为国家出自己的一份力,仅仅是这么简单的想法。

问:您当时入党参加过什么活动吗?

答:我当时响应号召下乡支教。当时农村地区教育落后,人们比较迷信,我们这一批知识分子除了要与农民一起劳动还要办夜校教他们文化知识,并且组织了毛泽东思想宣传队向农民宣传毛泽东思想。

问:能否谈一谈您在入党的过程中遇到过什么波折吗?

答:当然有波折了,在军校入党不仅要求政治觉悟高、思想上要求上进,同时还要军事素质、身体素质好,我因为军事体操科目不合格,所以耽误了很久才加入中国共产党。

问:能否谈一谈您认为作为一名共产党员应该具备哪些素质与基本要求?

答:我认为基本素质应分为四大类,政治素养,即要求有高度的政治觉悟,对党的忠诚与对共产主义的信仰;思想素质,在思想方面要以党员的标准来要求自己,要牢记党员的八项义务,并认真贯彻实施;科学文化素质,作为大学生,要想为国家为人民做贡献,没有良好的文化素质是不行的,现在你们应该努力学习才能为祖国的社会主义现代化建设做好准备;综合能力,在大学里学习的不仅是文化知识,还要学习为人处世的道理,在生活中发挥先锋模范作用。至于基本条件,我认为必须达到党章里提出的基本要求。

问:能否谈一谈共产党员的先锋模范作用体现在什么地方,党员在群众中应树立怎样的形象?

答:作为大学生党员,不仅要在学习工作等方面做表率,更要注重平时的点滴细微之处,比如平时的课堂上、班级的各项活动中、日常的班级管理上要能起好带头作用,不仅要获得老师的认可,更要让周围的同学佩服,这样才能真正树立起一个共产党员应有的形象!

问:能否谈一谈如何看社会主义的发展历史与方向,如何坚定信心?

答:什么是共产主义,简单来说就是高度发展的社会主义,精神文明方面,人民的思想观念都像雷锋,我为人人,人人为我;物质文明方面,按需分配。我们现在还处于社会主义初级阶段,尤其是20世纪90年代,东欧剧变,苏联解体,社会主义阵营瓦解,许多社会主义国家被西化。在中国,社会主义的发展历史,也就是中国共产党领导人民进行社会主义革命与社会主义建设的历史,社会主义在中国已经取得了巨大的成就。人们常说是社会主义拯救了中国,现在是中国拯救了社会主义。现在西方资本主义国家比我们发达，虽然道路是曲折漫长的，有可能是几十年几百年，但是经过多年的努力，我们必然会从社会主义过渡到共产主义，我坚信共产主义一定能实现。

问：能否对入党积极分子提几点要求？

答：共产党员要坚信共产主义，你参加什么基督教、拜佛去了，这是不行的。你要入党你就要多看看党史。我不要求你们去看什么《资本论》，没有很高的思想觉悟，这种书很难看进去。入党的积极分子要多看看中国近代史，了解下中国共产党的历史。最后希望同学们在今后的学习工作中能够精益求精。

问：作为老党员，您对于我们这一批新党员有什么建议？

答：我希望这一批新党员能忠于党的信仰，真正理解社会主义的含义，在原有的基础上有所创新，不要拘泥于原有的规章制度，对现在的中国做出更完善的规划，同时希望新党员们牢记为人民服务才是党的根本宗旨。

问：作为一名党员，您是否关心国家大事？

答：我每天都会听广播，读报纸，密切注意国家的情况。可惜现在的小青年，只对网络感兴趣，一对他们提政治，他们就头大。当真正成为党员之时，当然要关心国家大事，时刻分析国家现状，把国家安全与稳定放在首位。我记得当年在乡下，大家没事儿就坐在一起讨论各种事情。那时不像现在，有互联网，国家大事只要点一下鼠标就能知道，我们当时主要是共享信息，每个人通过各种途径知道一点点，大家一分享就都知道了，然后大家就坐在一起发表意见。其实想想这种分享和讨论对提高我们的政治素养挺有帮助的，现在你们都很少在一起聊天了，网络的弊病也不少啊。

问：您最后有什么话赠予我们？

答：阳光总在风雨后，脚踏实地才能成功。

总结：通过这次访谈，我们进一步认识了新时期共产党员的形象与标准，解决了思想上的疑惑，明白了平时要以优秀共产党员的标准鞭策自己，在学校要努力学习，掌握为人民服务的方式与本领，努力应用于实际工作与生活中，更好地发挥入党积极分子的先锋模范作用。

三、访谈结果

西柏坡时期是中国革命走向胜利的里程碑，中国共产党实现了由带领人民群众武装斗争夺取政权的革命党向新中国执政党的转变、由武装斗争向经济建设的转变，以及领导工作从农村到城市、从局部到全国的转变，推动了中国社会由新民主主义向社会主义的转变。面对执政党建设、国家政权建设、经济建设、国防建设等一系列重大理论与现实问题，党中央进行了艰辛探索与大胆创造，在这一伟大历史进程中孕育了以“两个务必”为核心的西柏坡精神。当前，中国特色社会主义进入新时代，西柏坡精神依然散发着耀眼的思想光辉与时代光芒。我们的责任是深刻领会西柏坡精神蕴含的丰富内涵，切实把西柏坡精神研究好、继承好、发扬好，努力走好新时代“赶考”路，向历史与人民交出新的更加优异的答卷。

四、讨论或建议

时代发展到今天，在党的领导下中国早已摆脱贫弱与落后，屹立于世界民族之林。如何永葆中国共产党人的信念与宗旨，答案早已明了，只要每一位共产党人都能始终保持谦虚谨慎、戒骄戒躁的作风，只要每一位共产党人都能始终保持艰苦奋斗的作风，牢记领袖在西柏坡的嘱咐与叮咛，我们的政策便能永葆青春，我们的国家便能长盛不衰。美丽的中国梦，中华民族的伟大复兴就能早日到来。

西柏坡精神是激励全党的精神力量，也是中国民族精神之魂的具体表现。谦虚谨慎、艰苦奋斗是中国共产党带领全国人民进行社会主义革命与建设的传家宝，是党动员全国人民投身于全面建设小康社会的精神力量，也是体现中华民族精神的民族之魂。“两个务必”是我们党加强自身建设、反腐败的法宝，对我们党永葆纯洁性与先进性具有重大的现实意义。在新的历史条件下，我们党的执政环境发生了根本性变化，只有坚持用“两个务必”教育全党，才能使全体共产党人始终保持蓬勃朝气、昂扬锐气与浩然正气，才能使我们党始终站在历史的前列。

传承红色基因，发扬雪枫精神

徐小九

一、访谈目的

深入学习家乡红色事迹，学习彭雪枫将军的生平事迹以及彭雪枫将军在军事、教育、文学等领域的卓越贡献，向党员专家了解雪枫精神在家乡的传承。从发扬雪枫精神的角度出发，学习百年名校雪枫小学的历史文化与办学理念，在对百年历史名校的学习中深入探讨青少年爱国主义教育的新方案。

二、访谈对象

胡中华，男，1992 年入党，现于安徽省宿州市雪枫小学任教，负责学校党史与校史的宣传以及学校师生的思想政治教育工作，对雪枫小学的历史以及彭雪枫的事迹有较为完整的把握。

三、访谈过程

问：彭雪枫将军是中国人民解放军 36 位军事家之一，他的一生虽然短暂却十分辉煌，毛泽东与朱德都曾对其有过极高的评价。您能介绍一下彭雪枫将军的主要历史事迹吗？

答：彭雪枫将军是中国工农红军和新四军杰出的指挥员与军事家，曾参加过第三、第四、第五次反围剿和两万五千里长征，组织过土成岭战役，两次率军攻占娄山关，直取遵义城，横渡金沙江，飞跃大渡河，进军天全城，通过大草原，是抗日战争中新四军牺牲的最高将领之一。他投身革命 20 年，被毛泽东、朱德誉为“共产党人的好榜样”。为纪念彭雪枫将军，在安徽宿州等地建立了彭雪枫烈士纪念馆，并建立了多所以彭雪枫将军命名的公园与学校。

彭雪枫将军的革命之路非常崎岖。他于 1929 年被派到烟台二十一师做兵运工作,10 月,他被派往福山做农运工作。他于 1933 年 5 月调任红三军团四师政委,率部东征,连战皆捷,进军福州。彭雪枫将军参加过的战役很多。1938 年 9 月,周恩来、叶剑英指示河南省委将工作重心转向豫东,彭雪枫将军开辟了苏豫皖根据地,打开了豫皖苏边新局面。其中,1940 年 8 月八路军的三十四旅、新二旅与第六支队的部分部队合编为八路军第四纵队,彭雪枫任司令员。他于 12 月 9 日在《拂晓报》上发表了《怎样和敌人斗争与怎样建立敌后根据地》一书的序言。1941 年 1 月 6 日,皖南事变发生,他于同月的 17 日发表了《誓为皖南事变殉国烈士复仇》一文。他呼吁团结抗战,揭露了何应钦利敌误国的罪行。1943 年 3 月 17 日,他率领部队参加了山子头自卫反击战,大获全胜,活捉了国民党苏鲁战区副司令长官、江苏省主席韩德勤,击毙了顽军的头目王光夏及第六旅的旅长李仲寰。

问:彭雪枫将军的成就和他是一名知识分子有密切的关系,请问彭雪枫将军在抗战时期运用自己的知识为国家取得了哪些普通士兵无法达到的成就?

答:彭雪枫作为一个有知识有文化的高级将领,他运用自己的知识先后创办了拂晓报社与一些知名的学校。1938 年 9 月 29 日,彭雪枫创立了《拂晓报》并在该报上发表以革命和战术指导为主题的文章 60 余篇,为革命斗争提供了精神力量。1937 年,彭雪枫将军决心创办一所随营学校。一天,他把段培民和钟志远叫到司令员的驻地,说到现在我们要办一所随营学校,以培养满足抗战需要的人才。经过紧张的筹备,新四军游击支队学校于 1938 年 11 月 26 日在河南的杞县成立,彭雪枫亲自兼任校长,该校为南京陆军指挥学院的前身。在日本侵略者和国民党的双重逼迫下,随营学校坚持边打仗边办学、边生产边办学,仗打到哪里,学校就办到哪里。树荫下、打谷场、空闲农舍、祠堂寺庙,都成为学生们学习的课堂,这所学校被人民形象地称为"马背学校"。随营学校在短暂的办学过程中积极为抗战培养人才,积蓄革命力量,为新四军建设和抗日战争的胜利提供了宝贵的人才支持。

问:彭雪枫是毛主席的一位爱将,在彭雪枫将军 37 岁殉国之时,毛主席愤懑难平。您认为彭雪枫将军取得毛主席如此高度认可的原因是哪些呢?

答:首先,彭雪枫的革命之路是在爱国进步教师的影响下取得的。比如说,他经常阅读《新青年》《共产党宣言》《独秀文存》等进步的书刊。"五卅惨案"发生后,他组织同学同校方进行斗争,取得胜利,建立了育德中学学生自治会,被选为会长。6 月下旬,他在育德中学参加共产主义青年团。彭雪枫将军之所以能够取得一次又一次战役的胜利,与他平时的学习是分不开的。他博览群书,才能在指挥战役之时游刃有余，取得了一场又一场的胜利。

问：彭雪枫将军除了非常具有英雄主义的情怀之外，也是一位心系基层民众的将领。您可以介绍一下相关的历史资料吗？

答：1940 年夏天，彭雪枫率领八路军第四纵队转战于豫皖苏边区时，临时住在王大爷的家中。有一天下了大雨，彭雪枫忽然想到王大爷家的小牛犊还拴在树上，于是未穿戴雨衣就向外跑。他冒着大雨将王大爷家的小牛犊牵了回来，王大爷家没有牲口棚，彭雪枫就把小牛拉到了堂屋里，把小牛犊拴在了自己睡的小床的床腿上。彭雪枫淋得浑身都是雨水，但是他却没有管自己，而是从床上捡起件旧衣服，先给小牛犊擦了起来，一直到把小牛犊身上的雨水全部擦干为止。王大爷看到八路军第四纵队司令员还这样悉心照料自己家的牲口的情景，感动得不知说什么好。

问：宿州市雪枫小学是以彭雪枫将军命名的学校，作为全国百所历史名校之一，您能介绍一下该校的历史吗？

答：雪枫小学是以新四军第四师师长彭雪枫命名的学校，是全国百所历史名校之一，抗日战争前为“火星庙小学”，主要任务是培育烈士子女，北海舰队副司令员赵汇川曾在这里任教。该校 1936 年改名为“第三国民小学”。1948 年 11 月改名为“新华小学”。1951 年，为深切怀念彭将军，培育烈士子女，学校被命名为“安徽省雪枫烈士子女小学”。1958 年改名为“宿县雪枫小学”。1999 年改名为“宿州市雪枫小学”。这就是雪枫小学的由来与历史。

问：在学校中彭雪枫精神有哪些传承，学校对于学生又有哪些期待呢？

答：校园内矗立着彭雪枫将军塑像。学校建有“彭雪枫烈士事迹展室”，约 100 平方米，展室将彭雪枫一生的光辉业绩分为学生时代、初上征途、长征路上、太原风雨、豫东烽火、淮北鏖战、西征殉国、哀祭忠魂等八个部分。学校成立了国防教育领导小组，配置了法治副校长，还经常组织学生面向社会开展国防教育活动，提高国民的国防意识。每年开办少年军校、少年夏令营活动，学校以“雪枫精神，做儒雅新人”作为校园文化主题，既是对彭雪枫精神的传承，也是对优良革命传统的发扬光大，更体现了与时俱进的志向。近年来，学校以文明创建为先导，大力推进德育工作，优化校园文化阵地，创办特色品牌，发扬党员教师的先锋模范作用。这些都是对雪枫精神的发扬光大。

雪枫小学的老师和学生们经常来到雪枫林，在这里义务植树、劳动一天，为树木浇水、施肥、培土。在这所学校里，素质教育从开学第一天起贯穿始终。在彭雪枫将军的展室里，孩子们了解并熟悉彭雪枫将军的故事；在校园内，鲜花环绕的彭雪枫塑像下，烈士的爱国、爱民、勇敢、顽强、艰苦、奉公、律己、学习的精神在孩子们的心中烙下了深深的印记。

问：您认为彭雪枫将军的身上有哪些非常值得我们学习的品质与精神呢？在这个信息快速发展的时代，您认为这些精神对我们有哪些影响呢？

答：彭雪枫将军带领了工农红军和新四军取得了一场又一场战役的胜利，他的精神值得我们去发扬光大。彭雪枫具有创新改革精神，表现最为明显的是在创建和发展四师的工作中，他坚持发扬中国共产党和工农红军的优良传统，坚持毛主席的军事路线，在人民战争中发展和壮大部队，坚持党对军队的绝对领导，坚持党的政治工作并建立新型的军民关系。他采取加强军政训练和实战训练相结合的方法，全面提高军队的战斗力。他善于应对各种情况，为发扬中原作战的威力，在极其困难的条件下进行了斗争。彭雪枫将军对政治工作多有建树，他为敌后游击工作出版了指导性的教材。作为一位优秀的师政治委员，他为丰富和发展军队的政治工作做出了优异的成绩。同时，他作为一名知识分子，广泛召集青年知识分子参加革命，亲自授课兼任校长。他的这些精神都值得我们后来人以他为楷模、以他为榜样，向他学习。

他的一生是战斗的一生，革命的一生，辉煌的一生。他的一生所表现出来的这些高尚的品质、崇高的革命精神，是我们党和国家的宝贵财富。时代变了，环境变了，但彭雪枫将军的探索实践所形成的雪枫精神永远不会改变，彭雪枫将军永远是我们学习的榜样。这种精神激励着我们一代又一代的年轻人，特别是青年学生，为之付出代价，为之付出生命，为之付出一切。

四、资料分析

通过本次访谈，我了解到了彭雪枫将军的革命之路及其在抗日战场上的主要贡献。作为中国人民解放军 36 位军事家之一，彭雪枫将军不仅在军事战斗上的贡献显著，在文学与教育办学上也颇有建树。作为一名知识分子，彭雪枫将军深知教育人才的重要意义。他是一名卓越的指挥员、军事家，更是一名值得后人敬仰与学习的教育工作者。

本次访谈深入宿州市雪枫小学，收集资料，聆听史实。最为宝贵的是，了解到了该校作为全省“少先军校”先进单位在爱国主义教育上的宝贵经验，为传承家乡红色文化，更好地在青少年中进行爱国主义教育提供新的思路。

五、访谈结果

本次访谈了解到彭雪枫将军短暂的一生中主要的革命事迹，探索了其曲折的革命之路及其出色的军事思想和办学理念。通过本次访谈，我们了解到了彭雪枫将军创办《拂晓报》的历史以及他创办随营学校的曲折经历，让我们深深地感受到了知识分子在国家复兴的道路上的重要作用，也让我们看到中国知识青年在革命斗争中所能发挥的强大力量。

彭雪枫将军 37 岁殉国，他的一生短暂而精彩。在他为革命事业抛头颅、洒热血的一生中，我们不难看到一种舍我其谁的英雄大义。然而在本次访谈中，我们了解到了彭雪枫将军为王大爷守护小牛犊的故事，看到了国家的革命将领关心基层民众、爱民亲民的一面。“为人民服务”的革命精神在彭雪枫将军身上得到了最好的体现。真正的爱民不是居高临下，也不只是简单的扶持慰问，而应该是渗透在点滴生活中对群众发自内心的关怀。这样的关怀，一定会感化人民，拥有这样将士的党派也一定会成为民心所向，充满了凝聚力与战斗力。

爱国主义教育必须从娃娃抓起，在本次访谈中，我们了解到了安徽省名校雪枫小学的办学理念，学习到其在学生爱国主义教育上的宝贵经验。学校设有“彭雪枫事迹展览室”，把彭雪枫将军从幼年求学到为国捐躯的一生分为八个部分，便于学生们学习与理解。学校经常开展扫墓、植树等活动，让学生们在实践中树立对革命烈士的敬畏之情。学校经常开展少年军校、少年夏令营活动，提升学生向英雄学习的热情，培养爱国情怀。这些举措都值得我们广大中小学校向其学习，为国家培养新一代的爱国青年。

家书传音，重叙峥嵘岁月

周颖杰

无锡是中国近代民族工商业的重要发祥地，又是一方富有革命传统的热土。在中国共产党的坚强领导下，无锡人民在与帝国主义、封建主义、官僚资本主义的斗争中和社会主义革命与建设中英勇顽强、视死如归、艰苦创业、殚精竭虑，涌现出许多革命英才，牺牲了很多革命先烈，作出了重要贡献。

岁月留痕，抚今追昔。作为当代大学生，我们应当缅怀革命先烈，传承红色文化。此次关于无锡革命烈士家书的访谈，让我们更深入地了解发生在无锡这块土地上的革命斗争，以及那些在这块土地上牺牲的烈士以及他们的爱国事迹，最终达到传承红色文化、发扬革命精神的效果。

一、访谈背景

无锡市革命烈士陵园始建于1953年，现为江苏省爱国主义教育基地，江苏省文物保护单位(见图1)。该陵园内的无锡革命烈士事迹陈列馆建造于1973年，2015年进行重建。该陈列馆设有中共的创立和大革命时期、土地革命战争时期、全民族抗日战争时期、全国解放战争时期、社会主义革命和建设时期等5个部分，另建英烈墙。该馆展列了114位革命烈士事迹，内有烈士书信、活动照片、撰写文章等弥足珍贵的文物。这是进行爱国主义教育和革命传统教育的好教材。

我伫立在陈列馆的一块一块展板前观瞻革命烈士的文物资料，给我教育最大、印象最深的是烈士的家书。纵观展示的114位烈士，其中15位烈士有家书，如大革命时期的江苏农民运动先驱周水平(江阴顾山人)、无锡工人运动领袖秦起(无锡城区人)，土地革命战争时期的共青团南京市委书记史砚芬(宜兴官林人)、中共京沪特委军委书记钱振标(江阴西郊能家村人)、中共无锡城区区委书记冯金妹(女，无锡前洲塘村冯巷人)、中共吴县县委书记朱杏南(江阴夏港

图 1　无锡市革命烈士陵园外观

人)、共青团无锡县委书记高文华(无锡城区人),全民族抗日战争时期的中共锡南西区区委书记陆萍(无锡南泉镇人)、中共锡北工委书记兼锡北办事处主任陈凤威(无锡东亭仓下人)、中共江西新干前方委员会书记李伯敏(无锡玉祁齐家社人)、中共锡东县委书记陈佩三(无锡梅村陈三房人),解放战争时期的曾任八路军驻西安办事处秘书长严朴(无锡张泾桥寨门人)、中共重庆新市区委委员许晓轩(江苏江都人),社会主义革命和建设时期的中国人民解放军铁道兵工程团总工程师任汉材(宜兴徐舍人)、中国人民解放军某部班长顾利伟(无锡港下人)等。依据革命烈士的生平经历和家书的情况,并阅读了《丹心遗痕——无锡革命烈士诗文选》(无锡市史志办公室编,凤凰出版社 2018 年 7 月版),结合我的理解能力和知识水平,现重点选择 7 位革命烈士的家书作为此次访谈的内容。

二、现场访谈

(一) 访谈目的

以无锡革命烈士的家书为主题,从革命烈士的家书中浅析革命烈士的精神、思想以及当时百姓的生活情况、社会情况等;并借此机会寻找无锡红色文化以及挖掘无锡历史中的爱国事迹,加深对革命斗争历史的认识,最终达到传承红色文化、发扬革命精神的目的。

（二）访谈对象

朱昱鹏老师，男，早已进入耄耋之年，无锡博物馆老馆长、无锡博物院副研究馆员、共和国无锡籍首位将军朱启祥之侄、无锡本埠的文博学者和新四军军史专家（见图 2、图 3）。

图 2　朱昱鹏老师讲《丹心遗痕》

图 3　与朱昱鹏老师合影

（三）访谈过程

问：听说您曾经阅读过很多有关无锡近代史的资料，您能与我们分享一下近代无锡有哪些名人吗？

答：聂耳，就是国歌的曲作者，无锡鼋头渚有聂耳亭。《歌唱祖国》的作者王莘是无锡人。还有瞎子阿炳，也是无锡人。

问：朱老师，您能与我们分享一下您对无锡的印象吗？

答：我是省锡中（现江苏省锡山高级中学）毕业的，省锡中当时在杨市县，现在省锡中搬到堰桥去了。省锡中的前身叫匡村中学，它的创办人是匡仲谋，上海人，是个很有名气的实业家。我们无锡有一句话，南有荣宗敬、荣德生，北有匡仲谋。就是惠山、锡山的南面有荣宗敬、荣德生，他们是我们中国近代最大的工业资本家，北边有匡仲谋。匡仲谋是做什么的呢？他原来是个店员，卖纱布、棉花，搞商业。荣宗敬、荣德生是工业资本家，匡仲谋是做商贸的。后来匡仲谋办了一个匡村中学，就是现在的省锡中。

问：朱老师，您能具体跟我们分享下发生在城中公园中的历史故事吗？

答：以前呢，城中公园的位置是中心地段，无锡城里只有十里路。我是无锡北面的乡下人，以前像我们这些无锡周边的农村里的人到城里来呢，都在那地方约会，谈谈家长里短。无锡的一些重大革命斗争活动，也是在城中公园里面发生的。中国共产党无锡支部成立的地方就是城中公园。中国社会主义青年团无锡支部是1923年的11月在城中公园中，一个叫西社的地方成立的。西社现在被拆掉了，重新建了房子。五四运动时期，城中公园里经常有人聚集声援。五卅运动时期，无锡人声援支持上海工人学生的反帝斗争的活动，也是在城中公园举行的。1949年10月1日，毛泽东登上天安门，升起了中华人民共和国国旗五星红旗，大概就在第二天，无锡的第一面五星红旗就在城中公园升起来了。城中公园这个地方发生了好多的革命斗争故事。

问：您刚刚提到的城中公园确实有不少红色故事，那还有些其他的教育基地吗？

答：无锡现在公布了很多党史教育基地，有3批、30多个。党史教育基地和爱国主义教育基地，有相同地方，也有不同地方。党史教育基地，是由市委组织部组建的。

问：我想请教下朱老师，我们无锡留下家信的烈士有多少人呢？

答：现在，无锡，包括宜兴、江阴，烈士留下家书的只有18个人，也可以说19

个人，我指的是新中国成立之前的。

问：您起先说到有18名烈士留有家书。为什么后来说应该能算有19名烈士呢，那一名是谁呢？能向我们介绍一下他的故事吗？

答：这个人叫钱钟仪，是钱钟书的堂弟。他和钱钟书的祖父是同一个人。钱钟仪是二中毕业的，后来考取同济大学。日本人打过来之后，学校就迁到浙江去了。当时浙江那边是第三战区，钱钟仪被国民党抓住去枪杀了。钱钟仪留下的31封信，都是他写给他的父亲汇报工作的。现在这31封信已经正式结集公开出版了。

问：朱老师，我看您带了不少宝贵的材料，能给我们介绍下吗？

答：这是《丹心遗痕》，里面有详细的烈士的经历。比如秦起，这个是秦起的手迹（朱老师向我展示书中秦起手迹的图片）。

问：您认为这些烈士的家书，主要记录了些什么，表达了哪些情感？

答：有的人写的是生活的困难，在三座大山的压迫下，家庭困难。有的烈士的家信中，表达了为国效力的决心，表达自己的精神和思想。这些烈士的家信中有相同的内容，如描述群众生活的困难，表示自己的信心、决心。

问：在这些革命烈士的家信中，您能选择其中的一两位烈士的家信做一个简要的分析吗？

答：秦起给弟弟的信，写的什么呢？他过春节的时候，家庭经济困难，连买吃的东西的钱也没有。比如这里面（《丹心遗痕》）提到的李伯敏，他是上饶集中营的，他给父母的信中说，他虽然被关进集中营去了，但还是雄心勃勃，决心为革命斗争。

（四）资料分析

1. 秦起写给胞弟秦锡潮的信

秦起（1907—1927），原名秦锡昌，早年毕业于无锡唐氏小学。后进无锡茂新第二面粉厂当练习生（见图4）。1925年冬加入中国共产党。翌年5月1日以江苏省工人代表的身份参加了全国第三次劳动大会。5月下旬回无锡后，参与领导无锡21家丝厂工人总同盟罢工。该信写作的时间，朱昱鹏副研究馆员定在1926年年底（或1927年年初）。当时秦起胞弟秦锡潮（即秦超，信中的“立人”）在江苏涟水县一家典当行（由无锡唐氏开设）工作。秦起在信中反映了广大劳动人民的生活状况，他们在帝国主义、封建主义及军阀压榨下民不聊生、生灵涂炭，过着痛苦的生活。信中提及了国民革命军（即北伐军）即将抵达无锡的社会政治形势。秦起还嘱咐胞弟要珍惜时间，多读进步书刊，认清革命形势（“清醒脑筋”），紧跟时代步伐。该信原件现存放于无锡博物院（见图 5）。

图 4　秦起生平

图 5　秦起的家书

2. 史砚芬写给妹弟的信

史砚芬（1903—1928），毕业于设在常州的江苏省立第五中学。1927 年春参加共青团，不久加入中国共产党（见图 6）。随后，历任共青团宜兴县委书记，宜兴秋收起义副总指挥，共青团南京市委书记。1928 年 5 月 5 日，史砚芬在南京被捕，9 月 27 日在雨花台就义。史砚芬写给妹妹弟弟的信和写给弟弟妹妹的信这两封家书均写于 1928 年 9 月临刑前。家属在史砚芬就义后，从其内衣口袋里发现了这两封信，极为珍贵。史砚芬在《给弟弟妹妹的诀别信》中说：“我的死是为着社会、国家和人类，是光荣的，是必要的。我死后，有我千万同志，他们能踏着我的血迹奋斗前进，我们的革命事业必定成功，故我虽死犹存。我的肉体被反动派毁去了，我的自由的革命的灵魂是永远不会被任何反动者所毁伤！”这就是共产党人的信念理想。它显现了史砚芬的铮铮铁骨、视死如归的革命精神和革命抱负，史砚芳期望弟弟：“以后你能继我志愿，乃我门弟之光，我必含笑九泉，看你成功。”

图 6　史砚芬生平及其家书

3. 高文华狱中写给父亲、妹妹的信

高文华(1908—1931)，早年就读于无锡省立三师附小和南京东南大学附中(见图 7)。1924 年夏进入广州黄埔军校学习。1925 年加入中国共产党。1926 年 7 月参加北伐。1927 年春回无锡后，于同年 11 月参加无锡农民秋收暴动，后任共青团无锡县委书记，在农村坚持斗争。1928 年 3 月 26 日被捕，6 月被解送至南京第一监狱。后在南京狱中病逝。高文华在狱中宁死不屈，与国民党反动派进行了顽强斗争。同时他在狱中认真学习革命书籍，不断提高自己的思想认识。他在狱中给父亲、妹妹、姨父写了许多家信，记述自己的思想状况，孜孜不倦地学习书籍等情况，还撰写了《饿囚之哀叫》《饿囚之死》等诗歌，抒发自己的思想感情，无情揭露所谓的国民党“模范监狱”对待关押人员惨无人道的迫害，鼓动广大难友团结斗争。他是南京雨花台革命烈士中遗存墨宝最多的一位，实属难能可贵。

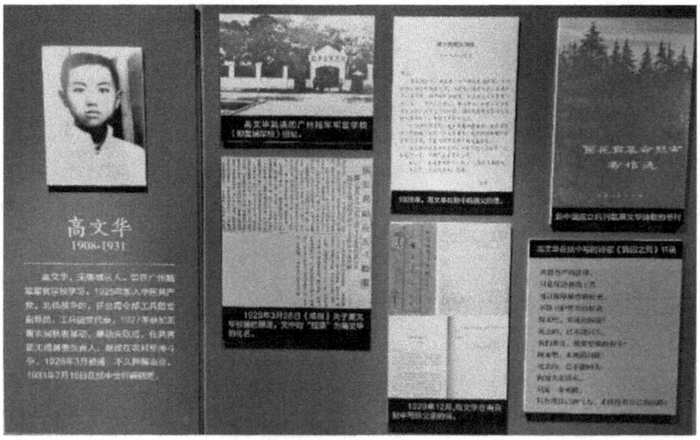

图 7　高文华生平及其家书

4. 陈凤威写给姑母陈希韫的信

陈凤威(1907—1942)，又名陈迅易，早年毕业于无锡公益工商中学。1926年参加共青团(见图 8)。1927 年秋加入中国共产党。曾在无锡城乡小学任教。1939 年 5 月初起，历任“江抗”独立支队参谋长等职。在反“清乡”斗争突围时壮烈牺牲。陈凤威自幼在姑母的抚育下成长，因而与姑母关系密切，感情深厚。他在信中说:“敌伪的扫荡是不会停止的，在他退出中国之前，因此要时时提高警惕。我自知留神。你们最好要离开家中把门封锁起来，鬼子走惯了，不时会

图 8　陈凤威生平

来，以致多受惊慌。”在复杂多变的对敌斗争中陈凤威非常关心姑母的生命安危，请她“要时时提高警惕”，还对她说，投身抗日战争“要知我们是在做历史上空前的民族斗争，是光荣伟大的任务”。此信是陈凤威在牺牲前三四小时写的。原件现存于南京博物院（见图9）。

图9　陈凤威的信件

5. 李伯敏写给父母亲的信

李伯敏（1909—1942），早年就读于江苏省立第三师范学校分校。曾在无锡北塘蔡氏小学等校任教。1936年8月23日，任无锡学社干事会主席。1937年11月底参加无锡抗日青年流亡服务团，奔赴新四军驻南昌办事处。1938年春加入中国共产党。后任中共江西新干前方委员会书记。病逝于福建建阳集中营。李伯敏投身抗日斗争后，写给父母亲的信，至今保存有五六封，无锡博物院收藏了三封（见图10、图11）。1940年2月19日，李伯敏在从江西吉安写给父母亲的信中说：“前几天过阴历新年，心中自然又是另外一种感想！倒不是异乡作客，感到孤独寂寞，而是怀念着家中的老老少少大大小小怎样过新年，但一想到普天下不知有多少人家在那里过不了新年！不知有多少人家弄得家破人亡，我也只有更加咬紧牙根！”在艰苦卓绝的抗日战争时期，李伯敏心中日夜想念的

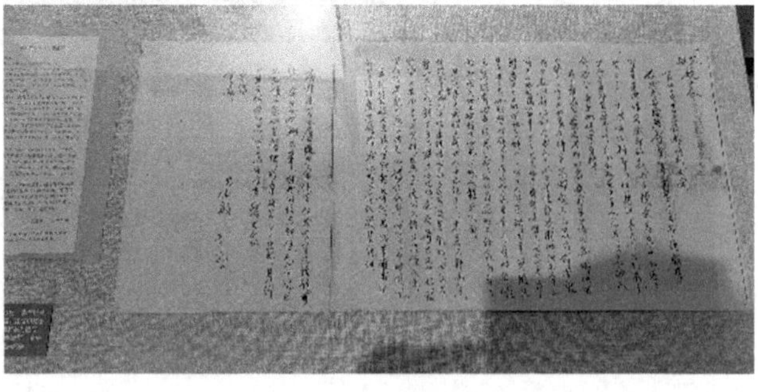

图10　李伯敏家书（左半部分）

不是自己的小家，而是普天下的许许多多家庭，“更愿千千万万人的家都太平舒适过日子”。

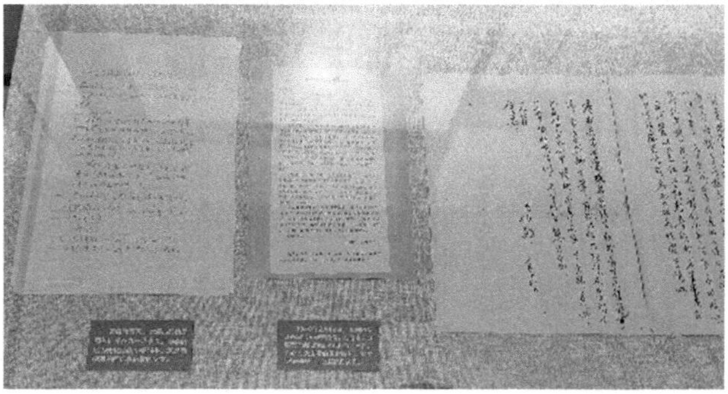

图 11　李伯敏家书(右半部分)

6. 严朴写给兄严启明的信

严朴(1898—1949)，又名严达人，早年就读上海南方大学中文系。1925 年 1 月加入中国共产党(见图 12)。曾任中共无锡地委委员、无锡总工会总务部长、无锡农民革命委员会委员长、中央苏区国民经济部副部长、中共中央组织部二科科长等职。因积劳成疾在北平逝世。无锡博物院收藏了严朴写给兄严启明的两封家信，其中一封家信写于 1930 年 4 月 5 日，信尾“黄玫东”即是严朴的化名。此信的内容是暗语。书写时间据 1959 年严启明撰写的严朴革命活动资料记载，应是 1930 年 4 月 5 日(见图 13)。

图 12　严朴生平

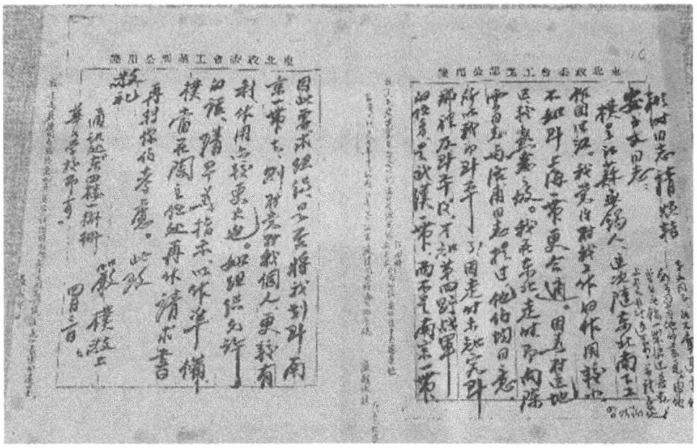

图 13　严朴的信件

7. 许晓轩写给三妹、哥哥的信

许晓轩(1916—1949)，1935 年进无锡公益铁工厂任会计，积极参加抗日救国活动(见图 14)。1937 年八一三事变后，随工厂迁至重庆。1938 年加入中国共产党。先后任中共川东特委青委宣传部长、重庆新市区委委员。解放前，被敌人枪杀于歌乐山松林坡。许晓轩写给三妹许永清的信，时间是 1939 年 12 月，当时他在重庆中华职业教育社工作。1940 年 4 月许晓轩被国民党反动派逮捕。狱中写给哥哥的信，书写时间是 1941 年。

图 14　许晓轩生平

（五）访谈结果

访谈结束之后，带着对这段革命斗争历史的更深入的了解与认识，我再次观瞻了无锡革命烈士事迹陈列馆。我聚精会神地瞻仰了革命烈士的家书，脑海中不断回忆着那一封封家书，耳畔似听到当年先烈的豪言壮语，显现了烈士在艰苦卓绝的战争年代的庄严承诺、坚定不移的共产主义理想信念。为了理想信念，先烈们抛头颅、洒热血，英勇奋斗、勇往直前，谱写出可歌可泣的壮丽诗篇，铸造起一道道坚不可摧的钢铁长城，并激励后人传承发扬，开拓创新。我们要在习近平新时代中国特色社会主义思想的指引下，牢记使命，砥砺奋斗，把国家建设得更加富强美好，为人类作出更大的贡献。

三、讨论、建议与展望

习近平总书记在党的十九大报告中指出："中国共产党人的初心和使命，就是为中国人民谋幸福，为中华民族谋复兴。"我们作为当代大学生，必须主动承担新时代赋予我们的历史使命，必须始终以习近平新时代中国特色社会主义思想为指引，向革命先辈学习，传承革命精神，延续红色血脉，始终不忘初心，牢记使命，走好新时代的长征路！

历史是今天的过去，今天是明天的历史。从 1921 年到 2021 年，中国共产党经历百年风雨考验，坚信在党的坚强领导下，在建设社会主义的伟大历史进程中，无锡人民一定会谱写出新的更加光辉灿烂的篇章，永载史册！

寻找邯郸的红色记忆

马　旭

一、前言

（一）访谈背景

邯郸在中国抗日战争和解放战争中具有重要的地位，它是晋冀鲁豫解放区的中心，也是刘邓大军的发源地。邯郸的红色文化是一种区域文化，它是邯郸人民在中国共产党的领导下，为争取民族独立、国家解放，在新民主主义时期创造的一种历史文化。这种文化承载着邯郸现代革命的血与火的历史，反映着邯郸现代革命的峥嵘岁月，是邯郸人民进行社会主义革命和建设的宝贵财富。

（二）访谈目的

在寻找邯郸红色记忆的过程中，我先去参观了邯郸起义和129师司令部的旧址。那些文献和实物，无不散发着浓厚的革命气息、不畏艰险的革命乐观主义精神和勇于牺牲的无私奉献品质。这次参观，深深震撼了我的心灵。于是我找到了马题领先生，想要通过一次访谈，更深层次地了解家乡的红色历史，探寻家乡红色基因，感悟家乡红色故事。

二、访谈内容

（1）访谈时间：2020年8月17日。

（2）访谈地点：邯郸市东军师堡。

（3）访谈对象：马题领先生。

（4）采访者：马旭。

（5）访谈形式：面对面访谈。

三、访谈过程

问：马先生您好，请问您是什么时候入党的？

答：我啊！我是1979年入的党，已经40多年了。

问：那真的是好久了，这次采访我主要是想了解一下我们家乡邯郸的红色文化。我在查阅资料的过程中，了解到解放战争中影响很大的邯郸起义，您对这件事有什么印象吗？

答：对，那确实是发生在我们邯郸的起义，正好是我父亲那辈时候经历的事情，那次起义在我们解放战争那个时候意义是很重大的。当时正值晋冀鲁豫野战军主力部队向被围之敌发起总攻，在进行军事打击的同时，又积极进行政治争取。这时候国民党第十一战区副司令长官兼新八军军长高树勋，在人民解放军的强大军事压力和政治攻势面前，决定率其直属新八军及河北民军等部共1.2万余人，在咱们这儿的马头镇举行起义，并向全国发表通电，宣布拒绝国民党政府的"剿匪"命令，退出内战前线，站到人民方面来。随后，晋冀鲁豫军区主力部队采取"围三阙一"的战法，展开猛烈进攻。那场作战最后取得了极大的胜利。此战大概消灭了国民党那边2.3万余人，狠狠挫败了国民党军向解放区的进攻，而且对我军各部队向东北地区开进起到了很好的掩护作用。

问：您提到了一个叫作高树勋的人，他在革命过程中有什么特别贡献吗？

答：高树勋可是一个相当出名的将领啊，我小的时候没少听他的故事，他也是咱们河北人。他家境贫寒，18岁时候就去了部队当兵。为人正直，作战勇敢，因屡获战功，后来做了一个师长。当年他的部队被派到江西对红军进行"围剿"时，他逐渐就看清了国民党的反动面目，思想起了变化，毅然决然地脱离国民党部队。这期间，他受到进步思想的影响，倾向共产党。他参加了冯玉祥等爱国将领组织的抗日同盟军，任骑兵师长，在张北地区和日本侵略军浴血奋战，屡建奇功，被誉为"飞虎将军"。在抗战期间，高树勋还除掉大汉奸石友三，被世人称道。他最出名的事情就是我刚才给你讲的那个故事。任国民党军第十一战区副司令长官兼新八军军长的高树勋，率领部队举行了"邯郸起义"，反对内战，主张和平。这件事意义非凡，后来中共中央开展宣传运动，号召国民党军队中的官兵以高树勋部队为榜样，在战场上实行怠工，和人民解放军联欢，举行起义，站到人民方面来。这个运动被人们称为"高树勋运动"。

问：这真是一位值得敬佩的民族英雄啊，我在查资料的时候还发现了129师司令部旧址就在我们邯郸，于是就去参观了一下，那里面的文献和物品深深地震撼了我，当时都有哪些先辈在那里奋斗呀？

答：我记得是刘伯承、邓小平、徐向前、李达等几位先辈在抗日战争时期曾在那里战斗过。说起来涉县也是华北抗战的一个战略要地，为抗日战争、解放战争的胜利立下了不朽的功勋。你既然去那里参观了，那你也来说一下你参观的感受吧。

问：当然可以。我当时来到司令部旧址，首先给我留下较深印象的是六位老一辈革命家的铜像，铜像基座上的还有一行字："刘邓和他的战友们"。这些铜像让我感受到了老一辈革命家深谋远虑、运筹帷幄、刚强果断、英勇无畏的形象，也让我感觉到了当时129师的高度凝聚力。进去大门以后便是将军岭，听别人介绍刘伯承、黄镇、徐向前、李达、王新亭、袁子钦、赵子岳等七位将帅的灵骨陆续安放在山上，所以叫"将军岭"。1990年10月，邓小平同志还亲笔为"将军岭"题写了岭名，为"刘伯承元帅纪念亭"题写了亭名。据说这里是除北京八宝山外，安葬共和国元帅、将军最多的地方。

在参观129师陈列馆时，一幅幅图片、一排排文献、一件件实物，无不散发着浓厚的革命气息。革命先烈勇当先锋的爱国主义精神、敢于夺取胜利的英勇战斗豪情、不畏艰险的革命乐观主义精神和勇于牺牲的无私奉献品质，让人为之震撼。

答：看来你的感触挺深的，那我正好也来给你介绍一下刘邓大军的故事吧。刘邓大军强渡黄河你应该知道，刘伯承、邓小平遵照中央军委"晋冀鲁豫野战军主力中央突破、南渡黄河，直趋大别山"的战略方针，率领晋冀鲁豫野战军主力12万大军，从山东阳谷以东150余公里的8个地段上强渡黄河，一举突破国民党军的黄河防线，拉开了战略进攻的序幕。解放军渡过黄河之后，蒋介石慌忙调集兵力，企图逼迫刘邓野战军向北退去或者背水一战。之后刘邓大军发起鲁西南战役，歼灭敌2个师部、9个半旅共5.6万余人。接着，部队长驱南征，从国民党数十万军队的包围当中杀开一条血路，经过20多天的行军和战斗，在8月底胜利到达大别山区，完成了千里跃进的壮举。以刘邓大军强渡黄河为标志，咱们解放军发起了战略进攻。解放战争爆发以来，解放军经过一年的作战，使整个战争形势发生了重大变化。还有一个关于刘邓大军的故事。刘邓大军进入大别山的时候是在寒冬。军队深入敌区千里，无后方作战，不可避免地会遇到种种难以想象的困难。毛主席对此也有清醒的认识，因此，他对跃进大别山的前途，曾做出三种估计：一是付了代价站不住脚，转回来；二是付了代价站不稳脚，在周围打游击；三是付了代价，站稳了脚。他要刘邓从最坏处着想，努力争取最好的前途。刘伯承和邓小平遵照中央军委的指示，决心乘敌追堵部队被甩在淮河以北，大别山区相对比较空虚的时机，命令第三、第六两个纵队，分别向皖西、鄂东展开，发动群众，发展地方政权组织，建立地方武装，歼灭分散之敌正规军和地方团队；以第一、第二两个纵队，在大别山以北阻敌，就地坚持，掩护展开。但问题接着就来了，大别山给了刘邓大军一个下马威。许多战士都是北方人，到了大别山，地形、地貌、气候、人情、风俗都变了，刚开始都不习惯。有的战士回忆起那段生活时说：刚到大别山，就感到不习惯，山上蚊子多，还有一些不知名的小蠓虫，往那一坐，脸上、脖子里到处都是，叮得人浑身难受。有人拿个被套盖着头休息，蚊子都能把它咬透。有些同志就开玩笑说："三个蚊子能炒盘菜。"北方人没见过水牛，那么大的身子，眼睛也很大，有的人还以为是啥怪物，看见水牛就躲得远远的，不敢接近它。有个小战士，到了一个村子，拐了一个墙角，一下子踩在水牛身上，水牛呼地站起来了，大眼睛盯着他，吓得小战士扭头就跑，还哭了鼻子。晚上睡觉，就睡在稻草堆里，南方蛇虫多，稻草里也有，很让战士们头疼。

问：虽然战争的硝烟早已散尽，岁月冲淡了人们对战争年代的记忆。但革命先烈的光辉业绩，与天地共存，和日月同辉，他们的高大形象如不朽的丰碑，会永远矗立在全国人民心中的。最后谢谢您给我讲了这么多红色故事。

四、访谈总结

这次经历让我收获良多，首先，参观邯郸起义和129师司令部的旧址，看到那些革命时期留下来的物品，它们无不体现着革命斗争的胜利来之不易。这些文物无声地提醒着我们，革命战争的胜利是战士们用鲜血换取而来的。他们不屈服、不言败，再艰苦也要坚持。这种不屈服的精神也就代表着每一位战士的不言败、不屈服，为了革命的斗争事业宁愿牺牲自己的伟大精神。他们就像我们现在看到的塑像，无论经历多少严寒酷暑，依然屹立。没有人能动摇他们坚强的意志，他们是伟大的、崇高的，他们是真正的英雄。

其次，通过访谈我也更深入地了解到我的家乡邯郸的红色故事，其中就高树勋将领的事迹让我十分敬佩。他的爱国主义精神让我为之动容。爱国主义精神是一个民族存在的火种，充满爱国情怀的英雄人物是一个民族的脊梁，一个没有英雄出现的民族是一个可怜的民族；一个有了英雄，而不懂得珍惜的民族是一个可悲的民族。幸运的是，我们中华民族自古以来就是一个英雄辈出的民族，而且也有"青山有幸埋忠骨，白铁无辜铸佞臣"的崇尚爱国英雄的传统。

这是我们的骄傲！

在翻阅历史文献查找资料时，革命故事仿佛在我眼前又重演了一遍。那场战争的艰苦，先辈们的奋力拼搏是无法用语言完全展现出来的。这一幕幕的红色历史，就代表着一份份的忠诚。无数革命先辈拼命战斗不就是为了我们祖国的明天、祖国的未来吗？红军战士长途跋涉，都在步步泥泞的路上走着，他们没有松懈过，一生都在拯救祖国，保卫祖国。我们作为新时代的青年，有义务也有责任认真学习和传承他们的精神，同时把这种精神落实到我们的学习当中来，以实际行动继承先烈遗志，努力工作，不断创新。我们要不断地鞭策自己勤于思考，勤于学习，以更高昂的热情、更认真的态度，在今后的工作和学习中取得长足的进步，让之后的中国因为我们而改变，因为我们而变得更加美好！

最后，引用艾青先生的一句话“为什么我的眼里常含泪水？因为我对这土地爱得深沉！”

衷心地祝愿我们伟大的祖国更加繁荣、更加富强、更加昌盛！

关于贵州铜仁的红色故事的访谈报告

邓　燕

一、前言

（一）访谈背景

万山区，隶属贵州省铜仁市，是铜仁市的主城区，曾因朱砂、水银储量和产量居世界第三、亚洲第一而被称为“中国汞都”“朱砂王国”。晚清中国工人在万山掀起了抵抗英法侵略者掠夺矿产资源的序幕，万山是中国共产党在夺取革命政权过程中付出巨大牺牲的“红色革命老区”。在中国曲折的革命历史进程之中，这里传承着可歌可泣的英雄史诗，记载了成千上万的革命英烈的奋斗足迹。万山是一片红色的热土。在中国共产党的坚强领导之下，为壮大组织、发展党员，很多人尽过心；为抵抗外来侵略，赢得万山的解放，很多人流过血；为建设万山，很多人流过汗；为万山的改革开放，很多人立过功。作为后人，应当铭记那一段段激荡人心的红色故事，追思先驱业绩，探寻革命思想，弘扬英雄精神。

（二）访谈目的

红色文化是在革命战争年代，由中国共产党人、先进分子和人民群众共同创造并极具中国特色的先进文化，蕴含着丰富的革命精神和厚重的历史文化内涵。以“追忆革命岁月，传承红色文化”为主题的访谈调研，让新时代的青年们加深了对红色文化的理解。作为一名入党积极分子，我希望通过此次访谈，了解家乡的党史故事和爱国主义案例，铭记家乡的红色历史，感悟家乡的红色故事，让红色经典超越时空的生命力成为激励祖国未来接班人追求理想和信仰的动力源泉。

二、访谈内容

（1）访谈时间：2020 年 8 月 9 日。

(2) 访谈地点：中共铜仁市万山区委党史研究室。

(3) 访谈对象：党史办的张老师。

(4) 采访者：计算机学院 2019 级 13 班邓燕。

(5) 访谈形式：面对面访谈。

三、访谈过程

问：您是万山的吗？在您眼中万山是什么样子的？

答：我是万山的啊！万山啊，一时还无法用言语来形容这个地方呢，山美水美人更美，反正它就是我的家乡，是我一辈子都要去守护的地方。

问：那您当初为什么在万山区委党史研究室工作呢？

答：其实当初我一直在茶店工作，在那里我工作了十年，后来因为工作安排就来到了这里。不过能来这里工作，是我的荣幸，我觉得特别光荣。这里也能看到很多关于万山历史的文献，我在工作之余就爱看这些，多了解历史总是好的嘛，以史为镜，可以知兴衰。

问：那您知道哪些关于万山的红色故事吗？

答：那就多得很了。万山本就是一个英雄的城区，这里历史悠久，这么多年以来发生过很多感人肺腑的红色故事。

问：那可以为我讲两个您最喜欢的红色故事吗？

答：当然可以，说到这个我就非常激动，立马就想到了那个侠义英雄鼎子客，他的故事叫鼎子客三捉田兴孝。我们万山以前不叫万山，叫省溪。省溪高楼坪有个有勇有谋的英雄叫鼎子客。他本名叫田兴治，是高楼坪的，六岁时读过私塾，但家庭贫困，他父母遭遇大地主田兴孝索债而死，之后他就不读书了。那时候的情况都是这样的，穷人家的孩子读什么书嘛，早点学会干农活，才是正事。后来，田兴治就跟着他爷爷学干农活，放牛、犁田、种地什么都干，干了好多年才还清他爸妈的债。之后他又去跟湖南的拳师学过侗家拳，练了一身本领。在 1931 年的时候，他结识了贺龙军长派来发展地下武装革命斗争的姚玉清的队伍，后来还担任了支队长。现在当地都还流传他三次捉拿大地主田兴孝的故事呢。

问：三次捉拿田兴孝，让我联想到孙悟空三打白骨精，那您能具体说一下这“三捉”是怎么回事吗？

答：田兴孝是高楼坪出名的大地主，家有千亩田地。他儿子田家税是田坪区副区长、联保主任。田兴孝勾结反动政府，欺负穷苦老百姓，老百姓对他恨得咬牙切齿。田兴孝还买枪招人，手下有百十号人，称“自卫团”，名为维护治安，实则看家护院，大家私下都叫他“黑心豺狗”。上大坪寨子里一个叫田朝堂的小伙子，刚娶了个漂亮的妻子龙妹，但是因为结婚欠债，田朝堂不得不在早晨上山砍柴，挑到省溪县城（就是今天的万山区）去卖。龙妹觉得丈夫辛苦就做点小活，贴补家用。听说大地主家要找人做重阳粑，龙妹就去了。田兴孝不仅贪财，而且好色，看到龙妹，口水直流，就偷偷喊管家故意多泡米，拖延到天黑。天黑了，粑都蒸熟了，田兴孝不让龙妹走，说龙妹勤快，晚上就住在他家。龙妹晓得田兴孝肚子里的花花肠子，说去方便，然后跑到牛屎旁故意滚一跤，抓把牛屎往脸上抹。田兴孝看龙妹一身臭烘烘，气得要吐血，说龙妹冲了他家的瑞气，叫手下用鞭子狠抽一顿，一分钱也没给，还让人押着龙妹回家，要她丈夫半个月内交“晦气钱”五个大洋和十二担柴。那时候五个大洋可以买头水牛了，对于穷人来说简直就是天价，而且还要十二担柴嘞。田朝堂实在走投无路了，第二天早上，上山砍柴就准备上吊自杀。是田兴治救了他，这个大汉身后站着一大伙人，其中十几个穿着破旧却很整齐的灰布服装，帽子上还镶着红色五角星。田朝堂看到鼎子客，就大哭起来，诉说他的遭遇。鼎子客说要替老百姓教训大地主。田朝堂说：田兴孝有人有枪，怎么教训他啊！鼎子客说：打不赢就用计策呗。

有天下午，“黑心豺狗”在岗楼上巡查时，他的手下告诉他有人在他家割谷子。“黑心豺狗”气急败坏，让管家去把那些人抓起来。随后楼下又来了十几个挑柴的，是田朝堂带柴来了，还说要给“黑心豺狗”五个大洋，“黑心豺狗”就开了门。这些人突然就从柴里拿出枪来，“黑心豺狗”看到鼎子客就马上让人开枪打他们。但是鼎子客一下子把他们几个撂倒，然后挑柴的那些人就冲上楼缴了他们的枪，鼎子客就把“黑心豺狗”绑在柱子上。鼎子客知道强攻不可取，便用了调虎离山之计，不费一枪一弹捉住了“黑心豺狗”田兴孝。鼎子客对自卫团说叫他们今后不要为虎作伥，然后就解散了他们。接着鼎子客和红军们抄家，把所有的粮食、衣物、钱财都分给了老百姓。老百姓知道了是真激动啊，纷纷感谢红军。等穷苦百姓分好粮食和钱财后，鼎子客要“黑心豺狗”写下保证书，以后不找老百姓的麻烦，按下手印才撤兵。这次捉拿“黑心豺狗”，得了一百多支枪，弹药无数，军队逐渐扩大，开展打土豪、分财产活动，极大地鼓舞了穷苦百姓团结翻身闹革命的决心和斗志。这就是鼎子客的第一捉。

问：鼎子客英勇气概令我很敬佩，他的调虎离山之计也是让我刮目相看。那接下来呢，“黑心豺狗”又干了什么坏事，鼎子客又是如何将他打败的呢？

答：“黑心豺狗”被抄家之后，对鼎子客恨得咬牙切齿。他老婆见钱和粮食被分给老百姓，半夜哭着要寻死。田兴孝骂她没出息，说鼎子客拿走的，就只是一点皮毛而已，他地窖里的东西还有好多。就这样，“黑心豺狗”就一直躲到了1936年国民党反动派清乡围剿的时候才回来。红军走了，国民党反动派由松桃调来一个独立团，对省溪进行军事围剿，开始疯狂报复。因为有国民党反动派撑腰，“黑心豺狗”一回来就开始猖狂起来。上次鼎子客带人抄田兴孝的家，只抄到地上的，地窖里的藏得深，丝毫未动。田兴孝回来，拿出白花花的大洋，找来地痞流氓，买枪买炮，修建碉堡，重新组成自卫团，勾结独立团。他四处打探鼎子客他们的消息。要是有了消息，就给独立团通风报信，独立团立马发兵抓人。省溪当时真是腥风血雨，先是省溪中区苏维埃主席、副主席被捕，在李家屋场富家湾遭到杀害。接着，打探到西区苏维埃主席在新晃活动，“黑心豺狗”田兴孝花一百大洋请江湖黑手去把他抓来，到高楼坪马路岗那个地方将他杀了，割下首级悬挂在省溪县城西门城楼上示众。后来西区副主席以及与他们有来往的田朝堂也被抓到省溪县政府门口“背火背篓”，严刑拷打后被枪杀。田朝堂的妻子龙妹来不及躲，被抓捕后惨遭凌辱。省溪纵队第四支队惨遭围剿，大部分都牺牲了。后来，鼎子客带部队回到省溪西区和南区，决定惩治“黑心豺狗”。那“黑心豺狗”把自己家的院子修得像铁桶一样，但是还是怕鼎子客来取他性命。然后他派人贴告示，要是谁捉住鼎子客，就赏三百大洋。有一天，一个壮汉骑着马驮着一个被绳子捆住的人来到他家大门口。壮汉告诉门卫，说他捉住了鼎子客，是来领三百大洋的。早就听说，这位壮汉就是六龙山杨保的手下刘一刀，心狠手辣，杀人如麻。“黑心豺狗”高兴地屁颠屁颠地跑到岗楼上看，壮汉把马上的人放下了，确实是鼎子客。“黑心豺狗”看了立马拿起枪，带着人下楼，用枪指着鼎子客的头一直破口大骂。距离不到十米的时候，壮汉立马转身将绳头甩向田兴孝的脖子，鼎子客一拉，“黑心豺狗”就被拽到鼎子客面前。鼎子客夺下枪，扔给壮汉，然后把“黑心豺狗”甩到马背上，扔下飞镖就走了。飞镖上有字，写着：五百大洋，六十支枪，明早梅子溪换人。管家立马告诉田兴孝的两个儿子，他们定下计策，准备围剿鼎子客。但是鼎子客早就料到他们的意图，提前设下陷阱。当田兴孝两个儿子带着人马走到一条狭长的路上的时候，一阵鞭炮声中，一群水牛直接撞过去，把他们吓得魂飞魄散，四散奔逃，走到山脚的时候，好多的石头从山上滚下去，最后田兴孝儿子带来的人马只好乖乖投降。“黑心豺狗”和他的两个儿子求饶，答应出钱出粮支持抗战，并保证以后不会再作恶。这次行动，省溪纵队重树雄威，名声大噪。

问：“黑心豺狗”简直太残忍了，是十恶不赦的大坏人，这次被鼎子客打得落花流水居然还敢做坏事，很想知道最后一捉的情节是如何发展的？

答：1944年是抗日战争胜利前最黑暗的时刻，物价飞涨，工钱却很低，民众生活十分困苦。六月份的时候，省溪的民众包括老人、妇女、小孩都背着背篓去捡野砂，却遭到矿警队长乱枪扫射，哀鸿遍野，死伤无数。惨案发生后，汞业管理处为了掩盖罪证，出假证明，重案轻报，激起民愤，民众游街示威。鼎子客也隐藏在其中。铜仁专署害怕民众越闹越大，接受了矿务局的条件，撤换矿警队长，之后汞业管理处就逐渐垮台了。为了安定后方，团结各界人士共同抗日，鼎子客将第四纵队的战士们隐秘分散在各个矿场，自己毅然回家务农。“黑心豺狗”田兴孝知道鼎子客回家务农，势单力薄，开始暗中收买土匪徐忠青，准备向鼎子客下黑手。徐忠青带着三个心狠手辣的匪徒，趁黑摸向鼎子客家。鼎子客平时就很警觉，睡觉前习惯绑上几根吊有铃铛的细麻线，只要有人碰触麻线，铃铛就会响起。当土匪刚翻墙进来开门时，鼎子客早已惊醒，悄悄将被子盖住枕头，做成有人睡觉的样子，然后从后窗跳出去反从门口抄到土匪背后。鼎子客嗖嗖几个飞镖将土匪全部杀掉。鼎子客寻思着这肯定不是一般的土匪打劫，肯定是“黑心豺狗”的仇杀，之后跑去田兴孝家，看到“黑心豺狗”在给那几个土匪摆庆功酒，鼎子客便神不知鬼不觉将“黑心豺狗”用绳子绑起来，破布堵住嘴巴装进麻袋藏到山洞里。第二天，田家的管家发现老爷无影无踪，料到是鼎子客干的，接着去跟鼎子客讲和，保证以后井水不犯河水，鼎子客才把“黑心豺狗”从山洞里放出来。后来，鼎子客一直在家务农，和平之后就担任农协会组长，积极配合人民政府进行土地改革、清匪反霸。1974年，鼎子客病逝在家中，享年八十一岁。他安详地走了，但是生前三捉“黑心豺狗”田兴孝的故事，却在家乡的山山水水广为流传。

问：鼎子客这位英雄是值得我们这些后人永远去敬仰的！他不屈服于恶势力的英勇精神值得我们去学习。最后感谢您的分享，让我听到了这么一个感人的红色故事，我们也会将他的故事带给更多的人。

四、访谈结果

文化越来越成为民族凝聚力和创造力的重要源泉，红色文化蕴含了丰富的革命精神和厚重的历史文化内涵，见证了中国共产党建设新中国的历史，激励了一代又一代中华儿女为理想和信仰顽强拼搏。红色基因是深植于中国共产党人精神世界里的遗传基因，是深深烙印于中华民族血脉中的精神图谱。红色基因，是溯源我们从哪里来的密码，需要我们去感悟、去学习。中华人民共和国的历史，就是无数英雄先烈用鲜血所绘就的宏伟画卷。中华民族的革命历史，彰显着中华儿女勇往直前、坚持不懈的红色精神。红色基因，是标注我们往哪里去的注脚，需要我们去传承、去弘扬。进入新时代，站在新起点，我们在“站起来”“富起来”的基础上，已经到了“强起来”的历史阶段。“强起来”，不仅包括经济实力的增长，更包括精神文化的丰富。红色文化，就是最好的历史文化；红色精神，就是最好的精神食粮。要加大对红色文化革命基地的保护力度，多开展红色主题教育活动，弘扬红色文化。作为社会主义事业的接班人，传承红色文化是我们的责任。我们要坚定高举团旗跟党走的信念，对红色精神的宣传教育永远不能结束，牢记历史，展望未来。

关于铁道游击队事迹的访谈报告

李士翔

铁道游击队，是抗日战争时期活跃在鲁南地区的一支抗日武装。该游击队成立于1940年1月25日，受八路军苏鲁支队命令成立，成立时称“鲁南铁道大队”。铁道游击队是一支由中国共产党领导的、英雄的抗日武装力量。这支队伍以临城为中心，依靠群众，运用游击战术，与日本侵略者展开殊死斗争，奏响了民族救亡的最强音。

一、访谈目的

中国共产党成立99年之际，为了挖掘家乡的红色事迹，发扬红色精神，让青年大学生对家乡的红色历史有更深入的了解，感悟革命先烈的精神，开展此次访谈，以了解抗日战争时期活动在鲁南地区的铁道游击队的创立、抗战过程，进而对铁道游击队展现出的红色精神进行学习，提高当代青年的政治素养。

二、访谈时间

2020年8月15日，星期六。

三、访谈地点

山东省枣庄市薛城区铁道游击队纪念馆。

四、访谈对象

铁道游击队纪念馆讲解员。

五、访谈过程

问：铁道游击队正式建立前，我方部队在鲁南地区的战略部署是怎样的？

答：在铁道游击队成立早期，八路军115师已经抵达了抗日根据地，也就是我们说的抱犊崮根据地。其实早期鲁南地区就有一支队伍叫苏鲁人民抗日义勇队第一总队。这支队伍将两个队员洪振海和王志胜派遣回枣庄矿区建立了一个情报站，这两个队员也就是后来铁道游击队的大队长和副大队长。后续八路军115师抵达抱犊崮根据地之后，确立并实施了以抱犊崮为中心，向北、向西连接大块山区，向南、向东发展战后平原的战略部署。我刚才讲的苏鲁人民抗日义勇队第一总队在八路军115师抵达抱犊崮抗日根据地后也被改编为八路军苏鲁支队，也就是我们说的铁道游击队的上级组织。其实铁道游击队在新部队中叫鲁南铁道大队。这个铁道大队，不是一诞生就叫这个名字的，而是后续一共由四支部队共同整编而成的一支队伍。铁道大队的上级就是苏鲁支队。

问：铁道游击队具体的建立过程是怎样的？

答：苏鲁人民抗日义勇队第一总队早期派出两位队员返回矿区，其实不是为了成立一支队伍，而是建立了一个情报站，叫枣庄情报站。情报站建立之后，根据苏鲁支队的指示主要负责情报工作，收集了很多关于日军的情报。搞情报工作一定要有其他身份作为掩护，于是队员们开办了义和炭场，在同月也成立了一支铁道队叫枣庄铁道队。1940年7月，枣庄铁道队加上薛城地区三个小的铁道队，四支部队共同整编为一支较大的队伍，叫鲁南铁道大队，也就是现在我们大家熟知的铁道游击队。

问：在铁道游击队正式成立前，他们（铁道游击队的前身）的主要任务是什么？

答：在早期铁道队还没有正式成立的时候，他们的任务主要就是收集日军的情报。日军特务机关在火车站附近，而当时义和炭场就在这个火车站旁边，也就是在日军特务机关的附近。他们在这附近收集了很多情报，然后把这些情报递送到了其他抗日根据地的那些战士手里。

问：铁道游击队正式成立前，经历过什么主要战斗？

答：在1939年8月，铁道游击队还没有正式成立的时候，他们进行了一个比较有名的战斗——奇袭洋行。洋行是日军搜集我军情报的一个特务机关。日本在这创立的洋行叫“枣庄正泰国际洋行”，里面有三个日本掌柜，他们同时也是日军侵华战场上的军官。他们来到洋行的主要目的不是经商，而是以经商作为掩护，来进行情报工作。在袭洋行的战斗中，队员们将三个日本掌柜毙二伤一，缴获长短枪各一支。1939年的10月，枣庄情报站获取了日军军列运送军火的情报，在枣临铁路王沟站“飞车夺枪”，缴获了大量军用物资。

问:铁道游击队正式成立后的第一场战斗是什么?

答:铁道游击队打出旗号的第一场战斗故事就是二袭洋行。在 1940 年 8 月的一个夜里,大队长洪振海和副大队长王志胜带领队员分成五组来到洋行附近。由于围墙上带有电网,不能翻墙,他们便在墙上打洞进去。这个洞直到凌晨 4 点才打通,而进去后四五分钟就迅速解决了战斗。

问:在这场战斗后铁道游击队又进行了哪些战斗?

答:在 1940 年的 10 月份,铁道大队就接收到了鲁南军区下达的从日军那里缴获药品的指示。在得到情报后,铁道大队当晚就把日军运载的药品等物资截下。在 1941 年,铁道大队袭击了日军押款列车,缴获了大量法币。同年,截获了日军的运布车,这些布料解决了军区越冬缺少棉衣的困境。铁道大队还破坏了津浦铁路韩庄段,拆除了峄县至临城的铁轨。这些都对日军的交通造成了极大的破坏。

问:除了这些,铁道游击队进行过防守的战斗吗?

答:我们大家可能比较熟知微山岛这个地方。微山岛在微山湖,岛上一共有大小 18 个村子。这些村子是铁道游击队在抗日最困难时期进行修整的一个基地。在这个微山岛上发生过多次微山岛争夺战。1942 年之后日军从微湖渡口、韩庄等三个方向向微山岛发起进攻。当时,在大官庄村的鲁南铁道大队三次打退敌人的冲锋。后来,接到上级突围的命令后,队员们通过巧妙的化妆进行突围。这样一次战斗,一般会与日军进行激烈的交火,很多的游击武装在这种情况下都有惨痛的伤亡。但是我们铁道大队无一人伤亡,并且歼敌 300 人。另外,铁道游击队不仅有一系列的英雄战斗故事,队员们还开辟并始终保卫了华中通往延安的秘密交通线,先后护送了刘少奇、陈毅、萧华、罗荣桓等 70 余名党政军干部顺利过往,并且没有一次失误。这一条秘密交通线也被称作是“通往延安的路”。同时,这一条交通线也被称作是“黄金通道”。为什么会这样说?因为在 1939 年的时候,中央派人到山东筹款,临行前,毛主席就说一定要多搞些“通货”。“通货”指的就是黄金。当时山东招远的玲珑金矿是中国近代以来最大的金矿。从山东招远运出来的黄金,经过鲁南地区时,承担护送任务的就是我们的铁道大队。这一条路变成山东至延安的一条经济大动脉。

问:可以详细说一下沙沟受降的情况吗?

答:沙沟受降,是抗日战争中八路军少见的接受日军正式投降的历史事件。虽然在 1945 年 8 月日本正式宣布了投降,但驻扎在峄县和临城一带的日军却拒绝缴械投降。在 10 月的一天夜晚,日军乘坐铁甲列车开出临城车站,但我们的铁道游击队已经把沙沟前面的铁路摧毁，退回临城的道路也被我军炸断。日军在沙沟困了三天后，宣布了投降。

问：铁道游击队的主要成员都是共产党员吗？

答：铁道游击队的成员主要是铁路工人和矿工，不全是共产党员。但他们是在共产党员的带领下取得胜利的。

问：在成立的五年间铁道游击队与人民之间的联系是什么样的？

答：不应该说是五年，从成立情报站算起，可以说是铁道游击队坚持战斗了八年，一直到抗战胜利。这样的一支人民武装之所以能够在这个地区战斗八年之久，是因为他们在党的领导之下，深入群众、依靠群众、保护群众，与人民群众之间建立了深厚的鱼水之情。这些群众都自发为他们递送情报，为他们打掩护。我们在小说当中熟知的一个女性角色叫芳林嫂。其实芳林嫂在创作时是有原型存在的，是以三位妇女为原型来塑造的，她们分别是黄学英、郝珍以及刘桂清。她们在抗日战争最困难时期帮助了铁道游击队，并且为铁道游击队做出了巨大的贡献。在截获运布车时，很多物资都是游击队发动人民群众帮忙运送的。可以说，鲁南地区的很多老百姓都为革命做出了重大的贡献。

问：铁道游击队留给我们的精神是什么？

答：铁道游击队的精神我们可以总结成四句话十六字：赤诚报国，不怕牺牲，机智灵活，勇于亮剑。

六、访谈结果

从本次访谈中了解到的铁道游击队的创建、战斗过程中的英雄故事，让我们大家对于这段抗战历史有了更详细的了解，并从中感悟到革命先烈留给我们的精神。

七、访谈总结与感悟

此次访谈让我对家乡的历史有了更深刻的了解。过去的几年，我并不是很了解铁道游击队，也不知道这就是活跃在我家乡的一支队伍。我对铁道游击队的记忆只存在于若干年前电视上播放的《铁道游击队》电视剧部分片段，而且随着时间的流逝，我已逐渐将他们淡忘。但是，这次访谈使我重新对这支队伍有了了解。而且随着访谈的深入，我对这些为了国家不惜牺牲自己生命的革命先烈产生了深深的缅怀之情。他们运用自己的机智谋略，面对日军英勇无畏，一次次地击败侵略者，获得战争的最终胜利，才能使我们真正成为中华大地的主人。

革命先烈已经远去，我们身为当代青年学生，接受着一代又一代革命精神的熏陶，一方面要缅怀先烈，不忘先烈的精神和传承，珍惜他们为我们带来的来之不易的和平；另一方面，我们还要向这些先烈学习，学习他们临危不惧、机智勇敢的精神。目前，我国所处的国际环境并不安稳，虽然我国已经在改革开放中取得了巨大的成就，但我国仍然在很多方面与发达国家有差距。而且国外反华势力蠢蠢欲动，国家统一的目标还任重道远，印度开始在我国西南边境挑衅，一切的一切都需要我们继续努力，需要我们这一代人贡献自己的力量。我们应该在学习专业知识的同时，培养爱国主义精神，提高自己的思想觉悟。这就需要我们学习先进的思想，紧跟中国共产党的领导，这样才能够在提升自己的同时，为国家贡献出更大的力量。

在本次访谈中，我发现自身存在一些问题，对访谈的问题没有做好完全充分的准备，致使在访谈中出现卡壳等问题。我会吸取教训，争取以后可以做得更好。

关于信阳红色史的调查报告

李明洙

除了经济、军事等硬实力，文化软实力也是国家综合国力的更为特殊和重要的组成部分。提高文化软实力，要增强全民族文化创造活力，要推动文化产业大发展大繁荣。红色文化作为中国文化的重要内容，属于国家文化软实力的重要组成部分，有着丰富的历史文化底蕴和精神教育价值。信阳地区是革命老区，被誉为“红军的摇篮，将军的故乡”。为了弘扬红色文化，让红色资源得到充分利用，现信阳市有许多红色教育基地和红色文化旅游景点，开发红色资源，挖掘革命先辈的英雄事迹，用真实感人的事迹、伟大的精神引导我们记忆历史，不忘初心。

红色文化作为中国文化的重要内容，具有强大的精神力量，体现了中国共产党人丰富的精神内涵和文化追求，是中华民族共有精神家园的文化支撑。信阳红色文化软实力的凸显，是信阳红色文化吸引力的集中体现。它是中国共产党领导的信阳人民在革命战争年代，在信阳留下的红色印记，既包括红色文化的物质现实体现，也包括红色文化的非物质体现。信阳有着一大批革命战争遗址和历史纪念地，以及相关的革命文献、革命文物，这些都是信阳红色文化物质产品的现实体现。同时在革命历史中所形成的观念形态、革命精神、革命传统是信阳红色文化的非物质表现形式。信阳红色文化中所蕴含的价值导向，是信阳红色文化的精髓。大别山精神便是信阳红色文化精神的代表，是信阳红色文化精神的集中体现，具有不竭的生命力和强烈的感染力，成为中华民族先进文化中的重要组成部分。

在中国波澜壮阔的革命发展进程中，信阳有着举足轻重的地位。这里是红军的摇篮、将军的故乡，是中央确定的全国 12 个红色旅游区之一。信阳是鄂豫皖苏区、豫鄂边抗日根据地和大别山解放区的重要组成部分。在中国革命的各个历史时期，中国共产党都在此留下了重要的活动足迹。早在中国革命初期，大别山地区就是开展革命活动的重要阵地，土地革命战争时期已成为全国著名的革命根据地，抗日战争时期是中国革命的主战场，解放战争时期是刘邓大军千里跃进、激战中原的落脚地。从中国革命之初到取得胜利的各个时期和重要历史阶段，信阳这块红色的土地上都留下了我党深深的历史足迹。

信阳市地处大别山区，位于河南省南部，处于鄂豫皖三省边界，山高路远，地域偏僻，早期反动统治力量相对薄弱，便于革命斗争的发动和革命力量的生存。在经济发展水平上，由于山区的阻隔，交通十分不便，工商业很难得到发展，相对封闭的外部环境造成了信阳地区长期以来自给自足的自然经济。同时，信阳地区的社会矛盾异常尖锐。特殊的地理环境以及尖锐的社会矛盾构成了信阳红色文化形成的客观条件。

共产党坚强有力的组织和正确领导构成了信阳红色文化形成的主观条件。信阳党组织建立较早，发展较快，并在各地区形成了强有力的领导核心。1925年春，中共豫南地委在这里成立。从此豫南人民在党的领导下开展了波澜壮阔的革命运动，是大革命的重要组成部分。在此以后，中国共产党领导信阳人民先后进行了一系列的起义，其中影响深远的有四望山起义、潢川大荒坡起义、商南起义、白化店起义；同时中国共产党还在信阳地区开展军队建设，创建了红军第三十一军三十二师，开创了豫东南革命根据地，为推动工农武装割据做出了重要的贡献。可以说没有中国共产党的领导，就没有信阳人民为新生活斗争的伟大历程，就没有信阳红色文化的产生。

土地革命时期，这里是中国工农红军诞生地之一，是鄂豫皖苏区首府所在地。豫南党组织在发动群众武装反抗国民党反动统治的斗争中，较早地爆发了建立农村革命根据地的思想。党在这里组织豫南工农革命军开辟了信阳的四望山红色区域；开创了以柴山保为中心的革命根据地；发动了商城起义，创建了河南第一支红军部队，中国工农红军第三十一军三十二师，开创了豫东南革命根据地，为鄂豫皖苏区的形成和发展做出了突出贡献。随着鄂豫皖革命根据地的壮大，中共中央鄂豫皖分局、鄂豫皖苏维埃政府、鄂豫皖省委先后在新县成立。

抗日战争时期，坚持大别山革命斗争的红二十八军和豫南红军游击队，改编为新四军第四支队，开赴抗战前线。中共豫南党组织努力壮大抗日民族统一战线，掀起了抗日救亡运动的高潮后，建立了豫鄂边区首块抗日根据地。李先念、陈少敏都先后从这里出发，联络鄂东、鄂中的党组织和抗日武装，并在此召开了具有重要意义的四望山会议，全面统一了豫鄂边区党的组织和所领导的抗日武装。党领导人民大力开展根据地建设，为豫鄂边抗日根据地的巩固和扩大，为新四军五师的发展壮大做出了突出贡献。

抗日战争胜利后，豫南党组织领导全区军民为争取和平，反对国民党发动内战，配合中原军区部队与国民党军队展开了针锋相对的斗争，胜利完成了中原解放区的战略坚持任务，牵制了国民党数十万兵力，起到了策应全国解放区战场的巨大战略作用。1947 年夏，刘伯承、邓小平挥师南下，千里跃进大别山，拉开了全国解放战争战略反攻的序幕，开始了重建大别山解放区的艰苦斗争。到 1948 年 3 月，先后建立了鄂豫、皖西、桐柏、江汉等根据地。刘邓大军挺进大别山后，信阳党政军组织迅速恢复重建，并广泛地发动群众参战，支援前线，配合实施战略反攻，使解放区逐步巩固发展。

信阳是红军的摇篮，将星璀璨。大别山的天然屏障孕育了红军部队，保存了革命火种。作为红军摇篮之一，这里诞生了红四方面军、红一军、红四军、红二十五军、红二十八军等英雄部队。红二十五军从信阳罗山的保家冲出发，是第一支到达陕北的部队，为红军长征的胜利会师发挥了重要作用。信阳这块红色土地上留下了周恩来、邓小平、董必武、刘伯承、徐向前、李先念、徐海东、陈赓、王震等老一辈革命家的光辉足迹，走出了许世友、李德生、郑维三、尤太忠、万海峰、钱钧等 100 多位将军，其中建国时被授衔的新县籍将军就有 43 位，新县因此成为全国著名的将军县。

英雄的信阳儿女在中国共产党的领导下，浴血奋战 28 年，创造了可歌可泣的英雄业绩，为中国革命的胜利和新中国的诞生，建树了伟大功勋，付出了巨大牺牲。革命战争年代，信阳共有有 100 多万优秀的中华儿女参军参战，30 多万人英勇牺牲，以鲜血和生命赢得了“大别山红旗不倒”的荣誉。当时不足 10 万人的新县就有 5.5 万多人壮烈牺牲。烈士的鲜血染红了这片沃土，留下了众多的革命历史遗迹。全市革命历史遗址多达 479 处，各级政府批准设立的革命历史文物保护单位有 178 处，其中国家级文物保护单位 5 处，省级文物保护单位 21 处，市级文物保护单位 16 处，县级文物保护单位 136 处。

土地革命战争时期，鄂豫皖革命根据地是当时仅次于中央苏区的全国第二大革命根据地，而信阳又是鄂豫皖革命根据地的首府所在地。1930 年 6 月，鄂豫皖边区苏维埃政府在信阳市新县成立，鄂豫皖党政军实现了统一，鄂豫皖苏区正式形成。这里曾集中了中共中央鄂豫皖分局、军事委员会、鄂豫皖省苏维埃工农民主政府及其所辖的 20 多个行政单位，成为鄂豫皖根据地的政治、军事、经济和文化中心。中国工农红军的第一架飞机“列宁号”在这里起飞，中国共产党军队的第一个航空局中共中央鄂豫皖军委航空局在这里建立。革命历史歌曲《八月桂花遍地开》《三大纪律八项注意》就是从信阳唱响全国的。

信阳地区流传着很多的红色歌曲，在那个艰苦的年代里鼓励人们坚持下去，迎接胜利的曙光。这里是《八月桂花飘满地》《红军来了晴了天》《三大纪律八项注意》《红军打商城》等经典红色歌曲的诞生地。歌曲《爱上将军县》、大鼓书《上将许世友》、电影《挺进中原》等表现了信阳地区的革命历史。红色歌曲影视等红色文化作品，蕴含着丰富的精神财富，具有重要的历史意义。

在漫长的革命斗争历程中，革命先辈为信阳留下了丰富的红色文化旧址、红色革命歌曲、将军的传说等。信阳是红军的摇篮，将军的故乡。这里是"黄麻起义"的策源地，是鄂豫皖革命根据地的首府所在地，是大别山红旗不倒的中心地，是千里跃进大别山的落脚地。这里举办了中国工农红军第一届体育运动会，起飞了中国第一架飞机"列宁号"。这里拥有众多的红色旧址和红色纪念地：鄂豫皖苏区首府博物馆，赤城县苏维埃政府旧址，鄂豫皖省工农民主政府旧址，许世友将军故里、王大湾会议旧址、红四方面军总部旧址、鄂豫皖省工农民主政府旧址、郑维山将军故里、邓颖超祖居等遍布信阳的山山水水。众多的旧址和纪念地，为信阳积淀了深厚的红色文化。这里走出了许世友、李德生、郑维山、洪学智、万海峰、邓颖超等一大批共和国的将军以及党和国家领导人。这里留下了董必武、徐向前、刘伯承、邓小平、李先念等老一辈无产阶级革命家的战斗足迹。这里依托丰富的红色资源，每年定期开展"走红军路，寻红军情，唱红军歌"等爱国主义教育活动，有多处全国爱国主义革命传统教育示范基地。其中的鄂豫皖首府博物馆被中国人民大学、中国政法大学、河南省委宣传部、河南省教育厅等 40 多家单位挂牌命名为革命传统教育基地。没有革命先辈的默默付出，不会有今天的和平与稳定。信阳红色文化见证了信阳人民对于中国革命胜利的重大贡献，体现了信阳人民的理想信仰，是中国共产党人坚定正确的理想信念的凝聚和升华，也是中国优秀文化重要组成部分。红色文化特有的精神力量能够激起社会各阶层对于国家的认同、民族的认同，增进个体对于社会的凝聚力、向心力，从而维护社会的安定团结，对于信阳地区的和谐发展起着重要的牵引作用。信阳地区在开展理想信念教育的过程中，充分融入信阳红色文化资源，以红色文化精神坚定目标，以红色文化内涵鼓舞斗志，激励人们追求理想和信仰，引领社会道德风尚和价值导向，发挥红色文化最大的价值。

红色文化是培育民族精神、发扬光荣传统、促进和谐发展的重要载体。信阳蕴含着丰富的红色文化资源，是红色首府所在地，是红军的诞生地，是红址密布的纪念地。作为我党我国的一项重要财富，红色资源对于社会主义精神文明建设，对于老区经济社会的可持续发展以及促进整个社会的和谐构建都具有非常重要的意义和价值。红色文化遗产是中华民族宝贵的精神财富，是社会主义思想文化的重要阵地。通过发展红色文化，把革命历史文化遗产保护好、管理好、利用好，对建设和巩固社会主义思想文化阵地，大力发展先进文化，具有重要而深远的意义。红色文化是党和国家的重要精神财富，发扬红色文化无论是对国家还是对个人都具有重要而积极的意义。让我们努力发扬红色文化精神内涵，努力树立自己的民族自尊心、自豪感，为中华民族的伟大复兴贡献自己的力量吧！

淮海战役亲历者的故事

营　鹏

一、访谈概要

根据“新时代文明实践问题”课程的要求，为探寻家乡红色记忆，挖掘家乡的党史故事和爱国主义案例，传承家乡的红色基因，我找到了淮海战役的亲历者营朝岱老人，于 2020 年 8 月 16 日通过面对面访谈的方式了解了发生在故乡土地上的热血故事。老人虽年事已高，对过往的记忆有些模糊，但从老人碎片化的讲述中，依然能感受到，在少年营朝岱的眼中，兵哥哥的背影是多么坚挺与伟岸。

二、受访人介绍

营朝岱，1935 年出生于安徽省宿州市符离镇，1948 年参与为淮海战役驻宿解放军送粮活动，曾就职于宿州市铁路局，膝下育有四子两女，生活和睦，现居住于安徽省宿州市埇桥区。（见图 1、图 2）

图 1　营朝岱先生

图 2　我与营朝岱先生合影

三、访谈内容与分析

为了避免外界环境嘈杂的影响，在与老人沟通之后，我将访谈地点定在了老人家中。刚进家门，老人十分热情，招呼着我坐下，又端上来许多的瓜果。还没等我说话，老人先是语重心长地说："你们这一代年轻人一定要好好珍惜机会，那时我们吃不饱，穿不暖，天天在炮火声中度日；现在你们能上大学，能为国家做贡献，是我们当时想都不敢想的呦！"老人说话很慢，声音却很是有力，中间夹杂着几声咳嗽，却阻挡不了老人将这番话说完。我的眼眶有些湿润了。

在问及老人有关家乡的红色记忆之前，我先如拉家常般询问老人平日有什么爱好。老人说，年纪大了，腿脚不利索了，但也喜欢到公园看看别人下棋，到菜场问问菜价，也会起了个大早去超市买鸡蛋。老人说他做的青菜绿豆饼特别好吃，是这个家多少年来忘不了的味道。望着眼前的老人，我不禁有些恍惚，在这个经历过三年自然灾害的老人的世界里，民以食为天是亘古不变的真理。无论社会如何发展，流行的菜谱如何更迭，这些最最熟悉的家常菜，都是一桌美食中最香的菜肴。这些菜中承载着老人拉扯六个子女的含辛茹苦，承载着一个时代的记忆。

说起那些关于党的记忆，老人脸上写满了激动。“那时年纪还小，家里也是吃了上顿没下顿，但知道有解放军要来，大家还是乐开了花。”中华民国二十七年五月，即1938年5月，安徽省宿州市所在区域相继沦陷，百姓生活在水深火热之中。直至抗日战争的胜利，淮海战役大捷，宿州百姓才彻底得从战火硝烟中解放出来。老人的少年时期便在那段几近暗无天日的时间里度过的，解放军就好像一束光，照进了充满黑暗的裂缝之中。

“淮海战役发生时，我才十几岁吧。”说起自己的亲身经历，老人眉宇间带着沧桑，“就记得解放军来以前，城里、镇上都是国民党，可是不安宁嘞！不过仗还没打起来，他们就都撤走啦！解放军进了城，乡下的得了消息，每家每户都派个代表，要到城里看看！”老人脸上逐渐露出了喜悦，“后来听说他们都撤到徐州去了！”在淮海战役的中心城市徐州之南，由于宿县之孙元良第十六兵团北撤徐州，而协防宿县之刘汝明第四绥靖区也向南撤。1948年11月16日，中原野战军攻占张绩武驻防的宿县(存在时间1912年—1992年，今安徽省宿州市)，切断了徐州守军向蚌埠之退路。

淮海战役分为三个阶段，第一阶段解放宿县(今安徽省宿州市)，歼灭黄百韬兵团，完成了对徐州的战略性包围，对淮海战役的胜利起到了至关重要的作用。

第二阶段，从1948年11月23日开始，中原野战军在宿县西南的双堆集地区包围了从华中赶来的增援的黄维兵团12个师。28日，蒋介石被迫决定徐州守军做战略退却。徐州“剿总”总司令刘峙撤至蚌埠，副总司令杜聿明留在徐州指挥。12月1日，国民党部队弃徐州向西南逃窜。4日，华东野战军追击部队将徐州逃敌包围。6日，国民党孙元良兵团妄图突破，即被歼灭，孙元良只身潜逃。同日，中原野战军和华东野战军集中9个纵队的优势兵力，对黄维兵团发起总攻，经过激战，至15日全歼敌12余万人，生俘黄维。此后，为配合平津战役，按照中共中央军委的统一部署，部队进行了20天的休整。(见图3)

第三阶段，1949年1月6日至10日，华东野战军对被包围的杜聿明集团发起总攻。经过4天的战斗，全歼邱清泉、李弥两个兵团共30万人，俘获杜聿明，击毙邱清泉，李弥逃脱。至此，淮海战役结束，解放军解放了长江以北的大部分土地，老百姓的生活迎来了光明。

“那时候要支援前线，咱们这后方阵地的老百姓都积极得很，摔罐子摔碗都要把家里的粮食啊、布啊啥的捐出来，那时候我十二三岁，家里人体力都没我好，就我去把东西送到车站了。”老人笑着说，“那可是我第一次进城去车站，就

图 3　淮海战役第二阶段史料图 摄于宿州市博物馆

是咱们宿县(宿州)的老火车站，老热闹了，都是来送物资的!”中国共产党领导的中国人民解放军能够在一场场战斗中取得胜利，离不开老百姓的人力物力支持。淮海战役的胜利是老百姓用小推车推出来的，淮海战役中解放军和国民党军队的人数是 60 万对 80 万，然而，为解放军提供后勤保障的支前的民工队伍却有 300 多万人。华东解放军后勤部长刘瑞龙接收到邓小平同志对淮海战役后勤保障的指示，见图 4。因为老百姓热爱这个党，热爱这个国，才能将一切托付给她。所有战争的胜利，归根结底，都是人民的胜利。

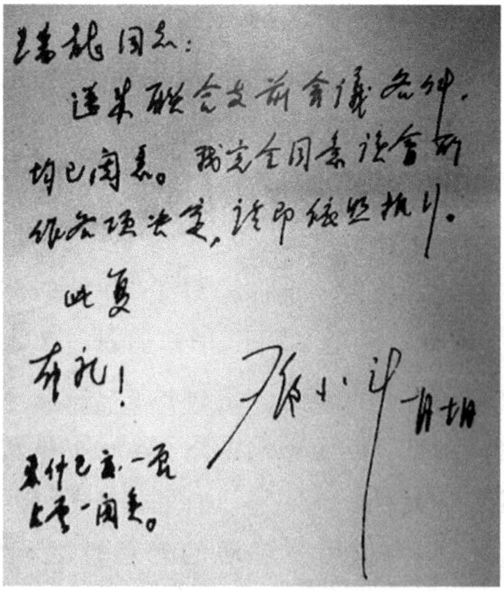
瑞龙同志：
送来联合支前会议各件，均已阅悉。我完全同意该会所作各项决定，请即依照执行。
此复
敬礼！
邓小平

图 4　摄于宿州市博物馆

访谈并未持续太长时间，其间老人咳嗽了很多次，一问之下才得知老人近期偶感风寒，患上了重感冒。为了照顾老人的身体状况，一些细节我并未过多询问。结束后，我前往宿州市博物馆，根据老人所说的时间范围，搜集了一些有关淮海战役的史料，将这一历史事件，结合老人的讲述，从整体上还原了出来。

四、访谈总结

作为人生中的第一次实地访谈，虽然营朝岱老人一家十分和蔼，但我的心中难免有些紧张。在始访谈之前，我一直在问自己，为何访谈，访谈的意义又在何处。出现在心中的第一个答案，就是完成一项作业，完成一个任务。或许在一开始我就是以此来要求自己进行准备的，访谈提纲、访谈设备，按部就班地准备，确实少了一些真诚与热情。直至开始了采访，和老人面对面开始交流，真切体会到即使经历了几十年的岁月磨洗，老人依旧能保持当年那般的深切情感，我才认识到，之前的我有多么肤浅。访谈不仅仅是一项任务，它更多的是给予我们一次与事件亲历者交流的机会。他们或许是明星大咖，是文艺工作者，是历史见证者，抑或是如你我一般的普通人，但无一例外，他们都有着比我丰富千百倍的经历与经验，是人生中难得的导师。以前人为镜，便可照今之得失，虽有些夸张，但所能学到的东西非书本可以比拟。

在进行访谈之前，我曾写过关于"为什么要热爱中国共产党"的思考的文字，也曾想过从老兵或历史见证者的角度思考这个问题。但当时所写的信仰与依靠终究是只停留在书面上的辞藻，然而这次访谈却让我对于这个问题有了又一次的思考。在营朝岱老人的眼中，在那个混乱时期，日军带有鲜明的侵略色彩，所过之处，手无寸铁的百姓无不惨遭荼毒；国民党虽有一部分人精忠爱国，在战场上奋勇杀敌，或战死沙场，但领导层却胆怯畏战，甚至在国难当头之时仍想着独占国家政权，对昔日盟友痛下杀手赶尽杀绝；唯有中国共产党不忘初心，从群众中来，到群众中去，始终站在老百姓的前面，没有官架子，只为百姓安。所以老百姓都盼望着中国共产党能够领导中国，能领着中国人民从苦难中走出来，过上能保证温饱的好日子。

为搜集有关史料，我走进了宿州市博物馆。想起上次来博物馆，已经是两三年以前了。自己生在长在这片土地近 20 年，对于这片土地上岁月的更迭，所经历的朝代更替，或是战火硝烟，却依然不甚了解，心中难免有些愧疚。我们如今享受的舒适生活，身边逐渐智能化的一切，是身边一代又一代人不懈努力的成果。他们为之流血流汗，甚至有无数人在还未见证这一切时便合上双眼，将这繁华交于我们手中，我们又有何理由虚度光阴，在安逸中走向终结？我们应该做的，就是将青春奉献给无悔的未来，纵使我们可能没有机会见证那个想象中的世界，但想想千百年后的土地上有着我们挥洒过的热血，便无憾。

【附录】

访谈提纲

访谈开场语：

爷爷好，我是中国矿业大学计算机系2019级的一名学生，这次根据“新时代文明实践问题”课程的要求，也是为了探寻家乡的红色记忆，我找到了您，希望您为我讲述在您关于这座城市的红色记忆。这次访谈以问答的方式进行，爷爷您也不要紧张，且就当作晚辈的请教。如果可以的话，那我们就开始吧！

访谈对话：

第一部分：对话部分。

爷爷您今年多大了，平日里都有什么爱好？

您是生在宿州、根扎在宿州的老宿州人了，您能给我说说对这座城市的印象吗？

在您的记忆中，咱们中国共产党在这座城市的哪些故事让您觉得印象深刻呢？

您又亲身经历过哪些故事呢？

您是老党员了，亲历这么多年来咱们国家的发展，老百姓生活水平的提高，您能谈谈老百姓为什么那么拥戴中国共产党吗？

第二部分：访谈结束语。

谢谢爷爷告诉我那么多的历史故事，从您的亲身经历来讲述，我也仿若身临其境一般。现在是好的时代，是人民当家作主的时代，您那一代经历了不少苦，不少难，到了如今幸福的时代，您一定要注意身体，多多看看这个国家、这座城市的繁华。再次谢谢爷爷的配合，祝爷爷身体健康，万事如意！

嘉兴的红船精神

张冰儿

一、背景介绍

嘉兴，别称禾城，是浙江省地级市，长江三角洲中心区27城之一，国务院批复确定的中国具有江南水乡特色的旅游城市。嘉兴地处中国华东地区、浙江省东北部、长江三角洲杭嘉湖平原腹地，处江河湖海交汇之位，扼太湖南走廊之咽喉，是长三角城市群和上海大都市圈重要城市、浙江大湾区核心城市、杭州都市圈副中心城市。嘉兴与上海、杭州、苏州等城市相距均不到百公里，作为沪杭、苏杭交通干线中枢，交通便利。

嘉兴是国家历史文化名城，建制始于秦，有两千多年的人文历史，自古为繁华富庶之地，素有“鱼米之乡”“丝绸之府”的美誉。嘉兴名人辈出，涌现出茅盾、徐志摩、金庸、金学曙、陈省身、王国维、丰子恺、张乐平等名家大师。嘉兴自然风光以潮、湖、河、海并存驰誉江南，拥有南湖、乌镇、西塘三个5A级景区，以及盐官（钱江潮）、南北湖、绮园、月河历史街区、梅花洲、九龙山、东湖、莫氏庄园、茅盾故居、徐志摩故居等著名景点，富有江南水乡特色。

翻开历史的画卷，99年前的嘉兴南湖，迎来了重要的客人，那便是中共“一大”代表毛泽东、董必武、陈潭秋、王尽美、邓恩铭、李达、张国焘、刘仁静、周佛海、包惠僧等人。他们由李达夫人王会悟作向导，从上海辗转来到嘉兴，在烟雨朦胧的南湖登上一艘普通的红船，隐没在一湖烟波中，继续进行未完成的会议。该会议通过了中国共产党的第一个纲领和一系列重要的决议，选举产生了党的中央领导机构，确定党的名称为“中国共产党”，宣告了中国共产党的成立。大会闭幕时全体代表在这艘红船上轻而有力地呼出了时代的最强音：“共产党万岁！第三国际万岁！共产主义万岁！”党的星星之火，便从南湖红船开始，以燎原之势蔓延到全国各地，从此引领中国人民进入了一个新时代，史称“开天辟地大事变”。

一叶红船，风雨飘摇中孕育了一个生气蓬勃的大党；一叶红船，默默无闻地见证着波澜壮阔的中国历史；一叶红船，南湖烟雨里，守护党和人民的初心。1964 年，当年的中共一大代表之一董必武怀着初心重游旧地，在红船上重温旧事，不免诸多感慨，挥毫题诗一首：“革命声传画舫中，诞生共党庆工农；重来正值清明节，烟雨迷蒙访旧踪。”“船红天下，万众跟党走”，红船精神承载着红色基因，形成于鲜血染红的战争年代，包含着艰苦奋斗、自强不息的民族基因，蕴含着中国共产党的始终如一的信仰、追求和本色，它由一代代的人传承，并激励着一代又一代后人。

红船精神也是红色精神的代表之一。习近平同志在 2005 年 6 月 21 日，于《光明日报》发表署名文章《弘扬“红船精神”　走在时代前列》，首次公开提出“红船精神”的概念，并把“红船精神”的内涵凝练概括为：“开天辟地、敢为人先的首创精神，坚定理想、百折不挠的奋斗精神，立党为公、忠诚为民的奉献精神”。这一概括体现了中国共产党对中国近代以来历史规律的自觉认识，对历史任务的自觉把握，对实现广大人民根本利益的自觉担当。他同时强调：“红船，见证了中国历史上开天辟地的大事变，成为中国革命源头的象征。”体现了红船精神重要的历史地位。

二、访谈提纲

访谈时间：2020 年 8 月 7 日。

访谈方式：线上访谈。

访谈对象：沈爱平先生。

采访者：张冰儿。

访谈内容：围绕革命圣地嘉兴，采访前辈对于嘉兴红色历史的看法，以及红船精神的见解。

三、访谈过程

问题一：在您的记忆中，有什么党史故事是让您印象深刻的吗？

印象最深刻的当然是在 1921 年 7 月，包括毛泽东前辈在内的 13 位代表汇集在上海法租界。这群年轻人伪装成教师和学生模样，以北京大学暑假旅行团的名义召开会议。

当时代表们围坐在方桌前，起草中国共产党的纲领和决议草案。但几天之后，正常进行的会议就因受到干扰，被迫中断。7月30日晚，法租界巡捕房密探突然闯入，打断了正在召开的中共一大第六次会议。与会代表感到形势紧张，为躲避搜查，代表们一致决定将会址转移至距离上海不远、更加安静清幽的嘉兴南湖。

在蒙蒙细雨的笼罩之下，中共一大在南湖上的一艘画舫中继续召开，这也就是现在我们所知道的南湖红船。这段历史里革命先辈们在各路军阀的反动统治下，不惧强权，在黑暗中举起了共产主义精神的明灯，为抗日战争的胜利和新中国的建立打下坚实的基础。

走过90多年波澜壮阔的伟大历程，中国共产党已成为拥有8 800多万党员的世界性大党。她的历史，是中国革命、建设和改革的历史，更是漫长人类历史中值得大书特书的一页。

翻开我们的党史，可以看到在俄国十月革命后，马克思主义在中国得到广泛传播。中国的先进分子李大钊、陈独秀、毛泽东等接受了马克思主义，并把它与中国正在发展的工人运动结合起来。他们在工人中宣传马克思主义，讲解革命道理，组织工人进行斗争。在这个基础上，各地先后成立了一些党的早期组织。这些地方分别是上海、北京、武汉、长沙、广州、济南。此外，旅居日本和法国的中国共产主义者也成立了这样的组织。这些组织当时叫法不一，有的叫共产党，有的则称共产党小组或支部，由于它们性质相同，因此，后来统称它们为各地共产主义小组。各地共产主义小组建立后，积极开展工作，推动了马列主义与中国工人运动的结合。这样，正式成立中国共产党的条件已经成熟。

随着中国共产党正式成立，党从一大开始就鲜明地选择把社会主义和共产主义作为自己的奋斗目标；在二大，就确定反帝反封建的民主革命纲领，迅速找到了中国革命的方向，早早就确定了使命愿景。今天，我们的党仍然在为共产主义不懈奋斗，这绝非空话，而是初心未改。观察许多初创企业，如果在一开始就没能明确自己的长远打算，那么短期内的发展，也绝对不会有十分清晰的路线图。同时，如果仅仅是有使命愿景，而缺少科学理论的思想指导，胜利只是镜花水月罢了。我们党从早期开始，就坚持用马克思主义的观点去分析问题，在中国的实际中去寻找中国方案，最终实现了新民主主义革命的胜利。

问题二：嘉兴是红色革命的起源，作为在南湖湖畔、烟雨楼边的党员前辈您对红船精神有怎样的理解？

红船是理想之船，是大海航行的领航者。19世纪末20世纪初，由于满清政府的腐败无能，中国这一人类历史上的文明古国逐渐沦为半殖民地半封建社会，泱泱大国几近四分五裂，辉煌文明陷入低谷。与之相反，随着工业革命的迅猛发展，西方列强迅速崛起，靠着坚船利炮，打开中国的国门，强迫中国签订一系列不平等条约，中华民族到了生死存亡的历史关头。国家兴亡、匹夫有责，不在沉默中爆发，就在沉默中灭亡。陈独秀、李大钊、毛泽东等一大批有识之士开始探索国家的出路，开始考虑如何唤醒民众救亡图存的意识。有的不计个人得失，有的不顾家庭社会阻挠，有的投笔从戎转战沙场，有的奋不顾身献出生命，终于在要"问题"还是要"主义"中有了抉择，终于在"独裁专制"中高高举起了"民主与科学"的旗帜。谁能想到，嘉兴南湖的一艘小船、一叶小舟，划破南湖平静水面，爆发出中华民族的最强音，唤醒一直酣睡的中华大地，引领中国新民主主义的大船一路向前。

红船是奋斗之船，劈波斩浪，彰显不屈不挠精神。毛泽东主席曾经说过，中国共产党成立后，中国革命的面貌就焕然一新了。中国共产党成立以前，中国的旧民主主义革命没有解决革命的根本性问题，没有解决革命的目的是为了谁的问题。只有中国共产党成立后，才把中华民族的解放和广大工人阶级农民阶级的命运紧密联系起来，才把压迫人民的官僚、军阀、士绅作为革命的对象。正因为共产党领导的革命是改天换地的革命，其历程无比艰辛；也正因为其无限艰辛，才显其过程的波澜壮阔。从相约建党"南陈北李"之一的李大钊被捕就义到陈独秀逐渐走上右倾机会主义之路，从思想建党到"枪杆子里面出政权"的认识飞跃，从发动工人武装起义攻占城市到走农村包围城市的武装革命道路，经历过国共合作、北伐战争、中山舰事件、四一二反革命、南昌起义、秋收起义、井冈山会师……这些事件，无一不是共产党人面临的一次次抉择考验，无一不是野火烧不尽、春风吹又生之后的浴火重生！正是有了这种劈波斩浪、不屈不挠的精神，之后的中国革命和解放道路才越走越坚定、越走越宽广。

红船是同舟共济之船，凝聚了亿万中国人的复兴梦想。遥想当年的红船已有 99 个春秋，我们的党员队伍业已近 9 000 万之众。99 年来，全体中华儿女在中国共产党的领导下，打碎了旧世界，建立了新中国，走上了社会主义国家的建设道路。尤其是改革开放 40 多年后的今天，国家综合实力明显增强，经济、社会、文化、科技、军事、外交等各个领域都取得了令世人瞩目的成就。当年在红船一大会议的理想有的早已变为现实。今天，全国人民正奋力走在中华民族伟大复兴的征程中。习近平总书记说："今天，我们比历史上任何时期都更接近、更有信心和能力实现中华民族伟大复兴的目标"。同样，今天，我们比以往任何时候都更需要"红船"，更需要开天辟地、敢为人先的首创精神，坚定理想、百折不挠的奋斗精神，立党为公、忠诚为民的奉献精神。只有牢记和践行这种“红船精神”，才能不忘初心、砥砺前行，担负起民族复兴的应有责任！

四、访谈体悟

受到疫情的影响，比较遗憾的就是因为沈先生还有自己的教学工作，所以没能和沈先生在线下进行访谈，但是在沈先生的推荐下，我还是参观了嘉兴南湖革命纪念馆的线上展馆。和从前年幼的时候进行的参观相比，这一次虽然没有实物呈现在眼前，但利用数字技术，所有的展品为我们回顾那段历史提供了鲜活的例证。

通过对沈先生的访谈，我也对嘉兴当初那段红色记忆里的峥嵘岁月有了再一次的回顾，虽然这些都是从小的历史教育里就被重点普及的，但是听到更年长、距离当初的故事更近的党员前辈去讲述这些过往，就有了更加真实熟悉的体验。

对于红船精神，在这次访谈之前，对我来说还只是贴在街头巷尾的一些遥远的标语，这次的访谈让我对这一切有了更加明确的想法。开天辟地、敢为人先的，不正是当初那个带给黑暗的中国以黎明曙光的红色政权吗？坚定理想、百折不挠的，不也正是这些年，党的永恒坚守吗？立党为公、忠诚为民，也恰恰就是党的初心在历史的任何阶段上的落实。当这些遥远的口号化为现实中党的行动和方针，就愈加让人感慨，正是这样的精神，才让中国共产党一路走来，都被人民所信赖，也带给人民安稳祥和的生活。党的历史仍在不断书写，也相信在中国共产党即将迎来成立一百年的历史节点，我们的国家也会变得更加兴旺发达。

抗美援朝军人访谈报告

闵玉寒

一、访谈背景与访谈缘起

根据课程的要求，为回忆红色年代故事，探寻家乡红色记忆，挖掘家乡党史故事，传承弘扬红色抗争精神，我通过微山县退伍军人事务所找到了 88 岁高龄的张显城爷爷。张显城爷爷，山东省济宁市微山县微山岛人，作为抗美援朝复员军人，是中华人民共和国的功臣，于 1953 年参加抗美援朝战争，在大宝山一带作战。

二、访谈主体

在微山县退役军人事务部负责人的陪同下，我们找到了 88 岁的张显城爷爷。初见张显城爷爷时，他正在楼下散步，人非常精神，身体也很健康。他满头白发，身披一件绿色军大衣，虽脸上皱纹密布但依然让人感到很亲切。他一看到我们来了，立刻热情地走了上来，看着我眼里充满了喜爱与期盼，这是他对于我们这一代年轻人的期盼，也是对国家的热爱。

这是我第一次做访谈，虽然在访谈前做了充分的准备工作，但是也会稍有紧张。张爷爷可能看出了我的紧张，热情地带我们进入他家，在桌子上提前准备好了他的一些荣誉证书和合影，招呼我们坐下后就开始讲述起了他抗美援朝的故事。

张显城爷爷于 1932 年出生于微山县微山岛，家境贫寒，因日本侵略导致家里人吃不饱穿不暖。而张爷爷的父亲从小就给张爷爷灌输保家卫国的爱国思想，因此张爷爷对于侵略者十分仇恨。张爷爷家里是捕鱼世家，父亲更是因为当初捕鱼供给著名的铁道游击队而被评为劳模，也曾炸过铁道，拔过铁丝网，为抗日战争尽了自己的一份力量。于是在成年之后，19 岁的张爷爷毅然决然地响应国家号召去参军，而家里人也十分支持。政府将当时在微山和枣庄薛城一带的响应入伍的年轻人召集在滕县一起训练，但因为抗美援朝战争前线吃紧，仅仅训练了两个多月，他们就被拉到了松花江旁五常县的军事基地训练，随时准备上战场为保卫国家英勇斗争。

当时环境十分艰苦，张爷爷他们一群军人只有一双布袜子、一双草鞋、一身旧军装，拿起武器就上了战场。战局十分复杂，前线死伤惨重，十分危险。在上战场前，张爷爷他们每人手写或找人代写了一封家书，如果不幸殉国这可能就是仅有的遗书了。在即将出发的时候，当地的老百姓带着鸡蛋来送别他们，军队的纪律不让军人收百姓的东西。他们坚持不收，而老百姓们坚持给，老百姓们往他们衣服里装，他们就往外掏，最后实在没有办法，最后只能勉强接受了一部分。到了五常县县城，人民更是热情，送吃的，送穿的，大家都希望战争早日结束，也都希望保卫国家的军人能够平安归来。

张爷爷他们坐上火车，准备前往战场，却在到达安东之时因为前方铁道被炸断，只能选择步行轻装前进。他们把一些不好装的、笨重的无关紧要的东西全部扔掉，张爷爷背着军队里发放的一把冲锋枪、一把手枪跟着军队疾行。就这样艰苦步行了 16 天，食物与饮水短缺但还是坚持了下来，终于到了目标地点。这一路上无比艰辛，不仅要承受口渴与饥饿的痛苦，还要时刻提防美国空军飞机的轰炸。他们白天不敢行军，只能夜里前进，而夜里前进时也不能有半点灯光，只要有些许亮光就可能会招致美国飞机空袭而导致全军覆没。一路上到处是废墟，难民无数，民不聊生。当时一个排有 16 个班，张爷爷在八班，下发的武器是火箭筒，专门负责打坦克，一发炮弹有 8.5 千克之重，他们每人要背着两发炮弹行军。张爷爷对于初进军营时印象最深的就是一个叫王河清的老兵。老兵见张爷爷是个新兵，便在战场上带着他打仗，传授经验。在一次战斗中，王河清喊张爷爷的名字让张爷爷过去跟着他时，不幸被敌人的手榴弹炸到而殉国，这对张爷爷影响很大。

战场上十分残酷，张爷爷他们上战场时，要提前在纸上写下自己的名字与家乡，写三份，一份贴身放，一份放在内衣的内兜，一份放在军袄的外兜，万一不幸牺牲，这些纸就是他们身份的证明。

当时最残酷的战争就是攻打大宝山了。张爷爷当时所在连的连长是枣庄薛城人，叫薛富祥，他平时对张爷爷非常照顾。在这场战争中，薛连长不幸在枪林弹雨中被散弹打中脖子，脖子的一侧直接炸断了。张爷爷看见薛福祥的样子并没有放弃他，而是背着他去后方医疗队。正在此时，美军飞机的炸弹落了下轰炸了下来，直接将两人炸倒。张爷爷受了轻伤，薛爷爷的屁股炸没了一块。但是他们还是没有放弃，满身是血半走半爬回到后方，经过治疗奇迹般地保住了薛爷爷的命，但薛爷爷也不得不回国休养。张爷爷则继续上战场厮杀。最惊险的是在一次刺刀战时张爷爷的腹部被敌人刺穿，但幸亏队友及时击毙了敌人，不然只要稍微绞一下，张爷爷可能就要永远留在战场了。说到这，张爷爷抹了一把冷汗，眼里全是庆幸。

接着张爷爷又经历了几场战斗，在战争胜利后安然回国，经过国家分配在微山县公安局工作至退休。说着说着，张爷爷拿出来他的一些功勋证书和复员证书，话语里的欣喜之情难以言表。张爷爷虽然已经 88 岁高龄，但豪气不减当年，他多次重复着一句话："只要党和国家需要我，我提起枪还是能够上战场，听从党和国家的指导，指哪打哪！"

张爷爷对于我们新时代年轻人有着殷切的期盼，他希望我们能够好好学习，不要忘本，以后为国家做贡献，最好能去参军报效祖国。面对张爷爷的殷切期盼，我深感震撼。这位老人内心无比强烈的爱国精神感染着我，令我十分想哭。采访结束后，张爷爷不顾我们的劝解执意要下楼送别我们。在我上车前，张爷爷再次叮嘱我："一定要好好学习啊。"我望着张爷爷返回时的背影，那佝偻的身躯此时在我眼里十分高大，这就是中华人民的脊梁啊！就是因为他们的负重前行，才有我们今日的岁月静好，才有我们和平的今天。

与张爷爷相同的伟大军人还有很多，他们在党的领导下努力抗争，才有了中国的胜利，国家的解放，民族的独立。在如今和谐稳定的社会里，我们不需奔赴前线为祖国征战拼杀。像许多大学生一样，我似乎觉得那些战争和苦难已经随着时间的逝去，只应该凝固在课本里了。到经历了此次访谈，再经反思，我才觉得这是一种对历史、对自己不负责任的懒散态度。忘记过去等于背叛！在我们国家前面走过的泥泞黑暗的路程里，中国共产党像是一盏灯，温暖每个人，照亮每个人。人们齐心合力，跟着它坚定而逐渐放亮的光辉，由窄到宽，由坎坷到平坦，由黑暗到光明，走到了这条富裕的康庄大道。我们在欢欣鼓舞的同时，绝不该忘却，有这样一群领路人，他们兢兢业业地工作着，身先士卒地冲锋着，带领着我们开辟了这一片新天地。如今，他们在我们更远的前方，给我们鼓励和监督：嘱咐我们把步子踏稳一些，把胆子放大一些，朝着更远更高的地方行进。

在我们的日常生活中，很多时候我们遇到的并不是生死考验，也不是深沟巨洋般的磨难，但有时我们却会畏惧退缩，这说明我们的内心不够强大，意志不够坚强。这就是我们需要锻炼的，因为我们祖国的未来面临的挑战依然巨大和复杂，作为接班人我们要具有不屈的意志才能更好地接过实现中华民族伟大复兴的时代接力棒。

最强大的力量也许是热爱吧，正是因为热爱我们的祖国，才有了如张爷爷一般为祖国出生入死的伟大军人。有了热爱，你会用尽心思去钻研；有了热爱，你不会害怕困难。“当它平平稳稳地转动像琴键弹出一个个动听的音符的时候，心里就很愉快。”吴运铎凭着这一份热爱，不断攻坚克难，不断创新，开拓我国的兵工事业。我们也只有热爱党和祖国，才会坚定不移跟党走，全心全意为国奉献；也只有热爱学习，才会争创佳绩，不断探索不断进步。“一切为了祖国，一切为了人民”是每一个在战争中浴血奋战的共产党员的心声，也是过去、现在、未来每个真正的共产党员的心声！

作为新时代的大学生，我们应不忘初心，牢记使命。我们不能忘记当年先烈的牺牲与奋斗，要传承他们的爱国主义思想，去努力，去奋斗，去为祖国贡献出自己的一份力量，让我们的祖国更加强大，人民的生活更加美好。我们有张爷爷他们那一代英雄前辈替我们负重前行，而我们也要为了我们的下一代人而更加努力，一代一代传承下去，伟大的民族永不会枯朽！

松原凛冽，不负昔日之军民

王　可

一、访谈背景

松原市是吉林省辖地级市，素有“粮仓，林海，肉库，鱼乡”之称，享有“跨国公司眼中最具投资潜力的中国城市”“中国东北十大魅力城市”之誉，资源丰富，物产丰饶，交通便捷，有着悠久的历史文化和人文底蕴。

二、访谈目的

了解家乡的红色历史文化，寻找“历史当事人”，对其进行访谈以了解家乡的党史故事以及未来发展前景。

三、访谈提纲

(1) 访谈时间：2020 年 8 月 1 日。
(2) 访谈地点：吉林省松原市前郭尔罗斯蒙古族自治县人民医院。
(3) 访谈对象：县医院骨科老党员王俊主任。
(4) 采访者：中国矿业大学计算机科学与技术学院 2019 级 2 班王可。
(5) 访谈形式：面对面访谈。
(6) 访谈记录及保存证明形式：录音文件以及照片。

四、访谈内容

2020 年 8 月 1 日，正值建军节，作为中国矿业大学计算机科学与技术学院的社会实践课程调研人，我对我的家乡吉林省松原市前郭尔罗斯蒙古族自治县的县级医院的骨科专家王俊主任进行了采访。

王主任是县医院的骨科医师以及骨科专家，毕业于白求恩医科大学，从事临床工作三十余年，多年从事骨科及手显微外科临床工作，曾经在白求恩第三医院手外科、北京积水潭医院骨科进修，先后开展了四肢关节、骨盆、脊柱、人工关节置换的手术治疗，神经肌腱血管的早期修复与晚期功能重建，断指再植手术，各种皮瓣移植等手术，并参与了国家863课题。（见图1）

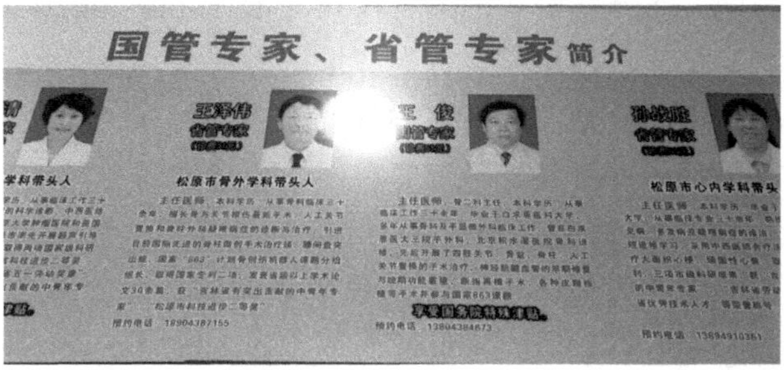

图1　王俊主任简介

问：请问您的入党动机是什么呢？为什么想要加入中国共产党呢？

答：我觉得人活着是要有信仰的，我信仰中国共产党。早日加入中国共产党呢，是我多年的愿望。这些年来在中国共产党的指引下中国也变得越来越好，事实都在证明，没有共产党就没有新中国，没有共产党就不会有繁荣昌盛的祖国，所以我认为加入中国共产党是一件十分伟大和光荣的事情。

问：据我所知，王主任曾经有过从军经历，那么您认为您这段从军经历对您的人生产生了怎样的影响呢？

答：我觉得最重要的一点是纪律观念的养成吧。我觉得这段从军的经历也是我人生的一个闪光点。在军队我加入了卫生队，学习了很多很实用的医疗技术，并且可以将这些技术真正运用到实战中，这对我以后的医学生涯也产生了很大的影响，同时我觉得从军经历对于自身的自律习惯和社会责任感的培养也有很大的影响。

问：王主任取得了如此多的医学成就，是您几十年的不断积累的成果，在医术与医德并重的今天，您能成为我县骨科泰斗与您身为党员先行者的“党员精神”是否有着密切联系呢？可否请您简述。

答：党员精神啊，那当然了，我认为党员精神对我的人生有着十分大的影响的。在成为一名光荣的中国共产党员之后，我时常以党员的责任和义务来要求自己，并且刻苦学习先进的医学技术。这些年我陆续在吉林医大和北京积水潭医院进修。我总觉得学无止境，每天我都严格要求自己，努力跟紧时代步伐，立志做一个真正为人民服务的医务工作者。

问:您觉得您一生最骄傲的经历是什么呢?

答:最骄傲的经历,嗯……我认为是成为一名大夫。自从接触医学开始,我就认定了成为一名好医生将是我毕生的信仰,这些年关于骨科的造诣方面也可以说是学有所成吧。每当看到我的患者在我的治疗之下逐渐康复的时候,我的心里都会有一种满足感。虽然没有悬壶济世的大成就,但能尽我所能去医治好我的患者就是我最大的心愿了。为了这个信仰我也一直在努力提升自己的医术水平。虽然每天都要面对各种复杂的病例也要接触到各种形形色色的患者,但医者父母心,作为一名医务工作者要对他们一视同仁,让每个患者康复出院这是我们每个医务工作者最大的心愿。现在我凭借自己的努力能够享受国家的津贴,这要感谢党和人民,所以我更应该努力为人民服务。

问:作为一名医务工作者,您对这次疫情中"全国人民共战疫情"有什么看法吗?

答:我认为疫情之下更能考验人心,也是对我们医务工作者的巨大考验。我虽然只是一个骨科大夫,但是作为一名医生的责任是不可推卸的。对于这次疫情大考,我也看到了国家和人民对抗疫情对抗灾难的坚定决心和勇气。作为一名老党员,作为一名医务工作者,我是十分自豪的。

问:可以简要谈谈您对"红色精神"的理解吗?

答:我认为"红色精神"是一种中国共产党的革命精神。我虽然不是战争时期历史的见证者,但同样见证了这些年来祖国翻天覆地的变化。正是中国共产党的英明决策才造就了今天的中国。不说战争时期的红船精神、长征精神等,我还是见证了改革开放时期的开拓创新精神的,并且在我这些年对于骨科医学的研究之中也一直在见证医学体制的发展和成熟,也算是见证了骨科医学从成型到成熟的发展历史吧,所以对于这些精神的理解和感悟还是十分深刻的。我作为一名医院的骨科大夫,也想将这些精神贯彻到生活和工作的方方面面。

问:那您是如何看待医患关系的?

答:的确,医患关系最近被炒得很热,我认为在病患及其家属面前,作为医疗人员,必须要有很强的责任心与良好的职业道德。患者抱着治病解除痛苦的心态来医院,医治好了病人会感谢你,但是病人的病情没有缓解,患者及其家属对医生难免会有敌对情绪,而且随着人们法律意识的逐渐增强,患者家属在医生治疗效果不佳或病情严重的情况下,有理由怀疑医生的治疗方法不当,会以法律手段讨要说法。就目前的情况来看,我觉得一名好医生不仅仅要有高超的医术，在救治患者的同时还要保护好自己。良好的交际能力是连接医生和病人最好的桥梁。面对病人一定要谦虚，有耐心，许多病人都会因疾病而变得脾气暴躁，我们作为医务工作者一定要理解。

问：可以谈谈你对城乡医学的发展前景的看法吗？

答：据我自己看，骨科技术的发展前景还是比较好的。首先，咱们国家的城乡医疗水平发展不平衡，城市医院医疗水平较高，但相对而言，城市人口在我国总人口中的比重并不是很大；农村面积较大，生活在农村的人也比较多，但说句实话，农村的医疗卫生事业真的很落后，将来国家一定会在这方面加大投入力度，将来国家在这方面一定会越来越健全的。

问：作为一名老党员，您对我们这些大学生有什么期望吗？

答：期望啊，那当然是有的。我希望现今的大学生都能好好学习，培育起崇高的社会责任感，并且应当全方面发展，不应当只局限于自己的专业；最后还是希望在校大学生能够争取早日入党吧，也更应该用党员的标准来要求自己，都能够具备严格的自律意识。

五、访谈收获

最近发生的一些新闻事件把医患关系炒得很热，似乎“医患关系”四个字也成为一种很微妙的、大家心照不宣的事情。很多患者在现如今经济和文化逐渐发达的情况之下，学会了用各种方式包括法律方式去维护自己的权益。手术台上生死难免，很多事情无法预知，作为医生也只能尽自己的全力去守护每一个患者的生命和健康，与此同时还要去照顾患者的情绪，这是十分艰难的，所以真的很佩服医生的耐心和责任心。在与王主任谈到当今社会的医学发展前景以及对我们当今大学生的期望之时，王主任的话语十分地恳切，也希望我们现今的大学生都能以社会以国家为己任，真正做一个有责任感的大学生。（见图 2）

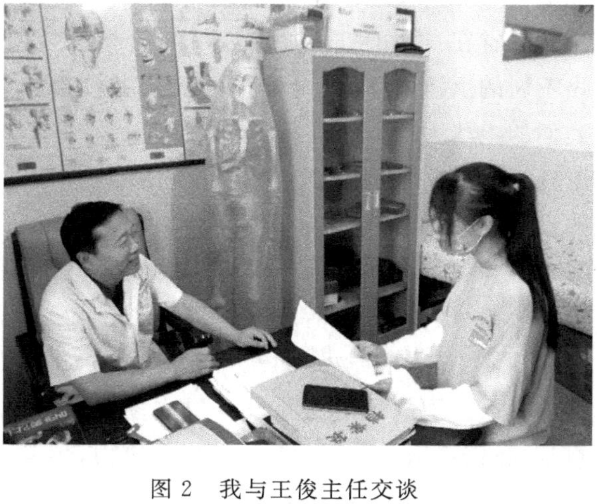

图 2　我与王俊主任交谈

附:家乡红色故事

坐落于吉林省长春市的吉林省革命博物馆是中国专门致力于宣传和研究吉林近现代革命历史的博物馆,1978 年 12 月成立。该馆建筑面积 5 000 平方米,有藏品 20 000 余件。较重要的有辛亥革命前林祖涵在吉林进行革命活动时留下的手迹;1919 年五四运动中吉林各界人士发表的反对“二十一条”的传单;抗日民族英雄杨靖宇生前的用品;抗联将领周保中于 1936 年与日军作战时亲笔绘写的行军路线图;解放战争时期党和政府授予参加重大战役有功部队和战士的奖旗,人民群众踊跃参军、支前的文物等。

杨靖宇将军是东北抗日联军第一路军的主要缔造者、组织者和指挥者之一。他领导的东北抗日联军第一路军驰骋于南满、东满大地,在极为艰苦的条件下,给日寇以沉重的打击。

他把宝贵的生命献给了中华民族的伟大解放事业,杨靖宇将军虽死犹生。他和他创立的业绩代表着一个时代,同时更是中华民族不甘屈服于帝国主义的顽强反抗精神的具体、生动的体现。他在亿万中国人民心中铸起了一座不朽的历史丰碑,成为鼓舞我们前进的强大精神动力。“杨靖宇精神”作为杨靖宇思想、品格的精髓,可以概括为理想信念、实事求是、开拓创新、舍生献身、艰苦奋斗、民族团结等六个方面的内容。

或许提起“吉林省长春市”,人们最先想到的便是杨靖宇将军,其一生的光辉事迹更是让我们每一个吉林人都为之骄傲和自豪。或许我们的省市并没有北上广那样的发达和繁华,但其中的人文气息与历史韵味却不减半分。想当年东北三省在日寇的铁蹄之下满目疮痍,而我们的东北人民仍然没有妥协。在坚强不屈的反抗之下,在全中国人民的共同努力之下,我们齐心协力将日寇赶出我们的中华大地。在之后的几十年里,在中国共产党的领导下,我们走上了改革开放的道路,每个人向着美好生活的前进方向而努力,也将东北的肥沃土地建设得越来越好。

吉林省革命博物馆还对抗日战争时期日本的罪行进行了展示以警醒后人,也有着南京大屠杀的活教材。吉林省革命博物馆不仅是我们家乡的红色故事聚集地,更是我们学习历史、牢记使命的最好的警示器。70 多年前那场英勇顽强的民族自卫战争仿佛并没有过去多久,那些沉重的历史仿佛就在昨天,历历在目,我们中国人民同仇敌忾、齐心协力,谱写了一曲中华民族万众一心、共同抗击日本侵略者的英雄凯歌。

吉林省吉林市革命烈士纪念馆是东北地区展出抗联英烈最多、事迹最集中的纪念馆。建成后的吉林市革命烈士纪念馆，占地面积 5 443 平方米，建筑面积 1 634 平方米，为传统四合院琉璃瓦起脊建筑。纪念馆陈列面积 518 平方米，共 3 个展厅，正厅是魏拯民烈士专馆。二、三展厅分别展出抗日战争、解放战争、抗美援朝和社会主义建设时期的 22 位英烈的事迹。3 个展厅共陈列实物 170 件、照片（画像）316 张、图表 11 幅，馆藏烈士文字资料 400 余万字。

这些催人奋进、洗涤灵魂的红色故事是我们家乡的一笔最宝贵的财富，也是我们吉林人的宝贵精神食粮。

重温往昔的峥嵘岁月，不仅仅是炮火纷飞的战争年代，包括那些激情燃烧的奋斗岁月都值得怀念。改革开放吹响了富强的号角，全国上下共同奋斗的慷慨激昂的时代仍在眼前。我的家乡也从以前被倭寇占领时被迫建立起的伪满洲国变为改革开放时的东北老工业基地，再到现在的繁荣昌盛，这些变革离不开我们吉林人民祖祖辈辈的共同努力。

记忆红色历史，牢记报国初心

张益博

张志彬，1942年出生，河南省镇平县人，中共党员，出生、成长于抗日战争关键时期和解放战争时期，受家乡英雄彭雪枫将军及豫西南红色革命历史的影响，成年后参军，历任陆军第29独立师高炮营直军人委员会副主任、共青团副书记兼组织委员，退伍后长期从事教育工作和党史研究。

我叫张志彬，河南省镇平县人。镇平县是彭雪枫将军的老家，受彭雪枫将军革命事迹的影响，革命的种子在这片土地上生根、发芽、壮大，革命斗争在这片土地上如火如荼开展，无数革命事迹在这片土地上不断涌现，红色基因深入千家万户。我在炮火连天的抗日战争关键时期和解放战争中诞生、成长，耳闻目睹了革命斗争的惨烈和革命斗争胜利后的激动、喜悦，亲眼见证了中华人民共和国的成立。在彭雪枫将军的影响下以及家乡红色革命历史的鼓舞下，我在成年后积极申请参军入伍，立志保家卫国，在部队中也多次经历了与美国及国民党特务的斗争。下面我简单讲一讲镇平县的革命历史，讲几段革命斗争的小事。虽然在中国共产党领导的革命斗争的宏大背景下，这几个历史小片段显得不是很起眼，但从中你也可以看出红色革命基因已在这里深深扎根，并得到不断传承和发扬光大。

我先说一下镇平县的红色革命历史，这得从彭雪枫将军说起。彭雪枫将军是镇平县人，1907年出生在镇平县七里庄一个贫苦农民家庭，在求学过程中受到爱国进步教师的影响，随后加入中国共产党，开展革命斗争，并逐步成长为中国工农红军和新四军的杰出指挥员、军事家，参加过第三、四、五次反围剿，参加了二万五千里长征，组织过土成岭战役，两次率军攻占娄山关，直取遵义城，横渡金沙江，飞越大渡河，进军天全城，通过大草原。1944年9月，彭雪枫将军率领部队西征，基本收复了豫苏区8个县的广大地域，在围歼夏邑县八里庄顽军李光明支队时，彭雪枫将军亲临前线指挥，不幸中流弹牺牲，年仅 37 岁，非常令人惋惜。他是抗日战争中新四军牺牲的最高将领之一。他投身革命 20 年，被毛泽东、朱德称赞为“共产党人的好榜样”。为了纪念彭雪枫将军，镇平县建立了彭雪枫纪念馆（见图 1），收藏有关彭雪枫将军的物品（见图 2），建设雪枫中学，我的二女儿就是从雪枫中学毕业的。

图 1　彭雪枫纪念馆

图 2　彭雪枫将军家书

应该是在 1928 年夏天，彭雪枫从开封回到镇平县七里营的老家，先后到七里庄、大胡营、小张庄、侯集、菩提寺、关帝庙、王营、河东、下营、刘南岗等地宣传马列主义和苏联社会主义革命的伟大意义。彭雪枫还到镇平县北部山区的乱权崖、老灌沟、刘家沟、凉水坪等地观察地形，准备以后在这些地方打游击。这一次，他在家乡虽然只停留了40来天，但给人们留下了深刻的印象，播下了革命的火种。随后，镇平县的红色革命如星星之火，逐步发展成燎原之势，各个乡镇慢慢都成立了党支部，领导党员群众开展革命斗争。当时镇平县、内乡县以天明寺培训学校为革命基地，很多志愿参加革命的人在这个地方学习，随后一些人去延安寻找中央红军参加革命，也有很多人就地发动群众闹革命。

有个小故事可以说明当时的群众心向共产党，闹革命的群众基础非常牢固。

那是在1945年日本无条件投降、抗战胜利后，国民党军队占领了镇平县，包括我的老家镇平县贾宋镇。共产党当时转入地下，隐蔽开展工作。到1946年5月，共产党地下工作组在镇平县建立了4个文化堡垒，主要通过文化堡垒宣传、发动、组织群众闹革命，其中一个就在贾宋镇的贾宋小学，地下党员张文山当时是贾宋小学的校长。1946年7月8日，解放军中原军区二纵第十三旅三十七团包围了贾宋镇。贾宋镇的位置非常重要，因为这里一旦攻破，解放军就可以直达镇平县马庄乡以及邓县一带，可以迅速打开豫西南的战斗局面。但解放军攻打了一天多仍难以攻下贾宋镇，因为贾宋镇的城墙又高又厚，城墙外还有护城河，河内还有水，同时国民党匪军还集结了马庄乡、邓县的大量兵力守在这里。7月9日夜间，有一个贫苦的农村妇女，把贾宋镇的城门给打开了。那时贾宋城北门由一根圆木头卡着，这名妇女就是用自己的肩膀把圆木给扛起来，刚一扛起一道缝，解放军就涌进来了。这个妇女姓曹，后来被人们称为“曹疯子”，是因为她在解放贾宋的战斗结束后行为疯疯癫癫，其实她是为了防止国民党匪军暗中伤害自己而装疯的；她一直装疯到20世纪60年代。但政府没有忘记她，给她安排了房子，每年给她生活救济，安排人照料她的日常生活。从这件事可以看出，在共产党地下党组织的宣传教育以及彭雪枫将军英勇事迹的感召下，当地闹革命的群众基础非常好，大家积极参与打土豪、分田地的行动，主动迎接解放军的到来。

解放贾宋的战斗结束后，中原军区突围部队稍事休整后，就开始向邓县、内乡县一带移动，但小股国民党匪军却尾随而来，对解放军进行袭扰。

我后来参军时所在的29独立师中有个顾参谋（具体名字忘记了），他当时参加了解放贾宋的战斗，但在战斗中负伤了。由于行动不便，他随后脱离了大部队，独自一人向邓县、内乡县的交界地带转移。从贾宋往邓县、内乡县的方向去，要经过我家西边的一条河——黑河（距离贾宋镇只有2公里），过了黑河就将进入丘陵山地，那里是伏牛山的一部分，共产党在那里开辟了革命根据地，开展游击战。顾参谋到达黑河边时，一小支国民党匪军也接近了黑河，于是顾参谋就躲到了河滩上的芭茅丛里。芭茅能长三四米高，每一小丛都需要四五人才能围起来。芭茅和芦苇有相似之处，但两者是两种不同的植物。芭茅一般生长在山坡、草地、河边，芦苇主要生长在河溪边水多的地方。芭茅的叶子边缘有许多锋利的小刺，如果用手摸到很容易被割伤，所以一般人遇到芭茅，都会躲得远远的，以免被割伤。顾参谋躲藏进芭茅丛里后不久，敌人就到了河边，但他们不愿意进到每一个芭茅丛里搜查，怕被芭茅割伤了自己，于是就向芭茅丛放了几枪，但又怕解放军大部队听到枪声后返回，就赶紧走了。敌人刚走，顾参谋就潜水往对岸游，对岸有老百姓发现了他，向他示意赶紧游过去。顾参谋一到对岸就被老百姓接走然后藏了起来。这时敌人又返回了，用火将芭茅点着了，原来是敌人也怀疑芭茅丛中藏着人，但这时顾参谋已被老百姓安全地保护起来了。顾参谋后来多次与我讲起这件事，非常感谢老百姓冒着生命危险救了他，他很感恩这个地方，认为当地群众在共产党的领导下觉悟很高。

下面讲两件我参军后亲身经历的事。

中华人民共和国成立后，美国军用飞机和无人侦察机不断侵犯我国领海领空，台湾的国民党反动武装也不断叫嚣反攻大陆，并多次派小股武装力量侵扰沿海边疆，炮击事件接连发生。国不保，民不宁，正在教学的我也安不下心。在那个崇尚英雄、崇尚光荣的年代，能像彭雪枫、黄继光、董存瑞、邱少云、刘胡兰那样“生的伟大、死的光荣”，是每个青年人最大的追求，保家卫国更是义不容辞的职责。1963 年 12 月，我正式申请并参军入伍，被分配到陆军第 29 独立师直属高炮营营部指挥排无线电二班。

我参军后参与了一次击落国民党空军 U-2 侦察机的行动。U-2 侦察机是美国制造的一种高空侦察机，能不分昼夜在 2 万米高空执行全天候侦察任务。美国认为中国对这款“高科技”战机无可奈何，后来便肆无忌惮地对中国进行侵犯侦察。U-2 侦察机曾是我国大陆的“常客”，20 世纪五六十年代经常窜入大陆上空进行侦察挑衅活动。1962 年 9 月我军首次击落一架在华东上空侦察的 U-2 飞机后，周恩来总理还在北京主持了一个万人群众大会，庆祝大陆第一次击落这种高性能的高空侦察机。

我参与的是 1965 年击落 U-2 侦察机的行动，虽然我所在的师没有直接击落飞机，但也在我军击落飞机的总体战略部署中发挥了重要作用。那是在 1965 年 1 月 10 日夜，我所在的无线电班紧急集合，进入一级战备状态。我立即打开电台，此时雷达信号已传过来，开始收到敌机批次、高度、速度、方向、距离等数据的报告。此时我们师的高射炮均已经部署到位，并进入战斗状态，根据收到的信息不断调整瞄准方位，随时准备发射炮弹击落敌机。当时部队装备的是55式37毫米高射炮，是我军装备的第一种国产高射炮。在连续接收信息十几分钟后，我们收到了敌机已经消失的报告；又过了几分钟后，收到了敌机已被击落的消息。随后得知，这架U-2飞机进入大陆领空后，被设伏的解放军地空导弹部队第1营连发3枚导弹，一举将之击落，国民党空军飞行员张立义被擒。从1962到1967年，解放军曾先后击落国民党空军5架U-2高空侦察机，并生俘3名、击毙2名飞行员，取得了对抗U-2侦察机的巨大胜利。解放军取得击落5架U-2侦察机的辉煌战绩后，当时人们笑称U-2侦察机是“用竹竿捅下来的”。

目前在北京军事博物馆展示的U-2侦察机，实际上是由4架U-2侦察机的残骸拼凑起来的，其主体就是1965年1月10日被击落的张立义的座机，这其中非常鲜明之处就是带有“3512”编号的尾翼部分。我去军事博物馆看了好几次U-2侦察机，还拍了一些照片发给我的战友们看，大家都感到很自豪，觉得为击落U-2侦察机做出了特殊贡献。

在我参军期间，部队除了训练、宣传和参加当地生产劳动等任务外，与台湾特务的斗争也令人印象深刻。比如1966年6月部队在大别山区执行任务期间，常常在晚上到附近农村去进行宣传。我们营直宣传队负责的代家湾大队地处大别山麓，从营房到代家湾路程有六七公里，途中要经过两座山路崎岖、树木高大的松林岗，林间小路蜿蜒曲折。夜晚，走在林中难以看见星星和月亮，方向也很难辨别，而且时不时有野狼出没。当时敌我斗争形势非常复杂，当我们夜训利用无线电呼叫主电台时，经常传来女报话员的应答声，但当时野战部队是没有女报话员的，所以这个女的一定是国民党特务。比如你呼叫“三拐拐、三拐拐。我是五三洞，请回答”，她便应声“五三洞、五三洞，我是三拐拐，请你向××号方向前进××米，我们在那里接你”。我们知道她是特务，所以会立即更换备用频道，转换联系地址，再重新进行联系，但敌人也会迅速更换频率，再次干扰我们的呼叫，说明敌人的电台也在附近。我们通常会利用多个备用频道，与敌人斗智斗勇。特务在山区活动频繁，所以在夜间出行时，我们都是荷枪实弹，走走停停，侧耳听听，再小心警惕而行，时刻准备着与敌人战斗。据说这些特务都是被击溃的国民党残部，他们潜伏下来的，在蒋介石搞反攻大陆时出来搞特务行动。我所在的部队与当地群众关系密切，军民团结如一人，在后期斗争中沉重打击了敌人的嚣张行为。

我从小经历了抗日战争、解放战争，中华人民共和国成立后参军并经历了与美帝国主义和国民党特务的斗争，亲眼见证了在共产党的领导下全国人民推翻三座大山、建立新中国、目前正在为实现中华民族伟大复兴而努力奋斗的辉煌历史，亲身感受到现在幸福生活的来之不易。希望大家能牢记历史、不忘初心，继承光荣的革命传统，在新的历史时期、在不同的工作岗位上拼搏奉献，把我们的祖国建设得更加美好。

故乡红色事迹访谈报告

陈乾泓

我的家乡位于浙江省杭州市，浙江省境内红色革命根据地和红色历史遗迹众多，其中以嘉兴南湖中共一大会址、长兴新四军根据地、温州浙南平阳革命根据地、余姚梁弄浙东革命根据地最为有名。

嘉兴南湖中共一大会址，位于浙江省嘉兴市南湖区。1921 年 7 月 23 日，中国共产党第一次全国代表大会在上海法租界望志路 106 号秘密召开。会议进行到中途，遭到法租界巡捕的袭扰而被迫停会。根据上海代表李达夫人的建议，一大会议转移到嘉兴南湖的一条游船上继续进行。8 月 2 日上午，一大代表毛泽东、董必武、陈潭秋等，由李达夫人做向导，从上海乘火车转移到嘉兴，在南湖的一艘红船上完成了大会议程，宣告了中国共产党的诞生。现在南湖南岸还有一座南湖革命纪念馆，摆放着大量当时的文物。

长兴新四军根据地，位于浙江省长兴县城。1943 年 1 月 13 日，新四军军部根据中央军委电令成立苏浙军区，任命粟裕为司令员，谭震林为政委。12 月，新四军 6 师 16 旅在旅长王必成、政委江渭清的率领下，开辟了敌后抗日根据地。1945 年 1 月粟裕率师南下，在长兴仰峰与 16 旅会合。2 月 5 日，苏浙军区成立大会召开，至此，苏浙军区司令部成立。在原址上，现扩建为新四军苏浙军区纪念馆，庭院西侧为司令员骨灰安放纪念碑，东侧为新四军苏浙军区纪念碑。馆内陈列着 750 件革命历史文物，420 帧历史珍贵照片。

温州浙南平阳革命根据地，位于浙江省温州南部。1938 年 1 月 15 日，以刘英、同志为首的“闽浙边临时省委”和“红军挺进师”在山门镇创办“抗日救亡干部学校”，招收来自全省各地的青年学生、工人、教师等学员 200 多人，开设游击战术、抗日民族统一战线、政治经济学、群众工作等课程。除此之外，平阳革命根据地还包括中共浙江省一大旧址、闽浙边临时省委旧址，形成革命圣迹景观群。

浙东抗日根据地，位于浙两省梁弄镇横坎头村。1941 年，余姚沦陷，中共上海党领导的第三战区淞沪游击队第五支队，南渡杭州湾，进入余姚、慈溪、镇海三县北部。1942 年 7 月，成立中共浙东区委员会，书记谭启龙，委员何克希、杨思一、顾德欢。8 月，建立三北游击司令部，后改为新四军浙东游击纵队，由何克希任司令员，谭启龙任政委，统一整编浙东的抗日武装。1943 年 3 月，攻克梁弄，8 月，区党委和司令部进驻梁弄，形成以四明山腹地梁弄为指挥中心的浙东抗日根据地。

经过多方打听，许多历史当事人因为年事过高，且我因为留校的原因无法亲自前往不方便采访，于是，我把目标锁定到当事人的儿女身上。功夫不负有心人，我最终找到一位原新四军民兵队长的侄子。与对方联系上之后，对方同意以视频电话的方式接受云采访，怀着紧张又敬佩的心情，我于 8 月 10 日进行了此次采访。

接受采访的人名为李红旗，其舅舅李救国是民兵队长，现居住于槐坎乡温塘村。拨通视频电话，首先出现的是李红旗的女儿，因为老先生对于电子设备不熟悉，需要帮助。简单说明此次访谈的流程之后，我见到了李红旗，李老先生。出乎意料的是，老先生虽然满头白发，但是看上去非常精神，戴着老花镜，但是从镜片后的眼睛中我可以看出饱经风霜的沧桑，还有对于后辈自然产生的慈祥。看到老先生的模样，我紧张的情绪一下子消失了，取而代之的是对老先生的亲切和敬佩之感。整场谈话中，我和老先生相谈甚欢，加之其女儿偶尔对于一些当地方言的解释，交流起来并没有我想象中那么困难。老先生的声音虽然不大，但是声音低沉、平稳，当讲到其舅舅当年的英勇往事时，声音中又饱含对于那段岁月的怀念、对舅舅由衷的敬佩以及对发自内心的感恩。受到老人情感的感染，仿佛我也回到了那段岁月，那段与敌人斗智斗勇的岁月。

访谈实录

问题一：请问，您和您舅舅是怎么和新四军结下了不解之缘？

答：抗日战争爆发后，我们老家长兴县成为浙江省的抗日根据地，长兴人民为这场伟大的民族解放战争做出了巨大的贡献。在整个战争期间呀，全县共有 1 600 多人参加新四军。长兴县的军民与日寇进行了浴血奋战，取得了数十次战斗的重大胜利。在解放战争中，我们的第三野战军在淮海战役后渡江作战，于 1949 年 4 月发动了对国民党败军的苏浙皖边围剿战，于 4 月 26 日解放了长兴县。我就是那年出生的。

长兴县槐坎乡，是闻名遐迩的新四军苏浙军区纪念馆所在地。70 多年前呀，这里炮声隆隆、硝烟弥漫，新四军和地方民兵分队与日伪军的战斗一次又一次在山村附近打响。新四军缴了大炮，杀了敌人，一寸寸夺回了被日军占领的土地。

我的家乡就在槐坎乡温塘村。我的舅舅是新四军的民兵队长，在那段可歌可泣的岁月里，还是少年的他多次用心爱的骡子为新四军送去炮弹和粮食，直到苏浙军区于 1945 年 10 月完成历史使命，北渡长江。小时候在老家，舅舅经常带我们参观纪念馆旧址，给我讲新四军和当地百姓如何与日本侵略者以及国民党反动派战斗的故事。

问题二：您的舅舅作为民兵队长，他平时的生活是什么样的呀？他和新四军有什么交集吗？

答：我到现在还记得舅舅讲呀：1943 年底在山门镇，为了拯救苏浙皖沦陷区人民、打击日寇，新四军第十六旅王必成旅长率领部队从苏南一路追敌南下，来到了浙江省长兴县，旅部就驻扎在槐坎乡。一年时间，这支部队同日伪军进行了 135 次战斗，毙伤日伪军 2 458 人，俘虏 2 616 人，攻克日伪军据点 80 多处。在 1945 年 1 月，新四军一师师长粟裕率领一师主力抵达槐坎乡与第十六旅胜利会师，之后成立了苏浙军区。舅舅说："新四军来了，帮老百姓收麦子、打扫房间，偶尔借宿在村民家就睡门板，第二天再把门板装上去，还把村中所有水缸都装满水。"1944 年的春天，在 3 月 29 日，著名的 48 团"老虎团"与日本侵略军南浦旅团小林中队和伪军 1 个大队进行了激战，并缴获重型武器日本九二式步兵炮。舅舅和其他支前民工用骡子把大炮驮了回来。当天，新四军在大操场上对大炮进行了演练，战士和村民把操场都围得里三层外三层，高兴得合不拢嘴。听舅舅说，这门大炮后来在抗日战争中屡建奇功，现今陈列在北京军事博物馆。

舅舅说："在新四军没来之前，村民生活在水深火热之中。"他亲眼看到，日本军队投下的炮弹，让隔壁的阴家兵村变成了火海，大火整整烧了三天三夜；还有，日本鬼子到村庄烧杀抢掠，无恶不作。舅舅在给我讲故事回忆那段被侵略的耻辱历史以及浴血反抗的壮烈的时候总是对我说"不能忘记那段惨痛的历史"，鼓励我要为新中国、要为家乡好好读书，长大了为革命好好工作。舅舅每次还会唱起一首战歌，我记得歌名叫《金银花》，歌词是这样的："好铁要打钉，好男要当兵，吃菜要吃白菜心，当兵要当新四军，官兵平等都一样……"这可是当时著名的抗战歌曲。在那个战争年代，舅舅在大操场上无数次地听过新四军战士唱这首歌。他也无数次地唱给年轻人听。舅舅总是说革命精神要一代代传承下去。

问题三：看来新四军和百姓之间的生活还是很和谐的啊，还会帮村民把水缸装满。当时您舅舅有没有参加一些军事行动啊？

答：历史怎么可能忘记那些难以忘怀的激烈战斗。舅舅说过："那时候战士们多苦啊，粮食经常供应不足，一天只能吃两顿，早上 9 点吃一顿，下午 4 点一顿，饿着肚子照样打胜仗。"记得印象最深的是舅舅讲的一次战斗，是 1944 年 11 月 29 日在长兴牛头山的战斗，战斗打了三天三夜，舅舅带领几百名百姓给前线的战士送去了米饭和番薯，可到了山上米饭全冻成冰块了，怎么吃啊？就在这么苦的条件下，战斗还是取得了胜利，敌军伤亡惨重，而我军准备的 80 副担架，最终才用了 10 副。还有长兴战役，舅舅和民兵小分队在梅山地区事先埋下了许多地雷，将敌人的攻击目标引到了西门。之后新四军主力部队从北门乘虚而入，打得日本鬼子溃不成军。这样的事情多着呢，说也说不完。

舅舅还和我说起一段与日本鬼子斗智斗勇的佳话。那是在 1944 年 3 月，新四军老虎团缴获了日军的大炮后，日本鬼子多次上山搜寻，舅舅和民兵们在罗岕村西大山造了许多假坟，而真正的大炮被埋在了茗峰峰顶的一个大坑里。日军在罗岕村折腾了 20 多天也没找到大炮，冈村宁次只好下令枪决了小林中队长。1975 年，新四军苏浙军区纪念馆成立之初，舅舅作为工作人员在所里工作了 7 年。他记不得给多少人讲过他所亲身经历的事情，他只记得来参观的绝大多数是年轻人，舅舅总是说："我要告诉年轻人，不要忘本不要忘记历史，直到我再也说不动为止。"

今天的槐坎乡再也听不到隆隆的炮声，战争离这个富裕的乡镇很远很远了。在家乡，我们见到的是绿油油的板栗树、漂亮崭新的小洋房，还有往来密集的小货车。可槐坎乡的每一个人都知道，我们今天的生活是用先辈们的鲜血换来的，我们不但能从老一辈人的口中了解到历史，也能从至今仍保存完好的珍贵史迹里缅怀先烈。

舅舅总是说"共产党员没有个人利益，只有党的利益，人民的利益"。我女儿小的时候我也给他讲家乡的故事，给她讲她舅公的故事。到了你们这一代，我们也要给你讲同样的故事，给你讲我上一辈人的故事。我们一定要铭记历史，一定要牢记党的教育。

听完老先生讲他舅舅的故事，我突然想到，历史书上寥寥几行字，对于历史当事人来说就是他的一生啊。从那一个个鲜活的故事中，我切身感受到了共产党领导下新四军和百姓之间和谐的军民生活在那段时间是如何珍贵，感受到了与敌人斗智斗勇的惊险，感受到了当时战斗条件之艰苦。那种仿佛亲身经历这一段岁月的感觉在我心中迟迟不散，那种对于前辈付出的敬佩让我有一种大彻大悟的通透感。

老人讲那段岁月的残酷的时候只是寥寥数语，但是我们可以想象战斗的惨烈与血腥。当时包括老先生舅舅在内的所有人，“了解生活的真相之后依旧选择热爱生活”，这种对于胜利的渴望和对于中国必将崛起的信仰，让人不由得为之震撼。与当时外敌入侵、有亡国危险的压力相比，我们现在的学习压力又算得了什么？如果没有一代代前辈的前赴后继，哪里会有现在的小康社会？之前，所谓“我们今天的生活是用前辈们的鲜血换来的”对我来说仅仅是一句话，现在通过这次访谈，真正去切身体会那段岁月，才能感受到这句话背后那沉重的历史。我们是祖国的新一代，将来中国的发展的重任就应由我们来承担，我们又还有什么借口挥霍着珍贵的时间，而不是争取每分每秒去提升自己？

关于“新时代文明实践问题”的访谈报告

郝书欢

一、访谈背景

为了解家乡的红色历史，宣扬老兵的抗日事迹，帮助大家了解抗战历史，牢记国耻，2020 年 8 月 30 日，我前往老党员家中进行调查访谈。我了解到了老党员父亲的生平和光辉的抗日战斗事迹以及老党员的入党故事，学习体会了抗战老兵的回忆录和历史资料。过去的生活艰苦是人们不能否定的，现在我们的生活虽然过得还算不错，但这是过去军人通过鲜血和牺牲换来的。在过去中国饱受外来国家的侵略，我们的先辈用自己的智慧和身躯为我们打造了今天这个幸福的局面。我们不能忘记艰苦卓绝的斗争，不能忘记中国军民用血肉与敌相搏的抗战，不能忘记那些为国家捐躯的英烈们。

二、访谈目的

了解老兵的生平事迹、抗战历程，了解老党员的入党故事。

三、访谈对象

老党员，性别男，年龄 74 岁，退休之前从事纪检监察工作。

四、访谈过程

2020 年 8 月 30 日，我前往老党员家中进行调查访谈。首先，我询问了老党员的年龄、身体状况等，气氛开始变得活跃起来，我开始耐心地听着老党员讲述他父亲的生平和光辉的抗日战斗事迹以及他自己的入党故事，学习到了很多红色故事。或许是事情太过久远而记得不清楚，又或许是因为往事太过酸楚，不忍回忆，老党员对于过去的经历谈的不算多，我也只能从只言片语中去感受当时的情景,去体会那时的苦楚。

五、访谈资料

我:爷爷您好!我是中国矿业大学2019级电子信息工程专业的一名学生,现在在做一个关于家乡红色历史的调查访谈。本次访谈主要通过问答形式进行,访谈会对个人隐私严格保密!如果没有疑问的话,我们就开始吧!

我:请问您今年贵庚?

老党员:我今年74周岁。

我:您最近身体状况还好吧?

老党员:很好!

我:您平时有什么业余爱好吗?

老党员:平时我已经学习葫芦丝学习了5年,今年因为疫情停止了(学习)。再一个就是我清早起来上午去菜场买点菜,下午下会棋。

我:听闻您父亲参加过抗日战争,可以介绍一下他的生平吗?

老党员:可以。我父亲是山西榆次人,他是1922年4月出生,1937年9月开始参加革命工作,1938年加入中国共产党,1998年7月因患膀胱癌医治无效逝世。

我:您父亲在世时给您留下了怎样的印象呢?

老党员:他在世时常常告诫我们这些子女做人要厚道,要有诚信,要踏踏实实地工作,并且还强调说今天的幸福生活确实来之不易,是千千万万个英雄烈士的英勇奋斗和流血牺牲而换来的,所以他一再强调让我们要刻苦学习,听党的话,时刻准备为祖国、为人民贡献自己的力量。在平时他也常给我们讲述原先的战斗历程。

我:您父亲在抗战时担任什么职务呢?

老党员:我父亲他在八路军129师新编第四旅任作战参谋。

我:您父亲在回忆录中提到了哪些重要的抗战事迹呢?

老党员:他在回忆录中先写了太行第二军分区部队的建立、发展和整备情况,这是一方面;第二个方面他写了肃清汉奸和卖国贼,巩固后方以及反顽固派的军事斗争;第三方面他还写了一个三打马坊的回忆录,并且自己绘制了和顺县马坊乡的地图。

我:可以详细介绍一下百团大战吗?

老党员:百团大战是1940年8月20号开始的。8月20号深夜我军开始发起了百团大战。我父亲所属的129师新编第四旅下辖的有28团、30团，由范子侠旅长指挥为左翼初级队，攻击正太线阳泉至寿阳段，榆太独立营配合16团以及决死一中队由386旅参谋长周希汉指挥出击寿阳至榆次段。10旅29团与平定昔阳和东独立营以及和顺独立营由10旅副旅长汪乃贵指挥攻击平定至和顺公路沿线的敌据点，阳泉至寿阳段旅指挥所设在桑掌村。范旅长亲自指挥部队当夜打下了桑掌桥，相继攻克了坡头车站、测石站、芹泉站，尤其是浪峪南山碉堡。因敌放毒瓦斯，虽经多次冲锋，但我军伤亡数比较多，难以攻克。在这紧急关头，范旅长令作战参谋(就是我的父亲，他是新编第四旅的作战参谋)骑马绕过敌人阵地到友军部队调来了一门机关炮，由范旅长亲自发射，不到半小时便将狼峪碉堡攻克了，全歼守敌。正太路线各敌据点攻克后，部队任务转为保卫胜利果实，掩护向根据地运送战利品，包括武器、弹药、军用物资、俘虏以及铁轨等，一直至9月底百团大战才告一段落。他写的只是他经历的一个旅部的情况，百团大战还有很多的其他事迹。

我：您当初是怎样入党的呢?

老党员：当初入党时我是在建材总厂的联合车间当会计，会计工作比较忙，单位离家有20里地，中午回不了家，晚上才能回家，有时还要加班。在这期间我还要努力学习党的知识，积极要求进步。再一个是有家里父亲的教导，他给我们讲解党组织如何活动呀……他说到他那时候在党的领导下刚开始参军就跟上部队走了。当时他在学校在街头也是搞宣传工作，喊着口号宣传那些……宣传党的那些有关知识，发动群众。

我：您作为老党员对我们青少年有何建议吗?

老党员：在今天的和平环境中，祖国发展是日益强大，所以要求你们加强学习，同时要锻炼好身体、学好本领，掌握专业技术，为国家为人民贡献自己的力量。同时你们也要学习党的知识，积极要求进步，靠近党组织。

我：再次感谢您的配合，祝您身体健康、生活愉快。

老党员：谢谢!

六、访谈结果

完成任务之后，心绪像波涛翻滚的大海一样，久久不能平静。这些老兵用生命书写着中国近百年的历史，但这些真实的历史片段却往往不被当今的人们所了解。通过这一次的采访，我看到了一个老共产党员对于党、对于祖国的忠诚之心，感受到了他凡事讲求实事求是的态度，感受到了老一辈革命志士为党的事业抛头颅、洒热血的精神。在那个战火纷飞的年代里，他们用自己的鲜血为中国人民赶走侵略者，打倒了反动派，建立了社会主义新中国。在建国初期，老党员为如何建立全新的社会主义社会挑灯夜战，出谋划策。在如今的和平社会里，他们为如何建立经济飞速发展的新型社会而劳心劳力。在每个时期每位党员的任务有所不同，但都是为着同一个目的，那就是为党的事业而奋斗，为百姓的幸福生活而拼搏，一样艰巨，一样光荣。他们发光发热，直至贡献完自己的一生。他们披荆斩棘，为社会的发展、祖国的繁荣昌盛积累了宝贵的财富，奠定了坚实的基础。我想，这就是真正的共产党员。我认识到了什么是共产党人、什么是为人民服务。

老党员是社会、历史给予我们的一笔无形的资产，这是用多少金钱都无法衡量的。喝水不忘挖井人，我们要牢记如今的幸福生活包含着老党员们辛勤的汗水，甚至鲜血，要用感恩的心在生活上给予他们无限的关怀，帮他们解决生活中的困难，让他们切身感受到来自社会的关怀和温暖。这是我们必须给予这些老人们的回报。而继承他们的精神，是我们每个人的责任。

我想到底是什么样的一种力量，驱使他们不怕吃苦呢？曾经有多少边防哨所的战士保卫着祖国，有多少解放军为了保卫祖国而牺牲自己的生命，又有多少干部为了人民的利益而舍弃自己休息的时间。共产党员那无畏的精神是多么令人佩服呀！严格要求自己，脚踏实地，默默无私地奉献，给群众带好头，助人为乐，奋斗在最前线的精神会永远铭刻在我的心中。

我意识到，我们今天的幸福生活来之不易，这是革命先辈们用自己的热血和生命换来的。五千年的中华文明史，现在的中国是最为富强的。在中国的历史上没有任何一个朝代的人民比现在更加安逸和幸福，也没有任何一个朝代比现在更加和平、稳定和富强。

一切真正的伟大的东西，都是淳朴而谦逊的。别林斯基的名言正是共产党员们一贯践行的为人原则、处世方针。谈话中老党员强调了向他人虚心学习，重视细节小事的重要性。党员永远都是普通民众中的一员，只在困难时刻、关键时刻挺身而出是不够的，党员还要在日常生活中起到带头表率的作用。他督促我们珍惜大学这个自由广阔的舞台，丰富自己的学识，以学习为本职任务，积极投身到各项社会工作中。恩格斯说过“谁肯认真地工作，谁就能做出许多成绩，就能超群出众”①。即使是在平凡的岗位上也要一丝不苟，认真负责，力求把

① 《马克思恩格斯选集》第四卷，人民出版社 2012 年版，第 599 页。

小事做细，大事做好。个体存在的意义和价值总是体现于群体价值和社会价值之中。我们不仅要把每次的历练作为展现自我、挑战自我的机会，更要在这宝贵的学习过程中与大家互勉互励、共同进步，落实党员们爱岗敬业、无私奉献的精神，用实际行动，体会到自我价值实现的满足感。

老党员认为大学生在以实际行动向党组织靠拢时除了要用知识武装自己，用实践经验充实自己，坚持为人民服务的宗旨，认真学习党的知识，逐步提高思想觉悟外，更要注意培养一个健全的人格。人生的道路弯弯曲曲，社会的环境变化万千。无论在工作中，还是在学习、生活中，如果没有健全的人格，迟早会在纷繁复杂、坎坷崎岖的社会现实面前碰壁、受挫，甚至一蹶不振。健全的人格是一个人从容应对社会生活中各种困难和挑战的基本保证。我们应该善于自我剖析，正确地看待自己的长与短、得与失、名与利，不断提升个人素养。这次走访活动使我深受教育，我深刻了解到了共产党员一定要自觉加强党性锻炼，坚持艰苦奋斗、清正廉洁，反对贪图享受、以权谋私，从而保持作风上的先进性。

温家宝曾说过“我心中寄托的地方是青年，是大学生，是青年一代”①。此话让人在激动之余更感到责任重大。作为当代大学生，我更意识到成为党员不只是一种简单的政治追求，也是一条逐步发掘自我、臻于完善的道路。

“学非探其花，要自拔其根。”此次的访谈活动让我受益匪浅，懂得了不能因为经验欠缺而放弃积累，不能因为能力有限而放弃提高，不能因为没有及时得到回报而不去付出，只有真正付出了努力，才有成就事业、证明价值的可能，才能为将来的收获播下希望的种子。

① 《温家宝谈教育》编辑组：《温家宝谈教育》，人民出版社 2014 年版，第 400 页。

真理的味道是甜的

——访谈义乌市分水塘村党支部书记陈群

黄文辉

一、访谈目的

2020年是《共产党宣言》中文全译本出版一百周年，为了更加深入地了解《共产党宣言》首个中文译者陈望道先生，以及研究陈望道先生对他的家乡产生的影响，我们来到了义乌市分水塘村，参观了陈望道故居并对村党支部书记陈群先生进行了一次采访。

二、访谈提纲

访谈时间：2020年8月16日。

访谈方式：面谈。

访谈对象：陈群先生。

采访者：黄文辉。

采访地点：浙江省义乌市分水塘村。

采访地点介绍：分水塘村位于义乌市西北部的大峰山、大草坪脚下，距城区15公里，西邻浦江县。红旗村村域总面积4.5平方公里，由分水塘、鲍店、祥店、先塘4个自然村组成，全村现有农户635户共1 196人。分水塘村践行“两山理论”，推动乡村振兴，依托自然山水资源，因地制宜发展生态农业、乡村旅游等绿色产业，促进农村整体发展，立足“全域旅游”打造精品路线。该地以“红色火种”分水塘村为起点，“义乌经验”横塘村为终点，有机串联沿线何思路村、七一村、义新欧始发站等重要节点，融合红色文化、改革开放、“一带一路”等旅游元素，打造“村村有看点、处处是景观”的“望道信仰”和美丽乡村精品旅游路线。

三、访谈过程

问 1:刚刚我们参观的时候,经过一间柴屋,发现里面有一座蜡像,您能给我们讲一讲柴屋和蜡像人物的历史故事吗?

陈群:柴屋中的蜡像就是陈望道先生。1920 年 2 月,陈望道先生为翻译《共产党宣言》回到自己的家乡——分水塘村。他根据日文版,同时与英文版相互对照翻译《共产党宣言》。陈望道先生为了能全身心地翻译《共产党宣言》,躲进了离住宅不远的柴屋内,屋里铺着一块板,两条长凳,一盏油灯在昏暗中摇曳。山区早春的寒风吹进年久失修的柴屋,冻得陈望道先生手足发麻。除了母亲送来饭菜时的短暂停歇,陈望道几乎是马不停蹄。以至于有一次他将写字的墨汁当作是母亲为他蘸粽子的红糖,吃得满嘴的黑墨。母亲在屋外喊:“红糖够不够,要不要我再给你添些?”陈望道应声答道:“够甜,够甜的了!”

在 1920 年 4 月底,他在这间柴屋内完成了《共产党宣言》中文首译本的翻译。《共产党宣言》出版后,立刻受到工人阶级和先进知识分子的热烈欢迎,在人民群众中广泛流传,进一步推广传播了马克思主义,为中国共产党的成立奠定了理论基础。陈望道先生对马克思主义的信仰,让他肩负起马克思主义传播者、践行者和坚守者的使命。

问 2:为什么陈望道先生以墨为糖,还会觉得无比甘甜?

陈群:陈望道先生的墨不单单是墨水,还是真理。望道先生毕生忠诚党的事业,始终把马克思主义作为学术研究的指导思想。《共产党宣言》几乎是马克思主义的同义语,望道先生沉浸在翻译工作中,品味着马克思主义真理的味道、知识的味道,心里感到无比甘甜,也意味着,真理的味道是甜的。

问 3:陈望道先生是如何将“真理的味道”尝透的?

陈群:陈望道是中国翻译《共产党宣言》的第一人,他翻译《共产党宣言》既是当时形势所趋也是个人自觉。一方面,十月革命的胜利使处于迷茫中的中国先进知识分子看到了曙光,急需了解、掌握马克思主义,在他们眼中《共产党宣言》几乎是马克思主义的同义语。另一方面,作为一名马克思主义者,翻译《共产党宣言》是义不容辞的事。早在留学日本期间,陈望道就开始接触马克思主义,逐渐了解、熟悉并接受马克思主义。从日本回国后,经受五四新文化运动的洗礼，他进一步认识到“不进行制度的根本变革，一切改良实施都是无益的”①。此外，深厚的英语和日语功底以及良好的汉语文学修养更使陈望道成为翻译《共产党宣言》的不二人选。

陈望道先生在翻译完《共产党宣言》后，继续翻译马克思主义著作，撰写马克思主义的文章，并同各种反马克思主义思潮进行斗争。他在担任《新青年》主编时期对杂志采取了一种“树旗帜”的办刊方针，但这一办刊方针也引起了胡适的强烈不满，提出要改变刊物性质甚至停办，但陈望道毫不妥协坚持并始终捍卫《新青年》的马克思主义办刊方针。

陈望道不仅积极宣传马克思主义，而且以实际行动践行马克思主义。他是中国共产党成立的重要发起人，直接参与创建了党的两个重要组织——上海马克思主义研究会和上海的共产党早期组织。陈望道先生还是社会主义青年团的早期负责人之一和早期工人运动的重要发起者。

陈望道毕生忠诚于党的事业。1940年陈望道随复旦大学搬到重庆后，根据党的指示出任复旦大学训导长，并创办了我国第一个新闻馆，新闻馆里可以传阅革命书刊、收听延安的广播，被称为“夏坝的延安”。解放战争时期，陈望道参与组建了华东地区16所高等院校“大学教授联合会”，并担任主席，大力推动“反内战、反迫害、反饥饿”运动，同时在党组织的领导下，积极营救被国民党逮捕的进步作家和进步学生，为解放战争的胜利做出了特殊贡献。

纵观陈望道的一生，一旦尝过了“真理的味道”，他对马克思主义的信仰便从未改变，也正是信仰的初心使其肩负起马克思主义传播者、践行者和坚守者的使命。

问4：请问分水塘村是如何让真理的“甜味”长存？它又如何保留和发展这些珍贵的红色历史文化？

陈群：2012年11月29日，习近平总书记在参观国家博物馆《复兴之路》大型展览时，在《共产党宣言》首个中文全译本前，即兴讲起陈望道翻译《共产党宣言》时错把黑墨水当红糖水的故事，称之为“真理的味道非常甜”。

义乌市委始终坚持习近平新时代中国特色社会主义思想，以党建统领、国企结对，全力推进分水塘村与“望道信仰”和美丽乡村精品旅游路线建设。

一是坚持“党建统领”建强战斗堡垒。始终将加强党的领导贯穿分水塘村

① 中共中央马克思恩格斯列宁斯大林著作编译局：《马克思恩格斯著作在中国的传播》，人民出版社1983年版，第21页。

与“望道信仰”和美丽乡村精品旅游路线建设全过程，全面践行党员干部“五（吾）带头”。市委牢牢扛起第一责任，将分水塘村改造作为重中之重的政治任务，常委会、书记专题会经常性听取工作进展汇报，研究协调工作中的难题。

二是聚焦“信仰力量”传承红色文化。以不忘初心为主题，讲好信仰故事，弘扬红色主旋律。按照全面保护、深度开发总体思路，以“一街一居一房一馆”为核心，完成分水塘村老街改造、陈望道故居修缮、柴房复原等工作，公开征集陈望道先生生平文献史料和历史文物，完成对 11 本首版《共产党宣言》中文全译本的系统性寻访和研究，重点打造以历史文化街巷、望道故居展示区、宣言纪念馆为核心的新时代红色教育基地。

三是立足“全域旅游”打造精品线路。以“红色火种”分水塘村为起点，“义乌经验”横塘村为终点，有机串联沿线何斯路村、七一村、义新欧始发站等重要节点，融合红色文化、改革开放、“一带一路”等旅游元素，打造“村村有看点、处处是景观”的“望道信仰”和美丽乡村精品旅游路线。

四是践行“两山理论”推动乡村振兴。依托自然山水资源，因地制宜发展生态农业、乡村旅游等绿色产业，促进农村整体发展。全面改善分水塘村人居环境，完成 56 幢危旧房和影响整体风貌建筑的拆除、46 幢农房的外立面整治，打通村里九口池塘水系，村容村貌焕然一新。

义乌市通过打造分水塘村与“望道信仰”和美丽乡村精品旅游路线，推动堡垒作用强起来、乡风民风美起来、红色旅游火起来、幸福指数高起来，以实践诠释“真理的味道非常甜”。

一是在传承红色基因中收获“信仰之甜”。心中有信仰，脚下有力量。陈望道先生为共产党人开启了信仰之门，深深影响着家乡人民。义乌广大党员干部接续望道先生的精神烽火，在找初心中产生共鸣、形成共识，让精神之甘成为现实之甜。

二是在实干担当中收获“奋斗之甜”。伟大梦想是拼出来、干出来的。分水塘村地处偏远、大山阻隔，道路不畅成了制约村民生活、生产的最大难题，修路致富成为大家心中共同的梦。2019 年 1 月东萧线全线贯通，60 多年前陈望道先生许下的“打通村前新岭隧道，修建通往城区便捷道路”的愿望终于实现。

三是在一心为民中收获“生活之甜”。真理就是为老百姓谋福祉的初心，也是共产党人的责任担当。分水塘新一届村两委干部上任后，首先为村里 260 多位 60 岁以上老人全部办养老保险，一年内完成了水库修缮、粉刷外墙面、村内无坟化、栽种万棵梅等民生实事，以百姓之心为心，用真心换真情，20 天完成

100%的农户土地流转，分水塘村容村貌发生了翻天覆地的变化。

四是在改革创新中收获“希望之甜”。没有改革开放，就没有义乌的今天；没有创新发展，就没有义乌的明天。分水塘村与“望道信仰”精品线打造始终贯穿了改革创新的思路和理念，率先启动农村土地“集地券”改革的首批试点，众筹众创建设美丽乡村，全线通过众创众筹资金1亿元，推动引进产业项目10个，预计带来4 000万元收益。

在分水塘村与“望道信仰”和美丽乡村精品旅游路线打造过程中，我们也深刻体会到：党建统领是根本保障。必须坚持党的绝对领导、绝对权威，把党的组织优势转化成发展优势，形成同心、同向、同力的良好局面。国企结对是有效途径。必须坚持城乡统筹、联动发展，撬动各类社会资源向基层一线集聚，为乡村振兴注入新动能。红色文化是宝贵资源。必须坚持保护和开发并举，深入挖掘红色资源富矿，发展特色旅游经济。以人为本是核心要义。必须坚持“以人民为中心”的发展理念，把群众利益作为工作的出发点和落脚点，增强群众的获得感、幸福感。

四、个人感想

这次参观和采访，我对陈望道对党的贡献、对真理的坚守有了更深的了解，对分水塘村人民是如何让真理的甜味长存以及如何保存和发展红色历史文化有了更深的了解。我深刻体会到，一旦尝过了“真理的味道”，便永远不会改变对信仰的坚守。正如陈望道先生，一旦尝过了“真理的味道”，他对马克思主义的信仰便从未改变，也正是信仰的初心使其肩负起马克思主义传播者、践行者和坚守者的使命。在城市乡村的建设过程中，要始终坚持习近平新时代中国特色社会主义思想。党建统领是根本保障，必须坚持党的领导和权威；国企结对是有效途径，必须坚持城乡统筹、联动发展；红色文化是宝贵资源，必须坚持保护和开发并举；以人为本是核心要义，必须坚持“以人民为中心”的发展理念，把群众利益作为工作的出发点和落脚点，增强群众的获得感、幸福感。

下篇

访谈记忆

忆红色峥嵘岁月　不忘赤子初心

——访谈共产党员石宝贵

王艺宁

一、访谈缘起

松原，一片被泱泱古韵赋予了无限神奇的土地；松原，一座在现代文明中不断创造奇迹的城市。松原位于吉林省中西部，地处哈尔滨、长春、大庆三角地带，松嫩平原南端，坐落在美丽的松花江畔，南与长春市、四平市为邻，西与白城市、内蒙古通辽市接壤，北隔松花江与黑龙江省大庆市相望。这让我不由想到那首著名的歌曲《松花江上》。“我的家在东北松花江上，那里有森林煤矿，还有那满山遍野的大豆高粱……”这首歌曲在悲凄的曲调中蕴藏着要求起来反抗斗争的力量。松原虽是一座小城，却有着丰富厚重的红色历史，早在1932年松原境内的第一个党支部就诞生了。

二、访谈目的

通过对老党员的访谈，了解老党员的个人经历及思想，探寻家乡的红色历史，挖掘家乡的党史故事和爱国主义案例。借助访谈了解过去，理清历史脉络，可以更加深刻地认识家乡党组织的发展历程。同时，自己也可以在学习红色历史的过程中提升思想认识，从中体会到中国共产党人的责任与使命，传承党的革命传统优良作风，明确前进的方向，不忘初心，勇担使命，为实现中华民族伟大复兴中国梦贡献自己的力量。

三、访谈对象

石宝贵，男，吉林省松原市宁江区毛都站镇人，1976年加入中国共产党，曾任毛都西伯村四社队长，带领村中联防队负责安全保卫及排查工作，多次参加毛都西伯村相关会议，为地方政策的制定与实行做出了贡献。

四、访谈内容

问：您当初是怎样入党的？

答：我记得非常清楚，那是在1976年，我们听说有入党的机会，都特别兴奋积极，抢着入党。我想着有个机会能够更好地为人民服务，主动申请，接受党组织的考察，通过一段时间的学习光荣加入了中国共产党。

问：您在入党后都参与了哪些工作呢？

答：其实也没什么特别的，就是一些日常工作，主要是保证村里的和谐稳定。像是帮助村民解决生活上的难题，时刻关注他们的思想问题，宣传党的政策、法规等；尽力提高村民的法律意识，让他们能够真正自主地学法、用法、知法、守法；调解村民之间的纠纷，主动了解各户的情况，寻找问题，收集意见，梳理矛盾。近期就是发展村里的经济，结合本村的资源优势、产业特色、发展意向，灵活运用政策，为脱贫攻坚贡献出自己的力量，为实现全面小康而努力。

问：您入党后有什么感想吗？很多人认为入党有很多好处，您是怎么看待的呢？

答：入党的好处不在于物质上你得到多少，而在于精神你获得了哪些提升。

入党是一个信仰问题。现在人们的价值取向多样化，坚定信仰很重要，人若无信仰就会随波逐流。

每一个有责任心的人都不甘碌碌无为，都希望实现自己的人生价值，而党正是这样一个平台，可以说，入党为我们提供了一个实现人生价值的机会。

入党对我的"好处"是自然少不了的，但这个"好处"不是用金钱来衡量的。

问：看来您对此有很深的感触。的确，入党应该目的纯粹，夹杂着太多复杂的因素与需求，不见得会有所收获。您这些年都通过什么方式来学习党的知识呢？

答：从小我就非常想入党，经常听大人们讲那些先烈们的故事、咱们党员的所作所为，耳濡目染。后来接触到了《中国共产党章程》《共产党宣言》这些，算是开始系统性地接触到了党的知识。我还经常去咱们这儿的烈士陵园，给烈士们祭奠扫墓。

问：的确如此。您能给我讲一讲您听过的红色故事吗？

答：我听过很多，最常听的就是英雄梁士英的故事。咱们这儿的烈士陵园中还建有他的纪念碑，那我就简单讲一讲他的故事。

梁士英当时是特等射手，打仗的时候总是冲锋在前，作战勇猛，屡获战功。

1948 年,正值辽沈战役锦州决战。他在这次总攻中,是负责突破锦州城防的尖刀连的一员。1948 年 10 月 14 日 10 点整,东北人民解放军开始向锦州发起全面总攻。在连续几十次排炮的轰击下,锦州城垣的西北角被炸开了缺口。战士们在大炮和坦克的火力掩护下,实施了连续爆破,迅速摧毁了敌人的第一道防线,冲开了城垣的突破口。梁士英首先登城,他一人用十几颗手榴弹击退了敌人一个连以上兵力的猛烈反扑。

敌人的第二道工事是利用铁道突出地面的路基加工修筑的。当战士们冲到路基下,准备向城内纵深挺进时,却被路基附近的一座大暗堡的强大火力网封住了前进的道路。排长带领战士硬冲了几次,都被那严密的火力网压了回来。组织了几次爆破,也都失败了。敌人暗堡里的机枪仍在疯狂地扫射着。就在这时,大部队总攻的号声响了。

这正是紧要的时候,一分钟也不能耽误了。梁士英挺身而出,向连长请战:"连长,我是共产党员,把炸敌堡的任务交给我吧!"

梁士英迅速拿上两颗手榴弹,提起爆破筒,紧贴着路基,隐蔽前进,向敌堡冲去。在机枪掩护下,他终于冲过了敌人的火力网,把两颗手榴弹投向敌堡。借爆炸后的浓烟做掩护,梁士英飞跃到敌堡前,将拉开导火索的爆破筒塞进了吐着火舌的枪眼。可是正当梁士英转身要撤离时,敌人把冒着白烟的爆破筒推了出来。梁士英弯下腰,敏捷地把冒着白烟的爆破筒紧紧抱住,又猛地投进敌人的地堡。当他一松手时,爆破筒又被敌人推出一尺多长,冒着缕缕黄烟。梁士英毫不犹豫,转身猛扑过去,推回爆破筒,并用胸口死死地顶住。战士们愣住了,连长狂呼让梁士英回来,梁士英却拒绝了。不久,敌人的地堡被炸得粉碎,梁士英却与地堡里的敌人同归于尽,壮烈牺牲。牺牲时,才 26 岁。

问:这真是一段沉重的往事,感谢那些为了中国无私奉献的人们,没有他们,就没有我们如今的盛世。在宁江区烈士陵园还有梁士英烈士的纪念碑,烈士陵园中的每一座丰碑都是无数先烈用鲜血来铸就的,其中融入了我们中华民族的精气神和血泪汗。没有共产党的领导,就不会有如今的中国。您现在已经入党 44 年了,您对松原的党史有什么了解吗?

答:我记得 1932 年松原开始有了第一个党支部。在九一八事变之后的日伪统治时期,无数仁人志士揭竿而起,特别是 1937 年以后,党加大了向松原派遣干部的力度,抗日队伍进一步壮大。在抗日战争胜利后,至 1945 年 11 月,松原境内各县全部解放。在解放战争的时候,松原的广大青壮年踊跃参军,出现了像梁士英、包海龙、王兆义等英雄和模范。在后方,群众纷纷出担架、出大车、出钱出物资,松原成了支援解放战争的坚强后盾之一。

清剿匪患,开展过土地改革运动,公开建党,发展经济和社会事业……在历届市委的正确领导下,松原各级党组织发扬自力更生、艰苦奋斗的创业精神,国民经济快速发展,经济总量大幅提升,城乡面貌大为改观,人民生活明显改善,社会事业全面发展,呈现出欣欣向荣的美好景象,这才有了如今的松原。

问:松原的确有很长的红色历史值得我们去追寻,仅仅几句恐怕也是难以说清的,这需要我们认真学习,用心去体会。您对青年学生有什么话要说吗?

答:中国这一路走来并不是一帆风顺的,无数仁人志士用鲜血与汗水,历经艰辛,才筑就了如今这个强大的国家。如今的一切来之不易,理应珍惜。新一代青年应该严格要求自己,你们是新时代的希望,要学会把长期学习作为一种任务,把提高素质能力作为一种责任,深刻思考,追求上进,志存高远,争取早日为国家做出贡献。

五、访谈感悟与成果

这次访谈让我受益匪浅,使我对家乡的党史和红色故事有了进一步的了解,自己的理论知识和思想在也与优秀老党员的谈话中得到了丰富与升华。

(一)老党员带给我的启示

在访谈中,我感受到了一名共产党员的拳拳报国之心和他对党的深沉的爱。石老入党40余年,无时无刻不在践行他的入党誓言。他密切联系群众,主动了解各家各户情况,经常帮助村民解决在生活上的难题,向群众宣传党的主张。他对于党有着鲜明的态度,十分纯粹地表达着对党的热爱,认为想要入党的人应当端正入党动机,要真正地想为人民服务。

他也语重心长地表达了对中国青年的希望。的确,现今正是中国建设社会主义、实现中华民族伟大复兴中国梦的重要时机,机遇与挑战并存。新一代承载着无数前人的期望,无论是为了那些筚路蓝缕的先辈们,还是为了未来的中国,我们都要严格要求自己,为中国做出更多更大的贡献。

同时,老党员身上的许多优秀品质,实事求是、朴实、一心为人民等,这些都值得我们去学习。

红色历史感悟:在访谈中及后期的资料搜集中,我逐渐了解到了松原的红色历史。这片小小的土地上承载着无比沉重的过往和无比殷切的希望。我被老一辈有志之士为祖国为党的事业抛头颅、洒热血的无畏精神深深打动了。这片土地上涌现出许多革命英雄，他们书写了一段段可歌可泣的革命故事，张瑞麟激战敖木台、罗勇标与长岭县城保卫战、蒙古骑兵团新庙保卫战、梁士英舍身炸地堡、布和吉雅与胡家窝棚阻击战……没有他们，就没有我们如今的中国。新一代青年人更应该勇担重任，砥砺前行。

（二）松原党史进程

通过老党员的介绍和自己资料的搜集，我对于松原的党史有了更为详尽的了解。

松原作为吉林省有党的活动的较早的地区之一，在中国共产党成立后，特别是在20世纪20年代末，革命的火种已经在这片土地深深根植、初露萌芽。各界开始了各种形式的抗日救亡活动。哪里有压迫，哪里就有反抗。日伪统治时期，松原人民陷入了失业、流浪、饥饿的深渊，人民过着苦不堪言的亡国奴生活。但是英勇的松原人民没有就此沉沦，抗日斗争风起云涌。

1932年，松原地区第一个党组织正式成立，标志着松原人民在中国共产党的领导下，踏上了积极争取民族独立、努力实现人民解放的艰苦征程。

1945年，抗日战争胜利，中国人民终于迎来了胜利的曙光，日本帝国主义宣布投降。

松原这片饱受奴役与欺瞒的土地赢得了抗日战争的胜利。14年苦难的岁月画上了句点，14年满目疮痍的土地重见朝阳，14年水深火热中的松原人民终于可以自由的呼吸，奔走相告，挺直腰板重新成为这片土地上真正的主人。

党领导松原人民以前所未有的创造精神，艰苦工作，清剿匪患，开展轰轰烈烈的土地改革运动，公开建党，发展经济和社会事业，巩固了人民民主政权。同时，松原充分发挥革命根据地作用，为全国解放事业做出了巨大的历史贡献。

1978年，党的十一届三中全会胜利召开，拉开了中国改革开放的序幕。松原各级党组织与松原人民一道，绘宏图于盛世，续伟业于今期，倾全力谋发展，兴百业惠民生，取得了令人瞩目的辉煌成就。

从1992年松原市在全国改革开放的大潮中应运而生，到2014年在神州大地深化改革的滚滚洪流中傲然挺立，在历届市委的正确领导下，松原各级党组织发扬自力更生、艰苦奋斗的创业精神，发扬追求卓越、敢为人先的进取精神，开辟出一条全新的发展之路——国民经济快速发展，经济总量大幅提升，城乡面貌大为改观，人民生活明显改善，社会事业全面发展，处处呈现出欣欣向荣的美好景象。

风雨不动安如山

李中天

问：爷爷叫什么名字？

答：我叫李方农，我们都是家门（一个姓氏的人）。

问：您是1956年入的党，到今年有多少年了？

答：60多年。

问：60多年了，那您今年有多少岁了？

答：我今年83。

问：您入党时多少岁了？

答：10多岁吧，我1955年当兵，1956年入的党。

问：那时候当兵主要是干什么？那时候应该已经没有战争了。

答：不打仗了。我们那时是义务兵。

问：还是在成都这边吗？

答：我也在西藏待了几年。

问：您那时候当兵主要是干什么？

答：开汽车。

问：开汽车是运物资还是运人？

答：运物资，运进藏物资。

问：没有打过什么仗是吧？

答：没有没有。

问：那时候入党有什么要求，入党很难吗？

答：那时候入党是很难的，要求很高。要先递交入党申请书，然后党组织会派人和你谈话，引导你，培养你。之后还要对你进行考察，在你达到党员标准后，才会同意你加入中国共产党，成为一名党员。

问：那时候当兵有补贴吗？

答:有,每个月有6块钱。我们在西藏的时候,加40%的边境费,一共8块4角钱。

问:您是怎么去西藏当兵的呢?

答:我是在老家金堂参军的。当年是西藏军区来接的兵,我就被分到了西藏。

问:您是当了3年兵,然后就回来了吗?

答:不是。我在军队待了30年,1984年转业的。转业到成都,原来在工商局工作,到60岁退休。

问:跟您同一批去当兵的人多吗?

答:多啊,我们一个乡的就有十几个,不过大部分人1958年就退伍回地方了。

问:在西藏那边的时候条件应该有点艰苦吧?

答:20世纪50年代和现在是两码事。50年代连蔬菜都没有。我们1955年进藏,我5月份进藏。后面的话1957年11月,我们这一个团,整个调到重庆,部队全部调到重庆了,我们就随着回重庆。

问:那你在西藏也没有待很久对吧。

答:待了是两年多,两年多不到三年。当时整个部队调出来,一个团全部调出来,就跟着他们就出来了。

问:那重庆条件好得多吧。

答:我在重庆算是大概待了10多年。待遇也没有太大的变化,因为你没有边疆费补贴费了,伙食费还是一样的,12块钱。在西藏的时候炊事班做的饭都是生的,老百姓叫夹生饭。为什么呢?因为那边海拔高,气压低,饭是煮不熟的。

问:在西藏是住帐篷还是住在哪里?

答:帐篷。没有房子。你说冷吧,军队还有大衣,还有其他的,垫的东西比这里多。冬天我们在拉萨的时候,一些年轻人流鼻涕早上流的都是冰,鼻涕都结冰了。帐篷晚上住起来还是很冷的。当然那个时候年轻也无所谓,那时候干劲足。

问:您调到重庆之后还是义务兵吗?

答:还是义务兵,但是那时候就已经是干部了,我在重庆提的干部。

问:你打过仗吗?

答:没有打过仗。我们是搞后勤的,搞后勤就是供应前线部队,你比如说他们的吃穿用都是我们来管。

问:那时候在西藏开车还是很危险的吧。

答:那时候西藏的路很差,50 年代哪里像现在路那么好。

问:一般开车的话要学多久?

答:我学了大概有 4 个月,不到半年,我就可以单独开车了。

问:后来是不是又让你去带新兵?

答:后面当班长,当班长肯定就要带新兵了,要带十几个兵的。每次有任务一出发就是一个班,比如说你这个班 8 台车,你就带着 8 台车出去,然后给你布置任务,然后你再往下布置。一个排有 20 多台车。

问:那时候任务还是很累的吧。

答:过去西藏没有铁路,现在西藏铁路修通了之后后勤压力就小多了,好多物资就可以通过铁路运输了。当时没有铁路,物资全靠汽车运输。运输过程中汽车兵车子抛锚了饭都弄不到,很辛苦。

问:出一次任务要多长时间?

答:从昌都到拉萨大概 9 天的样子,中间要跑 9 天。路上有 3 个兵站,可以吃饭。

问:你们会换着人开车,还是一个人开到底?

答:一个人,一个人开到底。

问:在部队里面当党员有什么优待吗?

答:没有。我们入党是为了要求进步,给人民多做贡献。

问:您那个时候交党费吗?

答:党费是按工资比例交,我们退休后就是一个月 10 块钱。

问:当兵的时候也要交吗?

答:当兵的也是,当兵你也要交党费。

尽善尽美唯解放
——访王尽美烈士纪念馆讲解员

袁新超

一、访谈准备

访谈时间：2020 年 8 月 18 日。
访谈地点：诸城市王尽美烈士纪念馆。
访谈方式：当面访谈。
访谈人：袁新超。
被访谈人：刘浩（王尽美烈士纪念馆讲解员）。

二、访谈目的

了解王尽美同志的生平、革命故事、思想历程，感悟和学习他的爱国情感、革命精神。

三、访谈内容

问：据我了解，王尽美幼时家境贫寒，他是我们诸城市枳沟镇人，那么在一个那么困难的情况下，王尽美是如何得到读书的机会的呢？这段求学经历对他的人生又产生了怎样的影响呢？

答：是的，王尽美是我们诸城市枳沟镇大北杏村人，他出生于一个穷苦的佃农家庭。王尽美出生以后，他的父亲就已经过世，他与祖母和母亲相依为命。到 8 岁时，恰巧当时村里有两户富人家的儿子找陪读，因为王尽美聪明好学，先后被两家找去做陪读生，他就因此得到了读书的机会。可惜这两户富人家的孩子先后因病死去，王尽美又失学在家。之后幸亏本村成立了初级小学，王尽美因品学兼优，被免去了所有的学费，这才念完初小。后来，王尽美考入高小，他优异的学习成绩曾经被载入旧县志，但毕业以后他再度失学，回家务农，担起了生活的重担。

少年的王尽美就体会到了社会的黑暗和劳苦大众生活的悲惨，严重的阶级压迫让他产生了强烈的阶级反抗的思想，催生了他激进的民主主义和救国救民思想。正是这段早期的贫困艰苦的求学经历，为王尽美日后走上革命道路奠定了坚实的基础。

问：1918 年，王尽美考取了山东省立第一师范学校，一开始他是抱着教育救国理念的，后来是什么让他的理念转变为革命救国呢？

答：在济南求学的历程中，王尽美确实抱着“教育救国”的理念，他本来对师范教育抱有很大希望。但是不久，他的思想就发生了变化，对当时的教育提出了质疑。随着社会形势的变化，教育上的改革却不是很明显，还是带有封建的落后的守旧的思想，于是王尽美对当时的教育体制大为不满，开始严重怀疑师范教育。正值此时，五四运动爆发，王尽美积极投身革命运动。经过了五四运动的洗礼和各种罢课、学潮斗争的锻炼之后，王尽美的思想发生了很大的转变，他由原来的民主主义者转变为具有初步共产主义思想的知识分子，他的救国理念也因此变成了革命救国。

问：中国共产党是以马克思主义为指导思想的政党，作为一大代表，山东早期共产主义小组的组织者，王尽美也是一个坚定的马克思主义者，那么他是如何成长为坚定的马克思主义者的？

答：更确切地说，王尽美是一名共产主义者，因为共产主义是马克思主义的最终目标嘛。在考入省立一师后，王尽美视野变大。他除了读书，更多的关注社会变革。在这里，他开始接触介绍马克思主义的书刊，并且以极大的热情研读这些书刊。他尤其喜欢中国早期的马克思主义者李大钊在《新青年》杂志上发表的《庶民的胜利》和《布尔什维主义的胜利》等歌颂俄国十月革命和宣传马克思主义的文章。从此，他开始接受马克思主义思想，共产主义信仰在他的心中萌芽。

王尽美考入山东省立一师的第二年，五四爱国运动爆发了，早就怀有强烈的忧国忧民之情、救国救民之志的王尽美立即投身其中，并且被推选为一师北园分校的代表。他广泛接触群众，联合各界力量，不断把运动推向深入；大量研读马克思主义书籍，并与北京的马克思主义者建立起密切联系。王尽美在领导民众与中外反动势力进行强有力的抗争中，在对马克思主义著作的研读中，在与北京的马克思主义者建起密切联系的过程中，他的共产主义信仰逐步确立。

五四运动后，王尽美进一步学习和研究、宣传马克思主义，并用马克思主义的基本原理作为观察社会的武器，他的思想进一步走向成熟，成为一名坚定的共产主义者。

问：王尽美同志在五四运动中有何作为？

答：一是组织领导学生总罢课，积极开展反日宣传。5月12日，济南学界联合会正式成立，王尽美以一师北园分校学生代表的身份参加了成立大会。5月23日，在济南学界联合会的组织下，济南中等以上学校学生举行总罢课，并发表《罢课宣言》。王尽美还深入民众，以饱满的激情登台演讲。王尽美的演说，声情并茂，言恳意切，听者无不动容。

二是为抵制日货，积极联络商界进行大罢市。在学生大罢课之后，王尽美又和学联的其他负责人一起，联合社会各界力量，领导大罢市，抵制日货。6月10日，济南全市各商家在学生的支持下，冲破军警的阻挠，店门紧闭，全体罢市。

这期间，王尽美还以山东省学联代表身份回到我们诸城，到城乡学校宣传反帝爱国和新文化运动，撒播五四运动的火种。王尽美在五四运动中的作为还有很多，你可以回去搜集一下详细的资料。

问：在1921年举行的中共一大上，王尽美作为山东代表出席，在会议上他有着怎样的表现？

答：王尽美参加中共一大时年仅23岁，是中共一大13名代表中比较年轻的一位，英姿勃发。中共一大期间，王尽美与邓恩铭汇报了济南的政治形势、建立党组织的情况，还介绍了济南共产主义小组在宣传马克思主义和开展工人运动方面所做的工作。发言时，王尽美谦虚的态度、开朗活泼的性格，给与会代表留下了十分深刻的印象。

问：在中共一大后，王尽美成为一名职业革命家，他的工作范围也逐渐扩大，他是如何开展工人运动的呢？

答：其实早在中共一大前，王尽美就在山东开创党领导的工人运动的先河。早在中共一大前，王尽美等人就组织了济南劳动周刊社，并与《大东日报》主笔的王静一联手创办了《济南劳动周刊》，《济南劳动周刊》的主要任务就是“介绍马克思列宁主义和苏联的状况”，为教育、提高工人阶级的觉悟发挥了重要作用，从而有力地推动了山东工人运动的发展。在中共一大召开前，王尽美就与王荷波成立了津浦铁路济南大槐树机厂工人俱乐部，这也是山东历史上第一个工会组织。可见，在党的创建时期，王尽美就深入工人当中去做群众工作，所以他是当之无愧的工人运动的先驱者之一。

在中共一大后，王尽美更加积极地领导山东的工人运动。当时中国共产党开始集中力量领导工人运动，1921年，在上海成立了领导工人运动的总机关中国劳动组合书记部，还在北京、汉口等地设立支部，王尽美为山东支部主任。为了提高山东工人的觉悟，推动工人运动的发展，王尽美决定将已停刊的《济南劳动周刊》改编为《山东劳动周刊》，并作为中国劳动组合书记部山东分部的机关刊物。周刊通过大量的典型故事和通俗易懂的语言向广大工人宣传团结的重要性，鼓励他们同资本家做坚决的斗争。

这期间王尽美把工作重点放在了产业工人身上，组建了山东省第一个产业工会，组建了山东矿业工会、山东省手工业工会，领导了上千名产业工人的大罢工、矿工大罢工和理发业工人大罢工。

问：王尽美这个名字是他自己在中共一大以后才起的，他原来叫什么名字呢？

答：王尽美原来的名字王瑞俊，是他在做陪读的时候私塾先生给起的，赞美他灵气非凡。他在1920年前后接受了马克思主义，誓把毕生献给中国的无产阶级解放事业的时候，把自己的名字改为王尽美，是以自己的理想来为自己命名的。他还为此写了一首诗，《肇在造化——赠友人》，前两句是“贫富阶级见疆场，尽美尽善唯解放”。这首诗充满了豪情壮志，抒发了王尽美同志为无产阶级解放事业而斗争的博大胸怀。

问：在1922年，王尽美和邓恩铭等出席了在莫斯科举办的远东各国共产党及民族革命团体第一次代表大会，这次经历对王尽美有何影响？

答：在这次会议结束后，列宁接见了中国代表团成员，指出中国现阶段的任务是反对帝国主义和封建主义。会议还组织代表参观了列宁的办公室，当王尽美等人得知列宁也同全苏联人民一样吃黑面包，并亲眼看到列宁的办公桌抽屉里还放着因他有急事未吃完的一小块黑面包，而会议给与会代表吃的却是精美的食品时，激动得热泪盈眶。会后，王尽美又留在莫斯科参观学习半年，亲眼看到社会主义的强大生命力，这更坚定了他为共产主义奋斗的决心。

问：1922年，王尽美根据中央指示，把工作重点放在了发展党的组织方面。他曾参与组织了多次工人大罢工，包括全国闻名的开滦五矿大罢工、京奉铁路大罢工。当时，在山海关这样一个没有党组织的地方，王尽美是如何开展工人运动的？

答：山海关铁路工人包括山海关铁路运输部门和铁路造桥厂的工人，由于受帝国主义压迫和封建势力盘剥，生活极端困苦。在工人内部，由于大家来自不同地区，还存在着帮派观念，尚未形成统一的力量。王尽美到山海关后，化名刘瑞俊。他亲写“禀帖”与县公署据理力争，建立起“京奉铁路山海关工友俱乐部”，选举产生了俱乐部委员会。王尽美通过俱乐部组织进一步扩大影响，联系工人群众。他利用俱乐部、夜校的活动场合和深入工人的“锅伙”中的机会，向工人讲述革命道理，以苏联无产阶级获得政权的事实，鼓舞工人阶级的斗志，很快吸引了众多的铁路工人兄弟，原来工人中的几个帮派消失了，大家很快团结在王尽美和俱乐部的周围。

阶级觉悟的提高，先进分子的涌现，使建立党组织的条件趋于成熟。王尽美和杨宝昆于1922年9月，先后介绍俱乐部总干事刘武和俱乐部委员长佟惠亭加入了中国共产党，成立了党的小组。由杨宝昆任组长，直接在王尽美领导下进行秘密活动。

问：在京奉铁路大罢工中，曾有一个卧轨截车的片段，您能给详细讲述一下吗？

答：在京奉铁路大罢工持续到第5天时，铁路当局仍然若无其事，他们采取“拖延战术”，企图拖垮罢工队伍。王尽美与党小组研究了决定采取“卧轨截车”的对策，来迫使当局答应条件。10月9日，共产党员、纠察队长刘武带领1 000多人，来到造桥厂道口西边的轨道上，阻止早上的快车开出山海关。结果，路经山海关的所有列车都被截住，交通中断。工人们斗争的坚强意志和英勇行为，终于打破了铁路当局的顽固态势，他们急忙派代表来到现场，临榆县县长也到现场调停。王尽美亲自出任代表与他们谈判，他们许诺在3天之内答复要求。这样工人们撤离了现场，火车才得以开出。

问：王尽美应该说是英年早逝，年仅27岁。如何评价王尽美这短暂而精彩的一生？

答：王尽美的生命虽然短暂，他却为党的事业做出了卓越的贡献。在最艰苦的岁月里，王尽美战斗在革命的最前沿，他呕心沥血，不辞辛劳，用顽强的毅力和精神谱写了辉煌的革命诗篇。他把毕生的热血和青春都奉献给了党的革命事业，他的短暂人生闪亮辉煌。

躬身下基层　为民办实事

——记朱老庄镇许堂村第一书记刘增贤

刘广义

一、采访时间

2020年8月20日。

二、采访地点

山东省聊城市度假区朱老庄镇许堂村。

三、采访对象

刘增贤，男，汉族，1965年1月生，山东聊城人，1987年参加工作，1999年10月加入中国共产党，山东师范大学生物系毕业。2019年6月24日开始担任聊城市朱老庄镇许堂村“第一书记”至今。

采访者：刘广义，男，19岁，中国矿业大学信息与控制工程学院2019级本科生。

四、采访过程

问：刘书记您好，在访谈开始之前您能不能先做个自我介绍？

答：好的，我叫刘增贤，山东聊城人，生在农村，长在农村，现在又回到了农村。生在农村的我深知农民生活的不易，明白只有通过知识和科技人们才能过上更好的生活，社会才能得到更好的发展。因此，从小我就立志发奋读书，最终以优异的成绩考入山东师范大学生物系。毕业后，为了帮助更的学子进入高等学府深造，我选择来到聊城三中做一名人民教师。任教的32年中，获得了“聊城市生物学科教学能手”“山东省教学能手”“优秀共产党员”等多项荣誉。2019

年6月，学校领导突然找到我询问我是否愿意调去农村做“第一书记”。在与家人协商后，我决定暂时离开教学岗位，前往朱老庄镇许堂村担任第一书记。虽然深知农村生活的艰苦，深知自己去农村工作开始只是个“新兵”，但我还是离开了城市安逸的生活，在6月24日走马上任，开启了在农村做“第一书记”的新征程。

问：党的十九大报告提出，开展农村人居环境整治行动。中央农村工作会议强调，推进健康乡村建设，持续改善农村人居环境。那么您来到许堂村之后在改善居住环境方面都做了哪些工作呢？

答：改善居住环境主要是两方面的工作吧：一个是道路的修缮，再一个就是“三大堆”的移除。

首先是道路修缮问题。

刚来到许堂村，我就在村“两委”了解到村里的公共道路与排水管道急需修建与完善。当时村子里的胡同还都是土路，并且由于排水管道老旧，雨水不能及时排出，每逢雨季道路泥泞不堪，严重影响了村民的日常出行。我当即对村里的胡同以及排水管道进行考察，联系村“两委”召开会议，研究问题，制定方案。

许堂村东南地势低洼，每逢下雨都会积水，下大雨时积水都没过了膝盖。我和村干部到现场，一边查看一边讨论解决办法。

村里的孩子去镇上上学都要从村西头过去，但由于长时间没有维护，许堂到王寺张的道路已经无法通行。因此，学生上学只能从另外一条道路绕路逆行，不仅有很大的安全隐患，还增加了孩子们上学的路程。

经过努力，目前村子里已经完成了砖铺胡同以及高标准排水管沟的清理和改建工程，村头地势低洼的问题也已经得到了解决，极大便利了雨天村民的出行。从许堂到王寺张的教育生产路正在修建，完工后将不再让学生绕路逆行，学生上下学更安全也更便捷。

再一个就是“三大堆”问题。

我来到这儿之前，村子里的“三大堆”（即垃圾堆、柴火堆、砖头堆）问题一直是村“两委”工作的难题。垃圾堆不好好处理，会污染空气，影响环境，其中的有害物质还会对人体产生危害。现在为了加快天然气推广，并减少对环境的污染，要减少柴火的使用，并将影响交通和环境的柴火堆解决掉。废弃砖头并没有很大用处，是废料，占据空间，堆放在路边还会影响交通，所以也要解决。为了解决这一问题，我挨家挨户做工作并积极联系了垃圾站的工作人员进行协助。垃圾堆大部分都运到了垃圾站，剩下的垃圾和另外两大堆我们也进行了填埋。经过整治，许堂村的“三大堆”问题已经得到了很好的解决，村里的公共区域整洁有序，村民的生活环境更加宜居。

问：2020 年是具有里程碑意义的一年，是决胜全面小康、决战脱贫攻坚的收官之年，也是实现“两个一百年”奋斗目标的历史交会之年。2020 年 5 月 22 日，国务院总理李克强在发布的 2020 年国务院政府工作报告中提出，2020 年要优先稳就业保民生，坚决打赢脱贫攻坚战，努力实现全面建成小康社会目标任务。农村地区的经济问题无疑是打赢脱贫攻坚战的关键，那么您能说一下您在许堂村针对这一问题都有哪些举措吗？

答：许堂村的村民大多以种植粮食和蔬菜为主，浇地是必不可少的事。现在村里没有规范化的机井，一般都是村民自己解决的，拉的电线存在安全隐患，且成本很高。于是，我积极向上级申请“井井通”工程资助，方便群众，也节省成本。当然在工作的时候也难免会遇到群众不理解的情况。建设机井的时候，要拉高压电线，砍倒一部分树木，还有可能需要压倒一部分小麦，结果就有村民不愿意了，又哭又闹，不配合。我把村民聚到广场上，告诉他们，即使是今年全村都没有收成，建成那些机井，也是值得的，有了井水的稳定水源，粮食才会有好收成，接过来的那些高压电缆，也会给村里每家每户省好多钱，这是让村子不再贫苦的一个重要措施，只有村民的全力支持，以后才会更富裕。目前，“井井通”工程正在推进，用不了多久就可以在地头刷卡浇地啦。

村里有一位 80 岁的贫困户，名叫杜玉秀，因残致贫，平日里双手拄拐，行动不便。我一有时间就和村干部一起到她家里去看看，聊聊天，帮老人打扫打扫卫生。为了给许堂村的基础设施建设以及精准脱贫工作提供更多的资金，我向单位申请了 5 万元的资金，再加上镇政府奖励表现优异的“第一书记”的 5 万元发展资金共计 10 万元。这 10 万元作为村里的公有财产用于投资国企以及购进光伏发电设备。这样一来，村子里就会有一个持续的财政收入，可以让村子得到可持续发展。

今年是决战脱贫攻坚的收官之年，为了实现精准脱贫，我一直在摸索更有效的措施，向一些优秀的村庄学习。接下来我会鼓励村民对地里的作物进行升级，让大家种植葡萄、香瓜等高附加值产品，在同等时间内获得更多的收入。

问：近年来，我国乡村公共文化发展环境得到了有效改善，不同形式的文化资源日益涌现，村民精神文化生活质量不断提升。您能不能谈一下您是如何推动许堂村的文化建设的？

答：相比于城市，农村百姓的文化生活是比较匮乏的，尤其是一部分中老年村民还不会通过互联网平台进行学习娱乐。为此，我邀请双联共建聊城市第三中学文艺演出队伍老师举办了一场消夏晚会。会上老师们带来了《千纸鹤》《映山红》《共和国之恋》《梨花又开放》等多首歌曲，许堂村以及邻村村民也积极参加表演，为演出增添了精彩内容，为乡村父老乡亲带去了欢乐，推动了“我的中国梦·戏曲进万家”乡村文化建设，取得了良好效果。

为丰富村民们的文化生活，我还发动自己的学生，为村里捐赠了800本课外读物。课外读物放在村里专门的阅览室中供大家免费阅读。

我注意到村里的大部分家长白天都会出门打工或者去农田耕作，暑假期间孩子的管理成了问题，而我又是一名在一线任教了几十年的老教师，于是便开办暑假作业义务辅导班。在辅导班里孩子们可以聚集在一起完成暑假作业，在写作业的过程中遇到不会的问题还可以向我请教，由我及时为他们解决。为了丰富孩子们的暑假生活，我想了许多小活动。一个是孩子们在学习一段时间后我会组织他们阅读课外书籍。我还在活动室准备了军棋、围棋、象棋等益智类的棋牌游戏用品。在学习之余，我还会指导孩子们每天练习硬笔书法，让村里的孩子从小就养成良好的阅读习惯。此外，我还在网上找了一些教育类的视频，让村里的孩子看到外面更大的世界。

问：新型冠状病毒感染的肺炎疫情无疑对居民生活产生了巨大的影响，之前也了解到您在疫情防控中做了许多工作，能不能在这里介绍一下？

答：在新冠肺炎疫情防控阻击战中，我作为“第一书记”和党员，必然要坚守初心使命，冲锋在前，硬核担当，敢为疫情防控一线的“逆行者”。

在疫情防控的非常时期，我亲自安排部署许堂村的疫情防控工作，联合村“两委”干部通过村内广播，发放明白纸、宣传手册，不断提高群众知晓率和自我防护意识，通过群众微信群、党员微信群加强舆论导向宣传，教育引导群众走科学合理预防之路，不造谣、不传谣。在村疫情值班工作中，我与其他村“两委”成员，每两人值班一天，在村内主要路口设置了出入登记检查站，对往来人员和车辆进行检查登记，有效控制各种风险。

疫情期间，为解决全村的消毒问题，我积极筹备防控物资，自费购买了200个N95口罩及消杀用品，和值班人员一起对村内街道、胡同及村委办公室进行消毒。

一位“腿上绑大锣”的老教师

谢建鹏

“教师是人类灵魂的工程师。”在教育落后的地区，一位既认真负责又长于教育的好教师就显得格外重要。耿洪淇，一位平凡而又伟大的教师，投身教育事业近40年，曾在赣榆县（现连云港市赣榆区）与铜山县（现徐州市铜山区）两地多次任校长职务，并且不管到哪个学校都干得很漂亮，别人干不好的学校他能干好，别人啃不动的骨头他能做出优秀的成绩。因此，赣榆县教育局领导曾称赞他是“腿上绑大锣，走到哪响到哪”。

一、访谈背景

纵观70多年来不平凡的历程，我国已构建起基本完善的中国特色社会主义现代化教育体系，基本实现了从人口大国到人力资源大国的历史性转变。

新中国建立之初，以毛泽东同志为主要代表的中国共产党人团结带领全党全国各族人民，迅速完成了对旧中国教育制度的“坚决改造”，向工农敞开教育之门，保障广大人民群众受教育的基本权利。党的八大以后，新民主主义教育方针转成社会主义教育方针，中华人民共和国开始走上社会主义教育事业发展道路。

党的十一届三中全会以来，以邓小平同志为主要代表的中国共产党人团结带领全党全国各族人民，以“教育要面向现代化，面向世界，面向未来”为指针，探索开辟了中国特色社会主义教育发展道路。以江泽民同志、胡锦涛同志为主要代表的中国共产党人团结带领全党全国各族人民，启动实施科教兴国战略和人才强国战略，推动教育改革迈上一个个新台阶，为加快社会主义现代化建设和促进人的全面发展提供了有力支持。

党的十八大以来，以习近平同志为核心的党中央团结带领全党全国各族人民，更加重视教育事业，坚持以人民为中心的发展思想，加强党对教育工作的全面领导，为实现"两个一百年"奋斗目标和中华民族伟大复兴中国梦，做出优先发展教育事业、加快教育现代化、建设教育强国的战略部署，推动中国特色社会主义新时代的教育现代化迈入新征程。

二、访谈目的

耿爷爷基本经历了新中国教育事业发展的全过程，所以从他的经历中可以基本窥见在那个经济发展与教育水平较为落后的年代，中国教育事业的基本样貌。而且作为一名老资格的中国共产党员，结合他多年的实践经验，所讲述出的经验之谈对我们新时代的新青年来说有十分重要的教育意义。

三、访谈对象

耿洪淇，男，84岁，中国共产党员，曾任赣榆县官河乡玉兰庙小学教导主任、赣榆县官河乡辅导区校长、赣榆县沙河乡唐庄中学校长、赣榆县土城乡任乡教育办主任、郑集实验小学校长，曾被推选为赣榆县人大代表，多次被评为县市级的先进工作者和优秀共产党员。

四、访谈内容

我叫耿洪淇，今年84岁，1957年毕业于徐州师范学院，被徐州专区教育局分配到现在的连云港市赣榆县任小学教师，当时的赣榆县属于徐州专区管辖。我在赣榆县工作了27年，1984年我申请调回原籍铜山县，任郑集实验小学校长。1996年退休。39年的教育生涯，风风雨雨，沟沟坎坎，跟你们年轻人聊聊，希望能对你们有所帮助。

第一，要坚定自己的理想信念，对我们中国共产党的感情要持之以恒，要经得住考验。我在赣榆县工作了27年，在做了两年的教师之后，便因工作成绩突出，被任命为小学的教导主任，再过两年我便被任命为辅导区校长，分管赣榆县官河乡东片的7个自然村。这7个自然村有2所联中、2所小学及一些民办小学。在工作中，我多次写入党申请书，因为我大哥在台湾，有海外关系不能入党，但我没有放弃我的追求，我想只要勤恳工作，做出成绩，党组织一定会接收我。这一坚持就是20多年，直到1978年党的十一届三中全会之后，邓小平同志开始主持工作，提出了改革开放，对台湾有了新的政策。我才在1978年的4月22日入党。后来我又调去赣榆县沙河乡任校长。1981年，我因工作出色又被调到赣榆县土城乡任乡教育办主任，分管全乡的教育工作。

第二，作为党员，在工作中一定要敢于担当，为党为群众努力工作，做出成绩。在赣榆县工作的27年中，我曾7次被评为先进工作者及优秀共产党员，还被推选为县人大代表。1984年我调到铜山时，赣榆县教育局派车把我们全家接到赣榆县教工招待所，晚上又设宴招待我们全家。县委宣传部、县教育局领导参加了这个宴会。在宴会上，县领导感谢我们27年来对赣榆县教育事业的贡献，并夸我们是“腿上绑大锣，走到哪响到哪”，意思是说，我们不管到哪个学校都干得很漂亮，别人干不好的学校我们能干好，别人啃不动的骨头我们能啃出优秀的成绩。

1984年，我调回原籍铜山县，任郑集实小校长。回到郑集以后，又干了12年，在这12年当中我又干得很出色，曾多次被选为先进工作者、优秀共产党员，并两次被县教育局推选为徐州市的先进工作者。我在郑集12年，做了一件最艰苦、最大的大事：我没花学校一分钱，给学校盖了高质量的教学楼。当时郑集实验小学没有楼，都是一些瓦房，学生越来越多，教室不够用的。教育局的政策是县乡各半，学校要盖楼的话教育局拿一半的钱，地方政府拿一半的钱。可是，乡政府没有钱，各个大队也没有钱。当时郑集的企业都非常发达，都有钱。我就做他们的工作，反复、细心地做他们的工作，解决他们的孩子在学校上学的问题。结果在他们的全力帮助下，这12年我主导建成了高质量的、钢筋结构的教学楼，给郑集实验小学做出了很大的贡献。所以每年春节，郑集实验小学的领导来看我、给我拜年的时候都说，我给他们做了很大的一件大事，这3座教学楼可真不容易，没花学校一分钱。特别是2019年年底现任的校长和工会主席来慰问，给我拍照留念，带回去以后发在郑集实验小学的朋友圈里边，引起了大家的轰动。大家一起发言，说我在12年间对他们的影响、他们受到什么教育、受到哪些感动。哎呀，大家纷纷留言，后来这个留言呢，他们又转给我，我看了也非常感动。

第三，作为党员，不要老想着自己应该得到什么，只要你做出成绩，老百姓一定会记得你。有几件在赣榆县感人的故事我想讲出来给大家听听：

第一件感人的事：在赣榆县官河乡玉兰庙小学，别人在这里干不好都调走了，我们在这里一干就是8年，并且成绩突出。最感人的是，每年的端午节天不亮，家长就在我们的家门口排起了长队，给我们送来煮好的粽子，有的用筐子装四五个粽子，别人家包的粽子都吃完了，可是我们家送来的粽子还没有吃完。在这种情况下，我老伴就说，赶快学会包粽子，千万不要麻烦人家去送粽子，结果我就学会了包粽子这个手艺。

后来，我们要调到沙河乡的唐庄中学任教。玉兰庙大队听说以后，不让我们走。大队干部打电话给官河乡的政府领导要求不要放我们走。官河乡的党委书记苏书记接到电话以后，派人把我们的搬家用的车子拉到官河乡政府的院子里，苏书记跟赣榆县教育局打电话不放我们走，又吵又闹。赣榆县教育局回答说："你们乡政府没有管教师调动的权力。"官河乡政府没有办法，这才放行。

第二件感人的事：我们调到沙河乡的唐庄中学任教后，唐庄中学又是一个难办的学校，很多学生都转到外校去读书了。我们调到那一年后，学校大变样，转走的学生又都转了回来。唐庄大队看我们干得好，首先从400米以外免费把电送到了学校，包括灯泡、开关都是大队花的钱。另外，大队集体种的菜地，每年派人拉一平车土豆送给学校食堂，给老师们吃，不要钱。唐庄大队还给学校出门处修了个大桥，使学校出入便利，还给学校栽了很多绿化的树木。另外，大队还决定给予我们一家人特殊照顾，有病到大队卫生室拿药看病不要钱，我们家两个孩子到大队幼儿园上学也不要钱。后来，我们要从唐庄中学调到土城乡任教育办主任了。唐庄大队书记围着我们装好的车转了一圈又一圈，边走边说："要不是把你提拔重用真不能放你走！"

第三件感人的事：1984年我要调回老家了，在我们要搬家的时候，土城乡政府送了一个台灯作为留念。土城乡各联中、各辅导区及土城乡小学党支部工会有的送军用水壶，叫我们装水路上好喝水；有的送来被单子；有的送来小闹钟；还有的送来穿衣镜，给我们留念。最难忘的是，土城乡小学食堂的孙师傅买了个望远镜给我儿子说："立冬，要想土城的话，用望远镜一看就看到了。"

总而言之一句话，作为一个共产党员来说，应该全心全意为人民服务，严格要求自己，为党贡献自己的一切，群众就会认可你，我们每一个党员做好了，群众就会认可我们的党。我想，作为一名党员，应该用实际行动去保持共产党员的本色，千方百计干好党的工作；作为一名学校的校长更应该起带头作用，和大家同心同德干好党的工作；作为一名干部，应该爱岗敬业、廉洁奉公、一身正气、两袖清风；喊破嗓子不如做足样子，领导干部以身作则便是命令；干部能带头下海，群众便能下海擒龙。这是我多年的深刻感受，上面的几句话，你也要认真学习。

五、访谈感受

听完耿爷爷的讲述，我感慨万千。作为一个教育工作者，他无论到哪，都勤勤恳恳地工作，认认真真地教书育人。作为一名共产党员，他为新中国的教育事业奋斗终身、不计回报，发扬我党艰苦奋斗的优良传统，攻克了一道又一道难关，真正做到了从群众中来到群众中去。各级机关与政府同志的挽留，当地乡亲逢年过节的感谢与分别时的依依不舍，就是对他工作认可的最佳体现。

经过这次访谈我深刻感受到了，想要成为一名合格的共产党员，就要坚持党和人民的利益高于一切的原则，全心全意为人民服务，以个人利益服从党和人民的利益，自觉地使个人的一切追求服从和适合于党和人民事业的需要，要永远保持普通劳动者的本色，同劳动人民平等相处，同甘共苦，真心实意地为劳动人民谋利益，做到光明磊落，克己奉公，吃苦在前，享受在后，真正为人民服务鞠躬尽瘁，死而后已。

一入军门，信念永存

李语涵

被采访人姓名：王学吉。

性别：男。

教育背景：高中毕业。

访谈时间：2020年8月20日。

访谈方式：实地记录访谈。

在2020年8月20日，我在山东省烟台市蓬莱市中医院病房楼里采访到了一位退役的中央警卫师的老兵——王学吉先生！

王学吉先生今年77岁高龄，曾经于1960—1969年在北京天安门担任中央警卫师外围警卫员一职。根据老先生所说，当初，成年男性同志去服兵役是国家规定的，不过，只是依法服兵役3年就可以了，但是老先生却从19岁服兵役到了28岁，服满了整整10年的兵役！老先生还说了，在28岁的时候因为家里的历史问题，他只能回到蓬莱，不能继续在北京做警卫员了。

老先生说，当初就算不是国家要求依法服兵役，自己也会毅然决然去当兵的。并且在服兵役期满之后，老先生想要继续留下的时候，家人们给了自己莫大的支持和鼓励。老先生现在回想起来对家人还是很感激的！

老先生表示，自己在入伍之前，就很想为国家做点贡献，在当时当兵对于老先生来说是最合适的选择。在我看来，这大概就是一种超脱于现实的浪漫主义情怀吧！老先生在小时候就偏爱那些为民族解放做出贡献的英雄儿女们，所以长大之后的老先生，更想自己成为一名英雄！

这种英雄情怀，起源于老先生的儿时。老先生的父亲在当时是一名知识分子，家里有很多书籍，老先生在小的时候就常常听自己的父亲讲述岳飞、戚继光等爱国主义将领精忠报国的故事。老先生说，自他16岁之后，就会想，如果自己生在战争年代，自己肯定是要奔赴战场的，为国家和人民而战！

老先生说，当时他们在北京实行的是军事化管理，而军事化的生活让王老先生和他的战友们训练有素。他们每天都要学习，包括毛主席的《论持久战》《论联合政府》，这些给了王老先生很多的启发。最让王老先生怀念的是课后大家在一起核对笔迹的景象，战友们来自不同的地方，文化水平从小学到大学不等，大家在一起时你一言我一语非常热闹。在军事训练的时候，大家一听到哨子声就立刻爬起来打背包，排好队出操跑步，所有的一切都井井有条。王老先生说：那时候为了练习站岗放哨，每个班还发了两杆枪作为训练之用。

在平时，老先生想出去买牙膏粉、草纸之类的生活用品的时候，也不像是我们现在这么方便。他们必须请假，通过那种秘密交通站才能出去，当时的管理十分严格。

王老先生说，在当外围警卫员的10年里面，他学到了很多的知识，这些知识帮助他建立了自己一生的人生观！在服兵役期间，老先生明白了，一个人应该“生时做什么，死后留什么”；要“为人民服务”；作为一名共产党员，不能被糖衣炮弹击垮；要“靠得住，有本事”。这些人生观、价值观对他的一生都产生了深远的影响。

老先生说，他想用3个词来表达自己内心对这10年在中央警卫师的感受。

首先是感谢。感谢家人朋友对自己坚持长期服兵役的支持；感谢自己的战友，给了自己家人般的温暖；感谢军营选择了自己，让自己有机会实现自己的理想。艰苦的训练给了老先生钢铁般的意志；严明的纪律使老先生对生活有了更多的执着。这一切的一切，教会了老先生刚毅、勇敢和坚强！

其次是责任。老先生说，每个男人都有一段军旅梦，都向往那身国防绿，崇拜保家卫国的铁骨铮铮。而老先生现在可以骄傲地对子孙们说：“我也曾是中国人民解放军的一员，也曾是人民子弟兵。”这是多么巨大的荣耀。荣耀背后所承载的责任在于每一次训练、每一个军礼、每一班岗哨都包含着责任背后的光荣。手握钢枪守卫祖国来之不易的和平，踢着正步踏出祖国千秋万代的坦途。老先生说，保家卫国是自己的责任，更是祖国赋予自己的荣耀。

即使现在已经退役了，老先生也一直将责任深深烙印在心底。老先生曾经在退役的时候在心里默许：“无论将来我在什么地方，从事什么职业，我都将以这为人生信条，忠贞不渝，因为我曾经是一名军人。”

老先生表示，漫漫军旅路，奉献是航灯，在付出热情，付出青春，付出真诚与梦想，付出自己能奉献的一切的同时，也会收获信任、友情、喜悦与感动。

最后一个词是珍惜。老先生表示，自己是幸运的，能够在这里和来自全国各地的战友们在一起，为了同一个梦想，做同样的事，吃同样的饭，穿同样的衣服，有着统一的信仰和使命，坚守同一宗旨，服从同一个天职，一起欢笑哭泣，那样的一段激情岁月，人生不会再有第二段。而自己年轻单薄的生命因为在这里找到了归属感而日渐充盈饱满，坚强果敢。那些一起流血流汗、摸爬滚打的日子在如今都历历在目，是那么的刻骨铭心。

“刚刚到军营的时候真是辛苦。但是当新兵的那3个月的确使我蜕变成了另一个人。”老先生当时激动地说着。回忆起当年的岁月，老先生的眼中闪烁着别样的光芒，非常兴奋！

老先生虽然一直担任的中央警卫师的外围警卫员，虽然没上过真正的战场，没经历过枪林弹雨，但是对他而言，每天的训练、上课和工作就是战场。老先生几乎每天都要站岗，要顶着烈日训练。有的时候还没开始训练，汗水就哗哗地开始流。不过老先生一点都不后悔当兵，他很感激中央警卫师，让自己得到了锻炼！

听着满头白发的老先生的讲述，我发现自己很受感动。虽然老先生并不是上战场打仗的红军们，但是从老先生的身上能看到为人民服务的中国共产党员的影子。我们如今的幸福生活都是他们用自己的汗水和青春换来的！

我问起老先生喜欢看什么电视节目，老先生毫不犹豫地说，是时事新闻。《新闻联播》和《海峡两岸》是老先生每天必看的节目！老先生说，自己每天都会关注时事，关心国家大事，关心台湾问题。现在大家好像更关心自己的小事。而在他们那个年代，每个人谈论的都是国家大事，家国情怀在老一辈人身上体现得尤为明显。老先生也跟我说：“要多了解了解历史上的著名的战役，多从中学习学习。”

在临走的时候，我和老先生一起合影留念，老先生对我说：“希望你们这些大学生都要有强烈的爱国主义精神，你们大学生、青年人是祖国的未来！”我看着老先生眼中绽放出的光彩，感动得不禁红了眼眶。

当我问起老先生在中央警卫师中最难忘的人的时候，老先生的声音变得低沉了下来。他表示，自己当年的战友来自天南地北，自己在1969年回到蓬莱之后就很少联系了，战友们的照片和联系方式很多也都遗失了。老先生很希望可以再次和战友们相聚，一起唱歌，一起喝酒，一起回忆当年的快乐时光。

虽然老先生仅仅是中央警卫师中的一名外围警卫员，但是老先生在我眼中却是许许多多老兵的一个小小的缩影。

那些老兵用生命书写着中国近百年的历史，但这些真实的历史片段却往往不被当今的人们所了解。他们所经历的苦难，正是中国近百年所经历的巨大制度变革和中华民族从衰落走向复兴的写照，是民族从愚昧、狂热走向理性、文明的记录。这些老兵是当之无愧的民族英雄，虽然已是耄耋之年，但军人刚毅、忠贞的气质依稀可见，对生活还是那么热爱，还渴望着继续为社会贡献自己的余生——尽管他们有的甚至卧床不起。他们为民族、为社会付出的是那么多，但却听不到任何索取的声音，尽管他们中有的人至今生活依然贫困，疾病缠身。这就是今天你所见到的最可爱的人——抗战老兵。

他们那种吃苦耐劳、忍辱负重、遭受冤屈却从不抱怨、三省吾身、从不索取、甘愿为社会默默无闻地奉献一生的高尚品格，震撼着人们的心灵，荡涤着心灵深处的污泥浊水，人们穿透狭小的自我和迷雾，恍惚感觉到心灵深处屹立着一个慈爱、可敬、可亲、刚毅而高大的形象。

那些老兵是中华民族精神的化身，他们伟岸的身躯、高尚的品格，为中华民族繁衍生息树立了一座永不熄灭的灯塔，穿过迷雾，穿越时空，照亮子孙的前程……他们就是中华民族屹立世界之林的最强大的永恒的引擎！

采访完老先生之后，我深入地思考了此类社会实践活动对于一个大学生的重要意义。在我看来，社会实践是我们理论与实践的最佳结合点。尤其是学生时代的我们，很多同学都只注重理论学习，而忽视实践环节，这样的话，往往在走上实际工作岗位后发挥不出真正的潜力。通过实践，我们所学的专业理论知识才能得到巩固和提高。

大学是教育我们、培养我们的圣地，而社会是一个锻炼我们、磨砺我们的基地。暑期的社会实践也许一晃而过，但是它让我领悟到了许许多多的东西，这些东西将会使我受益终生。社会实践加深了我们大学生和社会各个阶层人的感情，拉近了我与社会的距离，也让自己在社会实践中，增长了才干，进一步明确了我们青年学生的成才之道与肩负的历史使命。社会是我们学习和成才的大课堂，在那片广阔的天地里，我们的人生价值得到了体现，为将来更加激烈的竞争打下更为坚实的基础。

千秋七贤庄

程之航

一、前言

七贤庄就是现在的八路军西安办事处纪念馆，70多年前，这里曾经是建立抗日民族统一战线的前哨，是红军和八路军的战略后方基地，是通往圣地延安的红色门户。揭开一段尘封的历史，真心感受老一辈共产党人的爱国情怀和使命担当，在中华人民共和国成立70周年之际，让我们再次走进七贤庄，聆听曾经发生在这里的红色故事，共同唤起我们对革命先烈的崇敬之情。

二、实践安排

采访时间：2020年8月28日。

采访地点：西安市八路军西安办事处。

采访对象：八路军西安办事处的解说员。

采访者：计算机学院2019级9班程之航。

采访形式：面谈。

三、采访内容

我：可以先简单说说七贤庄的由来吗？

解说员：西安七贤庄始建于1934年，是由陕西省政府和陕西银行共同投资修建的一处房地产项目。建成之后用于对外出租做房地产生意。1936年春夏之交，院落正式竣工之后，便请到了当时陕西文化界的一位名人——《秦风周报》的社长成柏仁先生题字。当时在西安已建成的建筑有一德庄、二华庄、三秦庄、四皓庄、五福庄和六谷庄。因此，成柏仁根据附近已建成的建筑序号，借《魏晋书》中竹林七贤的典故将这里命名为七贤庄，并由工匠缀嵌于庄首之上。七贤庄是由 10 座工字形砖土木结构的院落自西向东依次排列组成的，总占地面积为 13 600 平方米。每个院落是 1 360 平方米。在七贤庄竣工之后，中国共产党因工作需要分别租下了其中的一号院、三号院、四号院和七号院。一号院，作为当时最主要的办公地点，供办事处工作人员及来往领导人居住和开展工作使用。三号院设立有统战科。四号院是采办委员会，后改为经理科。七号院是联合招生委员会。从 1936 年成立到 1946 年撤离，办事处在此坚持工作的 10 年期间经历了 3 个不同的历史时期，从一个以牙科诊所作为掩护的秘密交通站发展到半公开的机构红军联络处，直到卢沟桥事变爆发后，随着红军改编为八路军，1937 年 8 月 25 日，七贤庄一号院门口正式挂上了国民革命军第八路军驻陕办事处的牌子，成为完全公开的办事机构。

我：我看一进来的门口就停有一辆汽车，当时在什么情况下会使用这种汽车呢？

解说员：这辆小汽车是美国 1939 年生产的雪佛兰汽车，是办事处通过关系从香港购买的。除外出工作的同志乘坐之外，还利用小汽车给延安转送了许多重要的物资。20 世纪三四十年代的西安街道上车很少像这样的小汽车，一上路就非常显眼，加上国民党内部存在等级森严、以大欺小的情况，因此办事处同志外出办事，一般都会穿上长袍，戴上礼帽，拿着文明棍坐上小汽车，再带两个全副武装的警卫员，普通的警察士兵看到了根本不敢过问，办起事来也比较顺利。也正是因为小汽车的便利和安全，办事处为延安购买的一些重要物资，比如无线电器材、药品等，也常常会用它直接运送。这辆汽车还用于接送来访的各界人士，其中，接待最多的是各地奔赴延安的爱国进步青年。

我：原来是这样，这车在当时可是起了大作用了。这边第一间就是李克农的房间，可以给我讲讲他吗？

解说员：李克农是中国共产党隐蔽战线中的杰出人物。1935 年红军长征到达陕北后，李克农受命作为中共代表深入东北军开展联络工作，宣传抗日主张。西安事变后，李克农任中共代表团秘书长，协助周恩来、叶剑英等领导，和平解决西安事变。1937 年 2 月，为了适应统战工作的需要，中共中央决定把在西安七贤庄内设立的秘密交通站改为半公开的办事机构。红军联络处又称中国工农红军西北办事处，并在门口挂上了国民革命军第十七路军第三十八教导队通信训练班的牌子以作掩护。李克农曾经担任红军联络处秘书长一职。在他的主持下，红军联络处在协调红军和东北军、西北军的关系，稳定事变后局势，保证陕北苏区和红军的后勤物资供应，营救红军西路军将士和护送大批革命者奔赴延安等方面,发挥了重要的作用。后来,在国统区的其他重要战略城市,比如武汉、洛阳、重庆、南京,甚至广州、香港等,都陆续设立了八路军办事处。它们都是以这里为雏形建立起来的。

我:李克农在长期的革命生涯中,在紧急关头保卫了党中央的安全,在关键时刻向党中央提供了决策性情报,为中国人民的解放事业作出了重大贡献,英雄永垂不朽。这里还有一个房间是刘少奇居住过的吧。

解说员:这个房间是刘少奇同志和邓小平同志先后居住过的地方。刘少奇同志在抗战时期曾先后8次留住在七贤庄。抗战爆发之后,国内许多重要地区还没有党组织。为扩大群众基础,1938年,中央决定打破党员发展中的关门主义倾向。1938年3月15日,中共中央作出关于大量发展党员的决议,要求全党大量地、十倍百倍地发展党员。面对这样的新形势,刘少奇一方面高兴,一方面也有所顾虑。他担心如不能及时加强新党员的思想教育,势必会影响到党的队伍的健康成长。他很快就投入研究共产党员思想意识修养的课题。他的著作《论共产党员的修养》一书的初稿就是在这里修改完成的。在办事处,刘少奇还以《怎样做一个模范的共产党员》为主题,为同志们作了长达3个多小时的报告。刘少奇以诙谐的话语,深入浅出地告诫每一位党员,要不断增强党性修养,虚心听取群众的批评意见,发扬党只见公仆不见官的工作作风。

我:刘少奇同志为党和人民事业奋斗了一生,在新民主主义革命、社会主义革命和社会主义建设各个历史时期都作出了重大贡献,是一名合格的共产党员。这间是叶剑英的住室吗?

解说员:这间是叶剑英同志的住室。1936年西安事变爆发后,应东北军张学良将军的邀请,叶剑英同志以红军代表团团长的身份随周恩来来到西安,担任联军参谋长职务,负责部队的调动,为西安事变的和平解决争取了非常宝贵的时间。在我党设立红军联络处之后,叶剑英在这里负责联络处的主要工作。七七事变以后,红军联络处更名为八路军驻陕办事处。同年8月,叶剑英才离开了西安。1979年4月,叶帅以82岁的高龄第三次重游了八路军西安办事处。当天刚下过小雪,叶帅精神抖擞、步履稳健地来到纪念馆。他在曾住过的房间窗前站了很久,环顾着当年生活战斗过的地方,再想到那些纷纷故去的老战友们,叶帅心里十分的感慨,写了这样一首诗:“西安捉蒋翻危局,内战吟成抗日诗。楼屋依然人半逝,小窗风雪立多时”。

我:叶剑英是我们党、国家和军队的一位杰出领袖,他多次在关键的时刻挺身而出,拯救了无数的生命,值得我们每一个人尊敬。我看这间屋子是厨房,当年的生活条件怎么样呢?

解说员:当年的生活条件还是十分艰苦的。特别是在反共高潮发起之后,西安的国民党特务对这里进行了变本加厉的迫害,不仅派遣特务监视抓捕办事处的工作人员,还对周边实行了经济封锁,不允许商户卖粮食给我们。在这样的情况下,同志们在周围的荒地上开荒种地,自给自足。有的同志通过统战关系,化装外出到郊区农民家里面去购买粮食。晚上,乡亲们背着粮食进城放在革命公园的树荫下,我们在趁着夜色运回办事处,就这样度过了艰难的时刻。这是办事处的一口苦水井,20 世纪 30 年代的西安贫穷落后,全市没有自来水和地下排水道,群众都是自己挖水井。因为是地下水,污染严重,大部分井水是又苦又涩的,称之为苦水,要吃甜水就得去有甜水井的地方拉水。办事处吃的水原来是由一位水夫叫杨忠义负责的,他外出找甜水井拉水。但是他在拉水的途中曾受敌人的威逼和利诱,为保证办事处人员安全,减少外出次数,后来同志们吃水、用水、洗衣、做饭就都用苦水了。虽然这水又苦又涩很不好吃,但同志们积极乐观的革命精神,帮助我们克服了生活上的一切困难。

我:当年的条件确实很艰苦,八路军在当时那么艰苦的条件下都能保持积极乐观的态度,我们更应该珍惜我们现在的生活。我看这里还有一间独立的理发室,挺有意思的,给我讲讲吧。

解说员:这间是当年办事处的理发室,里面摆有凳子、转椅,还有一些简单的理发工具。夏天天热,同志们做了半截棉布帘子,挂在屋子的中间,用它来扇风,大家都叫它土风扇。当年不仅办事处的同志们,连一些暂住办事处的党的领导人也都会在这里理发。每当需要时,我们把理发师傅从外面请到办事处来,这样做一方面是为了节约开支,一方面是减少不必要的外出次数,避免和国民党顽固派之间的摩擦。

我:这间库房是用来存放粮食的吗?我看墙上有一些当时耕种劳动的照片。

解说员:这是当年办事处的一间库房,会存放一些简单的生产工具和青年们留下的一些行李物品。20 世纪 40 年代初边区搞大生产运动,办事处也积极响应党中央号召,在这里开展生产运动,自力更生,在门前荒地上开垦了几亩菜地,种的菜也会分给周边的穷苦百姓。许多过往的领导人如朱德总司令,他每次到办事处,不管工作有多忙,总是会抽出时间和大家一起下地劳作。墙上的照片就是当年开荒劳动时的场景。

我:朱德总司令那么忙,还会抽出时间帮忙劳作,真是党和人民的好领袖。

这里是宣侠父的房间，我对他不是很了解，可以给我讲讲吗？

解说员：您现在看到的这个房间是当年八路军高级参议宣侠父的住室。院子里展出的照片中身着西装的这一位就是宣侠父同志。宣侠父是浙江诸暨人，1923年就加入了中国共产党，并被派往黄埔军校学习。他是黄埔军校的第一期学员，因此当年宣侠父的身份就十分特殊。他既是共产党员，也是蒋介石的学生，甚至和国民党许多高级官员都是同窗校友的关系，这也给他积累了大量的人脉，方便他以后外出去做统战和宣传工作。1934年起，宣侠父先后到上海、香港以及两广等地工作。1937年，他奉命来到西安，专门协助周恩来和叶剑英进行统战工作。在抗战时期，宣侠父任八路军高级参议这个职位，这意味着当时在西安，宣侠父是以公开的共产党员的身份深入社会各界，甚至是国民党内部去开展统战和宣传工作的。当年办事处为方便他外出工作，特意通过统战关系，从香港为他定制了几身西装。这张照片当中，他穿的就是其中的一套。虽然当年党内人士穿西装的很少，可宣侠父就总是一身西装革履的，经常出入于西安的党政机关，包括上层人士举办的宴会，去大力的宣传中国共产党。而且宣侠父本人可以称得上才华横溢，能文能武，不输于郭沫若，国民党内部甚至有将军愿意拿出200个盒子炮来换他这个人。在西安，宣侠父的工作十分有成效，但也正是由于他种种优秀的表现，后来促使国民党统治集团对他极为不满。他们以8项莫须有的罪名，由蒋介石亲手下令要将宣侠父秘密的制裁。我党在获知这个消息之后，为保证宣侠父的安全，就安排他赶快转移。1938年7月30日这一天，宣侠父已经把行李都搬上了车，准备坐车回延安。但在临走之前，突然得知办事处有同志被捕，再加上整个西安的环境跟形势都十分复杂，处在这样的生死关头，特别是在明明有机会可以离开的时候，宣侠父毅然决定留在西安进行营救工作。可谁也没有想到，就因为当时没有走，多留了一天时间，第二天，1938年7月31日，他在外出办事返回办事处的途中，被几个特务秘密杀害了，牺牲的时候只有39岁。由于确认他遇害的消息很晚，直到1945年党的七大召开时，才举行了隆重的追悼会。您在他住室墙上看到的这张照片，是当年宣侠父和他的女儿宣平的合影。后来他的家人将他穿过的一些衣物捐赠给了纪念馆收藏。

我：宣侠父真的了不起！这个地下室是用来干什么的？我看这里还挂着白求恩的照片。

解说员：这里是一号院的第二个地下室，地下室的套间中曾设立了一个临时手术室。1938年春天，伟大的共产主义战士、加拿大外科医生诺尔曼·白求恩来到了中国。在去延安时途经办事处时，他曾在七贤庄住了一段时间。其间，他多次为办事处同志及附近群众看病。就在这个地下室里，白求恩成功地为长期从事地下工作的西北军将领张克侠做了阑尾切除手术。同时，地下室里还展出了许多当时援华医生和援华医疗队的资料。这里是当年办事处的党支部办公室，办事处之所以能够在特务密集的西安坚持斗争10年之久，就是因为有党支部这个领导核心，他们经常向中央汇报工作，以获得中央的指导和帮助。

我：原来是这样，当年的条件真的是太艰苦了，做个手术都要在地下室里，真的不容易啊。这个机要大厅是用来做什么的？

解说员：1937年八路军驻陕办事处正式成立之后，就在此设立了机要大厅和公开电台，用于保持与党中央及各办事处之间的密切联系。机要人员、电台工作人员经常会在这里学习业务技术，并开展组织纪律教育活动。这间译件室是译件人员翻译重要电报和文件的地方。为应付特务的突然袭击，译件人员将左墙脚下的木板做成活动的，一有情况，便立刻将密码本和其他文件放在夹层里。因考虑到机要人员的安全和党的机密不能被泄露，所以办事处当年规定在这里工作的人员没有特殊情况是不允许外出的。因此很多人员在这里工作很多年，对西安外面的市容街貌毫不了解。

我：咱们去三号院看看吧。这间卫生所是当时八办看病的地方吗？

解说员：办事处卫生所成立于1938年春天，在行政上由办事处总务科领导，业务上归延安八路军总卫生部医政科指导，负责办事处所属招待所、运输队、招生办公室以及陕西省关工委等机关单位的医疗保健工作。当遇到处理不了的病情时，就会请省立医院的地下党员大夫给予帮助。卫生所的同志们积极配合七号院招生委员会的工作。由于招生委员会的招生原则中，要求投考的新生身体健康、无肺病等传染病，因此卫生所的一项重要工作就是为投奔延安的各个学校的青年学生做身体检查，保证陕北大后方的卫生安全。卫生所还协助延安八路军总卫生部药材处向国民党西北雄鹰长官司令部军医处交涉，发给八路军药品器材。1938年，白求恩医生在去延安途中停留在办事处期间，曾数次到卫生所看望病人并亲自为其检查身体，帮助护士给病人换药，做静脉注射还时常为医护人员讲解防止交叉感染的注意事项。

我：这间救亡室和一号院的有什么区别呢？

解说员：三号院的救亡室与一号院的救亡室是有所区别的。这里是办事处工作人员日常共同学习的场所。由于是战争年代，办事处工作人员文化程度不同，在办事处成立之初，许多同志大字都不识几个，因而办事处非常注重加强工作人员文化学习，专门安排了同志们学习语文和算术。每天上两小时文化课，一小时军事课，每日习字一张，每周写一篇周记。课本是自编自选的，内容有《新华日报》《群众周刊》的文章，也有整风文献，还有马克思、列宁、毛泽东的著作。办事处的党支部书记每周都在这里讲两次有关时事的新闻。经过几年的学习，大部分同志们都具备了独立阅读和写作的能力。

我：工作那么忙都会抽出时间来学习，真应了那句话——读万卷书，行万里路。这里是图书室，平时人一定很多吧。

解说员：这间图书室为办事处及过往人员学习提供书籍，办事处文化程度高的同志，平时在这里借了书，对一些专题进行研究，研究的成果与其他同志一起分享，并在每月的24日在隔壁的救亡室举行研究报告会。研究报告的专题和负责人一般由领导指定，多数是国际政治、财政、经济、统一战线和军事战略等问题的研究。

我：这个四号院当时是用来干什么的呢？

解说员：西安事变前，秘密交通站通过各种隐蔽关系，在北平、上海等地采购药品等物资运往西安后，再通过东北军、西北军的帮助运送到陕甘苏区。随着西安事变的和平解决，国民政府对中共合法地位的承认，共产党在全国各地的活动也逐渐转为公开，陕西与外界的联系和交往迅速扩大和增加，西安成为重要纽带。因此，中共中央决定，首先在西安开展直接和较大范围的公开合法活动。1937年4月，根据中共中央指示，红军总部决定租用七贤庄四号院，负责办理服装和各种家居用品加工的联络事宜，以及采买输送红军所需的各类物资。1937年8月，八路军驻陕办事处正式成立后，采办委员会改为经理科，由办事处统一管理。经理科下设有采办部、运输部、押车排、警卫排等部门。经理科除负责原采办委员会的工作外，还增加了领取军饷军需品、从各地购买急需物资、管理兵站和仓库以及输送人员的重要任务。

我：走，咱们去“千秋七贤庄”展厅看看。一进到这个展厅，我就感觉到一股浓重的革命气息扑面而来，这里应该记录了七贤庄的整个历史吧。

解说员：是的，七贤庄展厅着重为您介绍的是八路军驻陕办事处从1936年成立至1946年撤离期间的事迹。在七贤庄的10年当中，办事处先后经历了从秘密的交通站到半公开的办事机构红军联络处，再到完全公开的八路军驻陕办事处3个阶段。这3个阶段中，办事处承担了大力宣传党的抗日主张、做统战工作、向前方输送物资、向根据地输送成千上万的爱国进步青年，以及和平解决西安事变、揭露制止反共摩擦等12项重要的工作。在抗战进入相持阶段后，办事处处在白色恐怖统治下，处境日益艰难，直至解放战争爆发。1946年，办事处从七贤庄顺利撤回了延安。1935年10月，中央红军经历了二万五千里的长征胜利到达陕北，但由于长征途中频繁、激烈的战斗和生存环境十分恶劣，许多人都伤病在身，需要大量的药品和医疗器械。为解决物资短缺的问题，周恩来指派了中共代表刘鼎，令他尽快到西安组织一处交通站以解决物资的问题。刘鼎接到任务后，考虑到要将大量的药品和医疗器械集中存放，那么如果能够以诊所或者医院作为掩护，是最为安全的。

于是，他通过美国记者史沫特莱女士的介绍，认识了当时在上海开设牙科诊所的德国牙医温齐。海伯特太太叫冯海波。冯海伯是德国犹太人，也是一名德国的共产党员。在遭到希特勒的驱逐之后，流亡到中国，一直居住在上海。刘鼎表明自己的来意后，冯海伯欣然同意关闭了自己在上海的诊所和刘鼎一同来到西安。两个人坐着黄包车走遍了西安的大街小巷，最终一致认为新建成的七贤庄地理位置非常合适。当时的七贤庄周围空旷，离火车站很近，便于人员和物资的转移，于是就由冯海伯出面，以两百块大洋作为定金，租下了七贤中的一号院，成立了以冯海伯牙科诊所作为掩护的秘密交通站。为方便和延安联系，刘鼎还请来了精通无线电技术的涂作潮同志。在一号院的第一个地下室安装了一个大功率的秘密电台，接收了大量从红中社发出的新闻电报以及党中央发出的各项知识，再通过各种形式将它们传播到全国各地乃至苏联地区。秘密交通站建立之后，除了向延安输送了大批的医疗用品、军需物资之外，也秘密转送了一批干部和国际友人，其中就包括有美国记者埃德加·斯诺和新西兰友人路易·艾黎。1936年12月12日，爆发了震惊中外的西安事变。在西安事变爆发当晚，德国牙医冯海伯由于在睡梦中被枪声惊醒，外出打探消息时不幸被流弹击中，经抢救无效牺牲。

而西安事变期间，许多报刊也进行了相应的报道。您在侧面柜中看到的就是当时两份珍贵的报纸。为尽快促成国共合作，中共中央决定派以周恩来、叶剑英、秦邦宪等为首的中共代表团在1936年12月17日抵达西安。第一站他们就来到了七贤庄。当晚，张学良考虑到这些中共代表的安全问题，亲自把他们接到了金家巷五号的张学良公馆居住。为尽快促使抗日民族统一战线的建立，我党制定了和平解决西安事变的方针。而西安事变爆发后，中共中央决定重建中共陕西省委。当时，陕西省委的主要办公地点也曾经设置在七贤庄。西安事变的和平解决成为扭转时局的枢纽，结束了长达10年的内战，开始了国共合作的新时期。在1937年2月，为适应统战工作的需要，我们决定将秘密交通站改为半公开的办事机构红军联络处，并且在门上挂上了国民革命军第 17 路军第 38 教导队通讯训练班的牌子以作掩护。此时，叶剑英同志在此负责主要工作。李克农和李涛也先后担任过秘书长一职，但随着采购物资、运输物资的工作一直在逐步增加。1937 年 4 月，除一号院外我们又租下了七贤庄中的四号院成立了采办委员会。有叶季壮同志来主要负责物资的采买和输送。而当时，在红军联络处工作的人员其实大多是一些十几岁的孩子们。他们白天在七贤庄的院子里工作，晚上有时间了，也回到院子周围去玩耍。因此很多周围的街坊邻居，他们都是很亲切地把这个地方称为“娃娃店”。1937 年 7 月 7 日爆发了卢沟桥事变。至此，抗日战争全面打响。随着红军正式改编，1937 年 8 月 25 日，红军联络处正式更名为国民革命军第八路军驻陕办事处，从此成为一座公开的办事机构。同年 9 月，因战斗序列的变更，八路军改称为第 18 集团军。因此您在一号院大门口也能看到国民革命军第 18 集团军驻陕办事处的牌子。至此，办事处经历了从一个秘密的机构到半公开机构，再到完全公开机构的过程。这 3 个重要的时期，林伯渠、董必武先后在这里担任了中共中央驻陕代表，宣侠父作为八路军高级参议，在此期间也是大力的开展统战工作。伍云甫、周子健、李华先后担任过处长和副处长。全国其他城市，也相继成立了八路军办事处、新四军办事处和红军联络站，形成了以延安为中心、辐射全国十多个省市的领导指挥网络。办事处正式成立之后，我们主要有三项任务：第一项是作为统战先锋，大力宣传党的抗日主张，开展统战工作。为适应工作需要，我们租下了七贤庄的三号院成立了统战科，由李初梨担任科长一职。为了做好统战工作，我们需要和国民党内部的许多高级官员，如胡宗南、孙蔚如、蒋鼎文、顾祝同等，保持密切良好的关系，包括社会上各界的爱国人士、知名人士、民主人士等等。为了做宣传，同志们也会积极走上街头，为群众的散发大量的抗战战报、抗战资料。在北大街通济坊的 375 号，我们还专门设立了《解放周刊》和《新华日报》的分销处，以发行周刊以及代销许多进步刊物。而在全面抗战爆发之后，在西安涌现出了许许多多的救亡团体，如西北青年抗日前线救护队。这些青年们在后方组织起来，用自己不同的方式为抗日战争贡献出了自己的一份力量。办事处承担的第二项任务是作为抗日兵站向前方输送那些急需的抗战物资。早在 1937 年 4 月，在七贤庄四号院就成立了采办委员会。从 1939 年 12 月之后，随着反共高潮的发起，采购、运输量逐步降低，因此办事处决定将采办委员会改为经理科，隶属办事处管理，由张元培同志担任第一任科长。同时，在西安周边如宝鸡、虢镇、常武、三原以及河南渑池等地还设立了多个仓库来囤积和分散那些物资。为了方便运输，办事处成立了一支汽车队，有 22 辆卡车日夜不停地奔走在运输的道路上，但依然满足不了物资中转的需要。当时，以李雅轩为首的车主就给我们提供了 40 多辆汽车，帮助我们开展采办工作，包括您在一号院大门口汽车房里面看到的那辆黑色的小汽车。除了外出办事的同志可以乘坐之外，他也给我们运送过许多重要的物资。

我：非常精彩的讲解。时光荏苒，沧桑巨变，英雄的足迹并没有随着时间的流逝而湮灭，红色的记忆并没有在历史的深处褪色。让我们铭记光辉历史、传承红色基因，沿着红色足迹重走信仰之路，挖掘珍贵史料，探访革命旧址，浓墨重彩地讲述英雄故事，传播红色文化，让信仰之火熊熊不息，让红色基因融入血脉，让红色精神激发力量，不忘初心、牢记使命，走好新时代的长征路。

退休不退岗,传承榜样力量

吴万成

采访对象:孟召金。

我:“孟爷爷您好,我是来自中国矿业大学的一名大学生,学校组织了了解家乡红色历史、采访老党员的社会实践活动,请问我可以采访一下您吗?”

孟:“采访老党员,好。”

我:“请问您是什么时候入的党?”

孟:“我是1958年2月25入的党,算起来也有62年党龄了。”

我:“为什么记得那么清楚?”

孟:“入党这么大的事情,记不清楚那还了得,这是最光荣、最骄傲的事儿,当上党员就更有能力为村民办事,让村民过上更好的生活了。”

我:“听说您当年带领村民打井抗旱,能再讲述一下当年的经历吗?”

孟:“那年是1978年,在邢楼公社蒲汪大队,我担任大队长,全村500多口人,1 500多亩耕地,只有3眼深机井和3眼十几米深的锅锥井。那年天旱,几口井都干涸了,不光是庄稼,人畜吃水也遇到了问题,社员们浇地更是难上加难,庄稼眼看着就要干死了。我带着100多个村民去打井。”

我:“怎么打?有机器吗?”

孟:“哪能用上机器?那时候一台机器都1万多。当时是县里水利局给发的材料,全是靠人推。”

我:“靠人推,那得多长时间能打出一口井?”

孟:“十几个人一组,一推一转,打到6米深的时候,都是厚沙,不行,再往下打到20多米的时候还不行,得打到38米深的时候,打到岩石,那里的水才能用。当时第一口井打了8天,看到井水喷涌而出,老百姓们别提有多高兴了。就这样一共打了38口机井。后来全县的支部书记都到我们村里来学习打井,省委书记许家屯也来看我。”

我:“这些机井现在还能用吗?”

孟:“有的年久失修已经坏了,有的还能用。彭继侠现在两家人合种40亩葡萄,用的依然是当年的老井,平时浇水都用两个电泵在井里抽水。”

我:“您已经为村民做出了巨大的贡献,现在您年纪大了,到了安享晚年的时候,但是听说您退休不退岗,是这样吗?”

孟:“虽然我退下来了,但是干了一辈子为人民服务的工作,趁着这把老骨头还有劲,应该继续发挥余热才行。所以不管是哪届支部,我为他们提供支持。现在的支部有时候找我谈话,我说咱作为老党员,坚决不扯后腿,坚决支持支部工作,只要有需要,我时刻准备着为大伙儿服务。”

我:“您现在还会到地里去吗?”

孟:“去,以前都跑习惯了,因为地里头我比较熟悉,种了一辈子地,我知道哪块地低洼、哪块地容易积水,带村民找到低洼的地方,给村里指导指导,看看哪些地方该排水什么的。”

我:“那您具体都以什么样的形式继续为大伙儿服务呢?”

孟:“前一阵子看电视、听新闻,湖北武汉新型冠状病毒感染的肺炎非常严重,我恳请镇里的书记批准我继续和镇里的干部一起参加疫情防控工作。书记在我再三恳求下,答应了我的请求,让我一定注意身体。村民李某被问到是否从湖北回来时,他说话吞吞吐吐,我耐心地给他做思想工作,这才说实情、说真话,我就送李某去卫生院检查。邻里谁家有事主动请我去帮忙,我都会尽自己最大的力量为他们服务。村里好多年纪大的人不识字,不知道党的新政策,我就经常跟他们讲解,尤其是村民们关心的惠民政策。”

我:“您这么认真负责的工作,有时间照顾家人吗?”

孟:“那时候全县都在抓生产,每个月起码要去市里开两次会,镇上也要开会,还要带领乡亲们干活,要想干好工作,抓好生产,哪能想着家里? 我老伴当年生二儿子的时候是在夜里,生完孩子第二天就得下地干活,没人搭把手,因为我整天要出去开会。老伴理解我,她知道我想为村民做点实事,所以对于对家人我常常感到亏欠。”

我:“爷爷,现在建设社会主义的责任马上就要落到我们青年学子的肩上,您能对我们青年学子提出几点期望吗?”

孟:“好好学习,搞好科技,跟着党走,有所坚持。”

我:“好,谢谢爷爷的教诲,我会铭记于心的。”

追溯红色历史,弘扬爱国精神

梁树青

采访对象:徐欣,女,讲解员。

访谈地点:台儿庄大战纪念馆。

采访者:您好,台儿庄大战是抗日战争全面爆发后中国军队在正面战场取得的第一次胜利,那么台儿庄大战具体是在什么样的背景之下爆发的呢?台儿庄大战的胜负对中国的抗日战争又有着什么样的意义呢?

被采访者:台儿庄大战是抗日战争正面战场上的第一次伟大胜利,因为在1937年的7月7日,日本侵略军在挑起了卢沟桥事变后,便开始发动了全面的侵华战争,接连侵占了我国的大片领土。在华北方面,有北平、天津、太原、张家口等大中城市相继失守。在华东方面,上海、南京、杭州也纷纷陷落。我们中国军队组织了南口、忻口、淞沪等战役进行抗击,但均未能遏制敌人的攻势和嚣张的气焰。我们在正面战场上的节节失利,使失败论、亡国论的乌云笼罩着中国的上空。日本则狂妄地叫嚣着要在三个月内灭亡中国,所以他们将进攻的目标锁定在了津浦线和陇海线的交会点徐州。与此同时,中国军队则期盼着能够在正面战场上取得一次伟大的胜利。1937年8月,国民政府军事委员会划分中国战场为五个战区,第五战区负责黄河以南长江以北的津浦铁路沿线作战,台儿庄就属于第五战区范围之内。台儿庄战役是中国抗日战争史上第一次正面战场上的伟大胜利,共歼灭日军11 984人,俘虏719人,并缴获了大量的轻重武器。台儿庄战役的胜利极大地鼓舞了中国军民继续抗战的勇气和胜利的信心,打击了日本侵略者的嚣张气焰,赢得了世界反法西斯战线人民的高度评价。

采访者:我们知道台儿庄大战中日军派出的部队装备精良、训练有素,在这种极为不利、胜算极低的情况下,台儿庄大战最终获得了胜利,您认为获胜最主要的原因有哪些?

被采访者:主要是我国将士同仇敌忾、不畏牺牲、共御外辱、不怕强敌。我觉得主要是因为这四个原因吧。

采访者：台儿庄大战的胜利离不开将领们的指挥，更离不开将士们不畏生死、浴血奋战，在战争中发生了许许多多感人的爱国故事，跟我们讲讲让您印象最深的故事吧。

被采访者：好，当时在台儿庄战役期间，31 师师长池峰城一边吐血一边坚持指挥战斗。在战斗最危急的时刻，他曾下令炸毁浮桥，破釜沉舟，与日军在城内背水一战。同时当年他也曾组织了多只敢死队，其中一个是敢死队队长名叫王范堂。当晚，敢死队队员们在出发之前，池峰城师长每人给他们分发了 50 块大洋，这些敢死队队员们在接过大洋后又将它们纷纷地扔到了地上，说："师长，我们连命都不要了，还要这些大洋做什么！我们只希望在我们死后能为我们立一块碑，让后人知道我们是为抗战而死的就足够了。"随后，他们身着日军军装，头戴钢盔，手拿着大刀和手榴弹，冲入了敌人的阵地。经过了一夜的厮杀，收复了我军 3/4 的阵地，但是敢死队中的 57 人最后仅有 13 人生还。

采访者：据说我们台儿庄当时是有 6 座城门的，那么我们中国军队是如何进入城门内进行布防的呢？

被采访者：当时台儿庄大战在即，中国各路大军开赴鲁南参加会战。战争最先开始的地方是台儿庄的中正门。中正，为中正仁和之意。在战役之前，中国军队是通过台儿庄古城西门的运河浮桥进入台儿庄城内的，这些浮桥都是用木板和木船临时搭建的。

采访者：池峰城将军炸掉运河浮桥的那一刻，已经把自己和麾下将士的性命都抛诸脑后，决心与日军同归于尽。追寻历史的痕迹，我们可以深切地体会到中华民族在面对强大的敌人面前，是如何英勇战斗的。我们相信无论他们魂归何处，中华民族不屈不挠的战斗意志和不怕牺牲的爱国主义精神都已经深深融入每一个中国人的血脉之中。感谢您的精彩讲解，谢谢！

探寻红色历史，传承革命情怀

彭辉鸿

一、访谈背景

零陵区是永州市的中心城区，为永州的发祥地，位于湖南西南部，与广西交界，扼湘桂粤之要冲，地理位置十分重要，自古以来为兵家必争之地。在这片古老的土地上社会不断的变迁，历史在缓慢前行。

二、访谈目的

了解家乡的红色历史。挖掘家乡的党史故事和爱国主义案例，寻找“历史当事人”。

三、访谈安排

(1) 访谈时间：2020 年 8 月 12 日。
(2) 访谈地点：永州市零陵区人民政府。
(3) 访谈对象：党志办的老师。
(4) 采访者：计算机学院 2019 级 2 班彭辉鸿。
(5) 采访形式：面访。

四、采访过程

问：老师，您能给我们讲讲关于我们家乡永州零陵的红色故事吗？

答：家乡的红色故事很多，我就讲几个有重要意义的红色故事吧。第一个是 1934 年红六军团西征过零陵的故事。红六军团军政委员会当时由任弼时任主席，临时指挥部在零陵区菱角塘镇。当时红六军团受命积极做战地转移的工作，总人数快达到 1 万人，它是在独立四团的引导下在 1934 年 8 月初从江西遂川出发西征的。红六军团突破敌人几道封锁线之后，在8月11日到达湖南桂东县。他们成功突围的消息，震惊了蒋介石以及湖南和广西的两省的军阀。当时国民党的部队，派系之间斗争激烈，而且派系之间，是处于一种水火不容的境况，所以说红军长征的时候开始突破了几道封锁线，是比较轻松的。后来由于国民党围攻速度较快，就放弃了在湘东南推广游击区域的第一步计划，然后执行第二步计划。红六军团绕过了桂阳县，挺进永州。先头部队进占新田县，在新田小源村一带，召开了小源会议。会议决定了要抢占先机，摆脱敌人，趁敌人部署未就绪前选择有利地带抢渡湘江向新化溆浦地区进军，直接实施第三步计划。军团长萧克强调了要选择好渡江时间地点，任弼时强调加强红军纪律，结合打土豪分财物开展一系列政治宣传工作。23日凌晨先头部队与主力部队在铲子坪会师，后来抵达零陵。右路主力部队8 000余人到略江口一带准备渡湘江，左路1 000余人为配合主力渡湘江赶往零陵城北佯攻。左路部队到处燃起篝火，摆出主力攻城的阵势，迫使城内的防守退缩，以掩护主力部队强渡湘江。然而由于湘军的刘建旭已经估计到红军计划强渡湘江这样的意图，于是严防死守，将湘江的所有船只都劫持并且占据有利地形。此时，又正值涨水，无法抢渡湘江。面对这种情况，红六军团军政委员会决定放弃渡江计划，向东进军较弱的阳明山山区。阳明山山区地势险要，敌人猜测红六军团不会铤而走险，只派了一个连的兵力把守，但是红六军团的将士们勇气百倍，仅用了一天时间就登上了阳明山，在山腰一举全歼守敌，还写下长征歌："苦，不苦！难，不难！一路顺利向前方！"但是阳明山物资贫瘠，不适合大部队驻扎，再加上敌人的部队向阳明山围攻，于是红六军团集体决定放弃阳明山根据地，跳出敌人的包围圈，进入新田蓝山等县。最后向湘西前行，与贺龙的红二军团会合。红六军团在菱角塘镇的永连村设立了一个临时作战指挥部，军团首长及指挥部人员所住宿的画眉山村，今天仍然保留着当时的宣传标语。上面用毛笔写有"工农专政"的横排标语，还有"欢迎白军士兵来参加工农革命"，落款是"红军，锋团，整机"。标语经过种种变故保留了下来，如今这个临时作战指挥部也成为湖南省重点文物保护单位。

问：您刚才说到了红六军团抢渡湘江的红色历史故事，听得我热血沸腾。那我想问问在我们家乡有没有发生过什么比较激烈或者有名的战役呢？

答：在永州零陵没有发生过大的战役，历史上有过一次分水岭阻击战，但也只是一次阻击战。在永州道县区域，有一个叫陈树湘的师长，有他断肠明志的英雄事迹。当时，湘江战役使红军损失惨重，出发时有8万多人，经过湘江战役之后仅剩 3 万多一点。战役主要发生在离永州较近的广西全州地域。湘江战役损失过半,既有指挥方面的问题,也有军阀为保护地盘对红军进行围剿打压,导致战争失利的因素。陈树湘当时是红军 34 师的师长,34 师为后卫师,类似于敢死队,主要掩护主力过江。后来陈树湘带领几百人在永州道县被阻截,无法与主力会师。红军 34 师接到指令,退回湘南打游击,突出了重围,在道县空树岩村短暂休整后到达牯子江渡口,渡船到河心时,遭到江华民团伏击。陈树湘站在船头指挥战斗,后来子弹击中腹部,身负重伤。后来红军 34 师仅剩 100 余人,来到道县早和田的时候,遭到保安团一营的伏击。在战斗时,陈树湘多次因为受伤昏迷,后来他带领着两个警卫员和一个机修员掩护撤退。其他战士突出了重围,但是陈树湘等人弹药耗尽,后来他和一名警卫员被俘。对于敌军而言,捕获一名师长,意义重大,他们想从陈树湘中口中得到红军的情报。面对敌人的威逼利诱,陈树湘毫不动摇拒医绝食,生命垂危。在押解途中,陈树湘趁敌不备,在担架上忍着剧痛,从伤口处掏出自己的肠子,用力将肠子绞断,壮烈牺牲,践行了他"为苏维埃新中国流尽最后一滴血"的铮铮誓言,牺牲时年仅 29 岁。习近平总书记多次强调了陈树湘"断肠明志"的英雄事迹,如今在永州道县的一个小镇也专门为陈树湘修建了一个博物馆,里面详细记载了他的英雄事迹。

问:陈树湘的事迹对我们的启发很大,感慨万分。红军为普通老百姓做了很多好事,您能再给我们讲讲当地的红色人物吗?

答:唐浩、舒翼、陈云还有陈为人等(前两者为永州江华人),都是当地比较重要的共产党员,当时的社会影响很大。像陈为人是中共地下情报人员,在大革命失败后,党中央迁往江西,陈为人奉命保护中央一号秘密文件。他在奉命保护文件之前,以政治嫌疑犯的罪名被逮捕,在狱中受刑过重,染上了严重的肺病。经过党组织的布置,他被安排在一个作为掩护的湘绣店,白天以富商的面貌出现,晚上就把门窗紧闭,密不透光,然后通宵达旦工作。他要整理的文件有很多,共有 6 箱 2 万多件文件。为了文库的安全,他一般不参加任何会议,不与任何外人发生关系。后来与他唯一的联系人被捕之后,他以高价租下了一间房屋,安全转移了中央文库。从那时起,他不仅与党中央中断了联系,要一个人负担起保护文库的重任,还要养活家人。有时候他一天只能吃两顿红薯度日,但又不能让房东知道他的真实身份。无论怎样困难他总要设法交付房租,否则就会被房东发现,被别人怀疑。后来党中央专门派人与陈为人取得联系之后,发现陈为人已经面色苍白,身体十分虚弱,甚至咳嗽的时候还会吐血。中央秘密文件安全转移了，但陈为人的病情已经严重恶化，他每天大口大口吐血不止。为了抢救他，党组织给他找最好的医院，全力抢救他，但是他却说："我不能再浪费党的经费了，我知道我已经没有救了，党的每一分钱都是很宝贵的。"后来他因病去世，时年 38 岁。如今中央一号文件保存在中共中央档案馆，分类依据还是按照当年陈为人的分类依据进行分类的。档案中还留有纸条："查阅文件后，一定要按照原来的位置原封不动地放好。"如今这些文件已成为国家特级保护的文物。这几万份文件能够成功保存下来，陈为人功不可没。这些文件十分重要，里面有很多关于党的历史的记录，包括一些重要的党的会议的信息。没有陈为人，如今党的很多历史都将是一片空白。

永州零陵的红色人物中，像陈云，当时他是不知去向，唐浩、舒翼等人与历史上零陵发生的"宥日事变"有关。大革命失败后，蒋介石发动了"四一二"反革命政变。1927 年 5 月 21 日，反动军阀许克祥在长沙发动了"马日事变"，疯狂捕杀共产党员和进步人士，捣毁革命机关。当时由于信息传播不发达，再加上当时收到在长沙参会的舒翼发回的紧急电报，但是情况不明，直到 5 月 24 日的时候唐浩才召开党总支扩大会议分析情况。由于未得到上级党组织指示以及未发现国民党右派和驻军的可疑迹象，直到 5 月 26 日唐浩才收到了"马日事变"后的电报，可是为时已晚。当日，备受百姓唾骂、臭名昭著的驻军团长王德光接到省政府电报命令，他收到电报后立即开展军事行动，布置戒严屠杀，将零陵城所有码头城门封闭，来往行人只准进不准出，同时全城戒严，通缉捕杀所谓的"匪首要犯"。晚上 8 时许，王德光的部队首先袭击中共零陵县总支机关，导致许多办公地点的财物以及文件资料被洗劫一空。王德光的部队大肆搜捕中共党员，国民党左派比如零陵县的刘同、革命分子、群团组织负责人大部分先后落入反革命分子手中，惨遭杀害。这就是"宥日事变"。"宥日事变"导致中共零陵党组织受到严重破坏，党总支主要负责人唐浩、舒翼以及一大批党员被杀害，幸存的党员也大都与党组织失去联系，近百名工农会负责人及革命骨干被杀害，同时也导致了 100 多名土豪被释放，报复性欺压百姓。零陵工农革命运动因此跌入低谷。

问：好，听您讲了这么多红色故事，让我心潮澎湃。无数先烈为了国家为了人民献出了自己的生命，我们更应该铭记历史，珍惜当今来之不易的生活。谢谢老师您为我们讲了这么多，辛苦了。那我们这次访谈就到此结束吧！谢谢！

五、访谈结果

这次访谈让我了解了家乡的很多红色故事，也知道了很多当时的红色人物，他们的英雄事迹激励着我们，让我们了解了当时社会环境的险恶以及无数先烈为了保护祖国和人民所做出的努力。人民英雄永垂不朽，我们会铭记历史，珍惜当下的和平。

那些可爱的人啊

王天宇

一、访谈目的

了解家乡的红色历史，挖掘家乡的党史故事和爱国主义案例。

二、访谈方式

面访。

三、访谈对象

家乡的老革命。

四、访谈时间

2020 年 8 月 25 日。

五、访谈过程

为了全面了解家乡的红色基因、红色故事，暑假期间，我准备在公园访谈几位老党员、老革命。今天早上，我怀着敬佩的心情来到公园，采访这几位爷爷。

我：爷爷好，我是中国矿业大学 2019 级计算机系的一名学生，现在在做一个关于家乡的红色基因、红色故事的专题调查。杨爷爷，请问您这些年里是否遇到过党和国家为了人民不怕艰难险阻，甚至做出牺牲的故事？

杨老：小伙子你好啊，我想跟你讲的是关于我年轻的时候修建铁路的故事。在我年轻的时候，上级要求我们修一条从包头到兰州的横跨沙漠的铁路，以便运输物资。那时候的条件可不能跟现在比，人们吃不饱，穿不暖。但是再恶劣的条件也阻挡不了党和国家为人民服务的决心和行动！去修路的个个都是十七八岁的小伙子,每天早出晚归,吃的是窝窝头,喝的是辣椒配汤,环境恶劣,但就是在这样艰苦的条件下,我们一点一点把铁路修好了。修铁路呢,首要任务是挖土铺路,然后再把路压实,再测量是否倾斜,最后再把铁轨铺上。修铁路时遇到大河是最困难的。冬天的时候,河上的冰厚30多厘米,铺路要先打地基,需要凿开冰面,但是在冰上行走太慢了,所以我们都要学习溜冰,减少在冰上行走的时间。凿出冰洞后就要开始打地基,当时用的打桩机是用绳子来操控的,不过因为时间久远,有一次施工的时候绳子突然断掉了,砸死砸伤很多人。你看,当年为了修一条铁路牺牲了多少生命。

杨老顿了顿继续说:我再给你讲一个故事。中国当时造不出好的钢材,好一点的钻头都要从国外进口,十分珍贵,甚至舍不得用。在修路的时候,遇到了山的阻碍,上级决定凿山通路,参与这次活动的都是十七八岁的没有经验的青年小伙子,在开山的时候也出了很多事故,死去了很多人。

听完杨老的故事后,我不禁深思起来,为了人民,党和国家做了很多的牺牲,现在我们的幸福生活离不开过去几十年人们艰苦奋斗所打下的根基。现在的安稳宁静都是先辈的血汗换来的。

我:感谢杨爷爷。朱爷爷,请问在您这些年里面遇到过什么让您印象深刻的爱国主义案例呢?

朱老:我年轻的时候参加过抗美援朝。抗美援朝时期,在空闲时间大家都会很认真地学习朝鲜语和英语。我记得有一个炊事员俘虏了美军两个连的故事。当时我们的部队正准备转移到一个村庄,炊事班的战士率先发觉,卸下装备后,他举起扁担,像枪一样端着,向屋里面吼着英语,让里面的人投降。附近突然冒出一大群意识涣散的美军,有的头上扎着白绷带,有的走路一瘸一拐,有的将手搭在别人肩上。原来,这是一群被志愿军打散的敌军,看到一名志愿军战士端着扁担对着他们的藏身之处大喊,以为被我们包围了,纷纷举手投降。不过说起最惨烈的战斗,还要属天德山战斗。“天德山的树由青又变黄,临津江的水由温又变凉。战斗在临津江东岸的战士无时无刻不在想,祖国啊一年来你又变得怎么样?”这是一位参加天德山战斗的老兵所写。1951年10月3日、4日这两天时间,敌军向我军天德山阵地投掷了大量凝固汽油弹,把阵地变成一片火海。在敌人猛烈的炮火中,刚修好的散兵坑和交通壕被削平,老远就可以听到有人说英语,渐渐地连敌人的脸都能看到,只听志愿军阵地率先一声枪响,瞬间各种枪炮声像炒豆子一样响起来。为了支援朝鲜,中国人变得如此团结,大家在外乡时爱国情怀变得如此强烈而又明显。

战争是残酷的，是冷酷无情的，但总是有很多不怕牺牲，为祖国为百姓英勇奋斗的战士。黄继光，在上甘岭战役中挺身而出，用自己的身躯堵住敌人的枪眼，为后续部队的前进开辟了道路。邱少云，在埋伏中身边的野草被敌军炮火引燃，但是为了避免暴露目标，他严守潜伏纪律，忍受着烈火炙烤，坚持一动不动，像一块巨石，直到壮烈牺牲，保证了整个战斗的胜利。杨根思，在抗美援朝中负责切断美军南逃退路。激战中，美军用空中和地面的炮火狂轰滥炸，随后发起集团冲锋。投掷完手榴弹，射出最后一颗子弹，阵地上只剩他和两名伤员，危急关头，杨根思抱起仅有的一包炸药，拉燃导火索，纵身冲向敌群，与敌人同归于尽，英勇捐躯。

抗美援朝战争时期身处他乡的中国人的爱国情怀体现得淋漓尽致。在敌人入侵的局面下，大家显示出无比的团结，齐心协力，拧成一股绳，取得了胜利。在武器装备相差如此巨大的条件下取得胜利，靠的就是大家不怕死不怕苦，一心向着和平的精神，用自己的生命来阻挡敌人的侵略步伐；靠的是中国人的团结和爱国精神，为了国家不怕牺牲，英勇奋斗。志愿军战士是无私伟大的，有了他们，战争才能取得胜利，他们，是最可爱的人。

我：谢谢朱爷爷。那李爷爷，您给我讲一个我们家乡为了人民无私奉献的党员干部吧。

李老：要说起无私奉献，那还是要提起焦裕禄同志啊。他出身贫寒，没钱读书。解放战争后期，焦裕禄同志随军离开山东，到了海南，被分配到尉氏县工作，直到 1951 年。他先后担任过许多职务，后来被调到青年团陈留地委工作和青年团郑州地委工作。1962 年，焦裕禄同志被调到兰考县，任县委第二书记、书记。为了改变兰考县贫穷落后的面貌，焦裕禄同志在困难面前不退缩、不畏惧，坚持实事求是的工作作风。他深入生产一线，通过深入调查研究，掌握了大量的第一手资料，总结客观规律，从而在兰考的除“三害”（风沙、盐碱、内涝）斗争中立下了不朽功勋。我记得听到他去世的消息时，兰考的百姓全都哭了。大家都是发自内心地喜欢他们的好书记啊。

后来我又查阅了有关焦裕禄的资料。他对人民群众，对劳动人民具有深厚的感情，因为他是从人民群众中成长起来的党的干部，是经得起考验的干部。焦裕禄同志总是轻车简从深入一线，他那种“吃别人嚼过的馍没有味道”的思想，是真正从群众中来的思想，能够掌握基层最真实的情况。他对人民群众有深厚情谊，他把人民群众同自然斗争的宝贵经验，一点一滴地收集起来，带头封沙、治水、改地，使广大人民群众过上好日子。现如今，人民群众已经把焦裕禄同志的努力，化作了兰考县的肥沃土地、丰产粮食，化作了兰考县人民的幸福生活。他对党无限忠诚、赤胆忠心。当上级来调查处理问题时，焦裕禄以坦荡的襟怀和无畏的胆识，斩钉截铁地承认自己的过失。这种大无畏的精神，展现出来的是他对党的无限忠诚。焦裕禄在全家老小尚未温饱的情况下，克己奉公，显示出一个真正共产党员的高尚境界。在女儿在向母亲埋怨自己的衣服破旧的时候，当孩子们欢天喜地要吃鱼的时候，焦裕禄的心里肯定在滴血。哪个父母不爱自己的孩子？但是焦裕禄首先想到的是百姓，是人民。这是一种痛苦的抉择，也是一种崇高的抉择。焦裕禄心里想着人民，却不考虑他自己。因为他知道党的形象，需要在为人民服务中去维护。人民忘不掉焦裕禄同志安葬的那一刻，成千上万的百姓自发地为他送葬，恋恋不舍地告别自己的好书记，那是人民群众对他短暂一生的最好褒奖，那是平民百姓对一个人民好公仆的眷恋之情。

我：我们家乡还有其他的红色故事吗？

杨老补充道：还有一位，刘志敏同志，出生在河南罗山县，担任共青团的支部书记，从事学生和妇女工作。她经常亲自问候百姓，深入群众，还支援过红军，为粉碎敌军的第四次“围剿”做出了贡献。后来在开会的路上遭受袭击，但是她临危不惧，英勇反击，最后身负重伤。第五次反“围剿”的时候，她努力做好各项工作，发动和组织群众支援前线红军。1934 年中央红军主力长征，刘志敏同志留在了中央革命根据地，和其他同志一道坚持着革命斗争。年底，刘志敏在战斗中被俘入狱，面对敌人的严刑拷打，她带领狱友一起拼死斗争。最后刘志敏同志在刑场英勇就义。

我：再次感谢各位爷爷，今天的采访就到这里啦。

回家的路上，我还在回味着几位爷爷讲述的故事，为了人民，为了和平，前辈付出了如此大的牺牲，有这么多的战士为了大家牺牲生命。今天的幸福来之不易，我们更不能忘记前辈为了今天的和平和幸福所付出的巨大牺牲，他们才是当之无愧的英雄，他们，才是最可爱的人。

铭记历史，传承红色基因

——访东圃小学水乡地区地下党联络点遗址

陈嘉欣

一、访谈准备

被访谈人：李主任（现任东圃小学主任）。

访谈人：陈嘉欣。

访谈时间：2020 年 8 月 18 日。

访谈地点：东圃小学旧址、东圃小学现址。

二、访谈背景

东圃小学位于广东省东莞市高埗镇上江城村，前身是李氏宗祠，始建于清顺治年间，乾隆三十四年（1769 年）重建，道光十一年（1831 年）重修，后因蚁患倒塌，中华民国二十四年（1935 年）再次重建。李氏宗祠坐北向南，三间三进合院式布局，面阔 11.60 米，进深 30.80 米，砖木石结构，硬山顶，抬梁与穿斗混合式梁架，红砂岩门框、勒脚。

东圃小学是一所历史悠久、具有优良革命传统的学校，更是一个现存完整的革命教育基地。1937 年春，爱国青年李一之在上江城创办东圃小学，被推选为校长。他把学校作为开展抗日救国宣传活动的重要阵地，与教师们精心编写《救亡三字经》，组织发动学生到莞城的公共场所宣讲、散发。东圃小学师生们还利用假日，到邻近乡村，运用灵活的形式，向群众传授文化知识，宣传抗日主张。东圃小学也成为抗日战争时期上江城中共地下党的重要联系点之一。在东圃小学的教育培养下，许多学生大都坚定选择走上革命道路，其中的杰出代表有众多东江纵队战士以及志愿军烈士李云祥等。东莞解放后，东圃小学继续保留。2004 年 1 月，东圃小学旧址被东莞市人民政府公布为东莞市文物保护单位。

三、访谈目的

在了解了东圃小学的大致背景后，我们希望了解更多有关东圃小学的事迹：曾经的它是如何创办的，又是如何发展成为地下党联络点的？在当时对当地的抗日救亡起到一个什么样的作用？东圃小学孕育出许多英雄，在这个人杰地灵的地方，那些英雄曾经做过什么伟业？现在的东圃小学在拥有这样浓厚的红色历史背景下是如何发展的？红色文化、红色教育是否是现今东圃小学的一种特色教育？学校是否还保存有那段革命岁月的相关历史资料？相关负责人又是如何看待这段红色历史对后辈的精神启示的？为了详细了解情况，我联系到了现东圃小学李主任，他向我们揭开了那段光辉岁月。

那段鲜为人知的艰辛岁月里，东圃小学承载了多少人的信念与希望，无数革命志士都在此处完成了他们的启蒙教育，继而又奋身投入革命事业，可以说东圃小学在当时是东江区域革命的星星之火，最终成就燎原之势。我希望能够通过和李主任的交流，记录下这段红色历史，向无数前仆后继的革命志士致以最真挚的敬意，向世人展示这枚红色勋章。

四、访谈内容

本次“记忆历史，牢记初心”访谈活动很荣幸地邀请到了东圃小学现任李主任，在李主任的耐心引领下，历史悠久的东圃小学大门逐渐向我们敞开。

我们向李主任了解的第一点就是东圃小学的创办由来。1937 年，日军入侵中原，时任国民党军官的李一之对国民党反动派消极抗日、积极内战的政策深感失望和痛恨，愤而辞职，解甲归田。也是在这个时期，他说服了村中乡绅集资，将原先的李氏祠堂改建为东圃小学。

小学建立之后，李一之就在村中住户家访，向村民宣传读书识字的好处和重要性，动员全村适龄儿童进学堂念书，对家庭经济困难的学生一律免收学费；为匡扶社会正气，教导村民养成良好家风，李一之亲自撰写了一副对联“戒懒戒奢戒赌博，学诗学礼学圣贤”作为校训；此外李一之还聘请了许多进步青年推行新文化教育；为了使村民能读书识字，李一之还开办了夜校。多种举措下，上江城村村民学习文化、关心时局、讨论时事蔚然成风。并且据李主任口述，因为上江城隔江与多所村子相邻，东圃小学的氛围与风气吸引了许多优秀的爱国求知学子加入。而东圃小学也不负众望，在后续发展中成为上江城抗日救国宣传阵地和培养抗日力量的基地。

在参观东圃小学旧址时，我还发现了有个碑上标记着“水乡地区地下党联络点遗址”的文字。李主任告诉我们，原来在创办东圃小学之后，因为工作关系李一之和中共党员联系密切。1938年5月，李一之经省委书记尹林平的介绍加入了中国共产党，成为由尹林平直接领导并单线联系的地下党员。此时的东圃小学毫无疑问是一个易于进行地下联络工作的选址，经过一年左右的切实行动，以东圃小学为中心，上江城这一片地区百姓抗日爱国氛围浓厚，李一之等地下党员在执行工作时，村里的民众也会自发地为中共党员打掩护，整个上江城上下一心，爱国意识高涨。正是在这样的情况下，东圃小学逐渐发展成为当地的地下党联络点。

东圃小学在那个抗日救亡的时代，对东莞抗日所做出的贡献是巨大的。东圃小学旧址作为开展抗日救亡宣传活动的重要阵地，长期在学生和乡民中广泛开展抗日救国宣传教育活动，在重要节日发传单、贴标语，集会游行演讲，在上江城播下了革命的火种，也使当地人民抗日情绪高涨。不仅如此，当时上江城的家家户户几乎都曾救助过抗日伤员，多年后仍有当初的伤员家属前来寻找看望。当地的中共党员与老百姓的交情深厚，李一之等地下党员在收集情报时，当地村民给予了极大的支持，并且积极为他们打掩护，使得东圃小学隐蔽性极高。

为更好地开展党的地下工作，东圃小学领导班子还在秘密发展党员，着重对学生进行爱国思想教育，振奋民族精神，树立团结抗战必胜的信念。李云祥、李植光、李南、李芬、李琼等同志，在学校的教育熏陶下，立志走上抗日报国的革命道路。

在李主任的介绍下，我对李云祥烈士印象深刻。李云祥的父亲是有名的地方乡绅，是位具有民族正义感的有识之士，非常支持共产党领导的抗日斗争，常常为此提供活动场所和方便条件，捐钱捐物。李云祥的几个姐姐更是在抗战初期就参加了革命队伍。在东圃小学就读的幼年李云祥也积极参加学校举办的抗日救国宣传活动。在这样的氛围中，年纪轻轻的李云祥早就怀揣着一颗爱国之心，期盼自己也能上前线。终于他等到了东江纵队在东莞等地招收青年学生入伍的机会，几乎是毅然决然地，他放弃了安稳舒适的生活，投身报国，14岁的李云祥成为东江纵队的一名战士。1947年年初，李云祥被选拔为华野特种兵纵队坦克队队员，他是其中最年轻的一个。李云祥克服重重困难，刻苦学习坦克驾驶和武器使用、保养等技术，成为一名优秀的坦克手，在济南战役、淮海战役等大型战役中屡立奇功。

1950 年朝鲜战争爆发，为了保家卫国，我国毅然派出志愿军出兵朝鲜，李云祥所在的坦克团奉命入朝参战，李云祥满怀激情地同战友们一道跨过鸭绿江。为完成掩护坦克开进的任务，他用自己的生命换取了我军坦克的安全。为了战争的胜利，李云祥同志以崇高的爱国主义和国际主义精神，献出了自己年轻的生命，用壮烈的行动谱写了一曲光辉的共产主义战歌。至今李云祥烈士遗体仍葬于朝鲜江原道伊川郡武陵里梨木亭烈士陵园。在东圃小学旧址，当我望着李云祥烈士站在坦克旁的飒爽英姿的时候，当望着照片中他那双真挚的双眸时，心中激动不已。感谢李云祥等革命先辈无怨无悔的抛洒热血，现在我们能大声向你们喊出：这盛世，如您所愿！

平复下心情，我和李主任聊起了现在东圃小学的发展。李主任告诉我曾经东圃小学和下江城小学合并后改名为江城小学，但东圃小学这么有历史渊源的名称为什么要改变呢，在学校的争取下，终于将名称改回为东圃小学。李主任激动地谈起，我们不能忘根，更何况这段历史是那么让人引以为豪。东圃小学也继承先辈们的崇高革命精神，以红色教育为学校办学特色之一，校领导团结一心共同推动革命传统教育。学校举办了各类活动，如清明扫墓、手抄报、朗诵红诗、唱红歌等助推爱国主义教育，每年都会举办活动宣传东圃小学的历史和革命精神，此类活动也受到了镇政府的大力支持。

跟随李主任的脚步，我们走进了东圃小学新址。一进学校，礼堂大厅左右两侧都贴满了各种上江城地区的红色革命故事宣传展板，柱子两侧写着"戒懒戒奢戒赌博，学诗学礼学圣贤"，这是当初李一之为东圃小学题的校训，往上走每层楼梯拐角都贴着各种各样宣传英雄事迹的展板。李主任还带我们参观了四楼所在的东圃小学烈士展览馆，我们在里面见到了更多照片及资料。最后李主任还送了我和朋友每人一套连环画，里面记录了李一之、李云祥、陈文慧、廖安的英雄事迹。目前连环画还是黑白版本，学校还计划印刷彩色版本。李主任说学生们还小，所以连环画会更吸引孩子们的注意，会更容易接受。学校做的这些都是为了将革命圣火、红色精神根植在一届届学子心底。

学校里许多连廊都展示着东圃小学曾经的红色故事，我在连廊的一角看到了记录李一之、李云祥等烈士事迹的连环画。李主任介绍说这是李维（革命英雄李植光之子）创作的。李维以上江城革命先烈李一之、李云祥同志的革命故事为创作原型，创作出《李一之同志故事图文》《李云祥同志故事图文》，通过文字和图片传播革命先烈的事迹与精神。

李主任还告诉我们，2019年9月20日下午，东圃小学旧址迎来了由东江纵队老战士代表、东江纵队后代、东莞红色革命遗址所涉镇街及部门负责人、广州东莞两地青年高校学生等100多人组成的参观团。他们相聚革命老区，缅怀先辈丰功伟绩，重述东纵故事，重温东纵情。唐纳德·W.克尔中尉(东江纵队当年拯救的美国航空飞虎队一级中尉)之子戴维·克尔也来到现场感恩东纵先辈。参观者们怀着无比崇敬的心情从东圃小学一楼展示牌上重温当年东江纵队的艰难创业史和浴血奋战史，认真聆听东圃小学对东纵发展做出的重要贡献，特别是李一之、李云祥等东纵战士的英勇事迹，救国救民的爱国情怀让人为之动容。触摸历史的痕迹，先辈们战斗的英勇形象仿佛再现眼前，参观者们更为高埗英雄先烈们的牺牲精神和爱国情怀所感动。

重走东纵路、发扬东纵精神非常有意义，无数的革命先辈流血牺牲，才换来今天的美好幸福生活。东纵战士在抗击日寇的过程中付出了很大的牺牲，东圃小学作为抗日救国宣传阵地和人才培养基地，为东纵的发展输送了许多人才，提供了很多重要情报。这段历史不应也不能被我们遗忘，年轻一代更应铭记这段历史，更好继承红色基因，为祖国富强而努力。当年，东圃小学为东江纵队培养输送了一批抗日骨干力量。今日，东圃小学的红色精神仍在这片土地上哺育着一代代东江人。昔日的东圃小学旧址早已被列为市级文物保护单位，成为革命传统教育基地。

先辈们用血肉为我们谱写的这一曲青春之歌，又怎能在我们这一辈失传，他们的事迹必将流传千古，他们的精神必将流芳百世！我们也会积极投身社会主义现代化建设，为实现中华民族伟大复兴贡献自己的力量。

再访吕梁英雄纪念广场，重温经典红色故事

王　洋

采访对象：王务生，80 岁，永安建筑公司工程师。

访谈目的：了解家乡的红色基因、红色故事。

访谈地点：山西省吕梁市交城县吕梁英雄纪念广场。

问：您好，我是来自江苏省中国矿业大学的王洋，这次拜访，希望就有关我们家乡的红色基因、红色故事，向您请教。据我了解，在抗日战争时期，我们家乡这片土地主要是晋绥八分区抗日根据地。您可以给我讲述一下当时我们分区的一些具体情况和它对我们整体抗战的意义吗？

答：我们所处的位置是在晋绥八分区的中心。首先说晋绥抗日根据地，是在 1937 年的时候，创立在晋西北的一块根据地。晋主要指的是山西，绥主要指的是现在的内蒙古自治区，所以晋绥抗日根据地主要就是山西的西北部和绥远的东南部这块区域。晋绥抗日根据地的军民在 8 年的抗日战争中作战上万次，击毙日伪军约 10 万人。最重要的是，晋绥抗日根据地具有重要的战略地位。这片根据地是在黄河以东，紧邻陕甘宁边区，由于它的存在，日军从始至终没有越过黄河，保护了党中央。而八分区，主要的驻地在交城、清徐、文水、汾阳等地，是晋绥分区的一个南大门，延安通往晋、冀、鲁、豫、华北、华中都要经过这片区域，同时这里也是抵御省城太原之敌的前沿阵地，所以拥有一个极其重要的战略地位。

问：看来我们家乡这块根据地当时确实发挥了十分重要的作用。根据我的了解，现在我们所在的这个广场，就是为了纪念在抗战时期吕梁的英雄而建立的，我想请您介绍一下这个英雄纪念广场。

答：吕梁英雄纪念广场位于山西省交城县西北卦山脚下，占地 4 000 多平方米。广场左右树立两组雕像，一组为吕梁抗战英雄群像，一组为吕梁人民支前英雄雕像。沿广场前方坡至顶端是曾经担任国家主席的华国锋的陵墓。在广

场外有晋绥边区第八分区抗日纪念馆，馆内藏有众多的历史照片、文献等，讲述了老一辈共产党人前仆后继的光辉历程和丰功伟绩。

问：在我们家乡这片土地上，涌现出了这么多英雄儿女，可不可以挑选几个有代表性的故事给我们详细讲述一下。

答：我们的家乡交城，在抗日战争时期涌现出很多英雄，著名的英雄有段祥玉、崔三娃、韩凤珠等。当时任抗日救国联合会主任的是华国锋。在当时，日军侵占交城以后，交城各地出现了十几支的抗日武装，少的有十几个人，多的有 100 多人，装备少，子弹少，也没有统一的领导。华国锋当时就带一两个人，徒步穿行于交城山沟中，找到各抗日武装，做动员和组织工作。华国锋真诚坦率，讲的道理直白实在，让各支抗日武装的人员由衷信服，都愿意听他的指挥。在华国锋的努力下，交城短时间内就把这十几支抗日武装组织成县游击大队，最后按照组织的安排，华国锋担任县游击大队政委，统一领导游击大队。

游击大队成立之后，由于参加的多数是一些农民，不会打仗，思想觉悟还有待提高，华国锋手把手教他们使用武器，进行军事训练，做思想教育工作，使交城的抗日队伍，成为远近闻名的善战队伍。不仅如此，华国锋还专门抽调一部分性能优良的武器，专门挑一些天赋较好的战士训练，培养出了 10 多个神枪手。其中段祥玉、崔三娃、韩凤珠这样的民兵英雄的产生，就离不开这样的环境。

讲完华国锋，再讲讲段祥玉的抗战故事。据段祥玉的儿子段秋奎讲述，1943 年 3 月，日军突然包围交城东沟村，抓走了 30 多名干部群众，关在岔口据点的地窖中。当天晚上，八分区六支队两个连在段祥玉民兵队伍配合下，从悬崖峭壁上攀爬过去，摸进了岔口据点。战士们兵分两路突然袭击炮楼和鬼子驻地，干净利落地将 10 多名鬼子和 30 多名伪军全部歼灭，解救了地窖中关着的 30 多人。后来段祥玉在岔口也打了两三次漂亮仗，有一次岔口据点的 3 名敌人出来挑水，被守候已久的段祥玉消灭在半路。几天后，敌人改在后半夜挑水，段祥玉提前埋伏下来，五名敌人又被打死在水池边。

当然我们的家乡这片土地上，还有很多很多的故事没有被记录下来，但是他们却也是真真切切发生过的。

问：通过您的讲解，我们了解到了我们家乡的红色故事，在您长期的对我们家乡红色历史的研究，您有没有什么特别的感悟，或者说对我们有什么期望。

答:我们的家乡,原来就是一片红色的热土,涌现了很多英雄人物,我们每个人都应该去深刻的了解这些历史,铭记历史,对于那些献身的英雄,我们以他们为骄傲,同时我们也感谢他们,是他们用生命守护了这片土地。对于现在的你们来说,你们应该学习先辈们奉献自己的精神,虽然现在没有了战争,但是我们在世界上依然处在巨大的风浪当中,每个人都应该发挥自己的才能,为我们的国家尽一份自己的力量。

江阴党史探索

张筱涵

采访对象：朱耀兴，78岁，江阴市机械施工有限公司副经理。

访谈目的：了解江阴的革命历史，激励后人不忘初心、牢记使命、砥砺前行，切实发扬江阴“人心齐、民性刚、敢攀登、创一流”的城市精神。

问：爷爷，您能和我说说我们江阴的人民政权正式建立过程中所发生的故事吗？

答：提到我们江阴人民政权建立的历史啊，就不能不提解放战争时期的渡江战役。1949年年初那会，辽沈、淮海、平津三大战役已经胜利了，中国人民解放军已经控制了长江以北的大部分地区，开始全面统筹规划渡江战役的各项工作。国民党一面假装和谈，一面在长江南岸继续建造工事，集结重兵。江阴是长江最窄的一段，被国民党作为江防守备重点。就单单说黄山炮台，也就是现在鹅鼻嘴公园的那座山上，配备了大炮70多门，兵力也有7 000多，严防解放军南下。

4月20日晚开始，人民解放军百万雄师以木帆船为主要航渡工具，强渡长江天堑。江阴要塞的7 000余名国民党守备军在中共地下党组织策动、率领下阵前起义，并掉转炮口向在要塞炮台侧翼的国民党守敌开火，支援解放军渡江作战。里应外合之下，被国民党视为其“京沪江防支撑点”且多年苦心经营的江阴要塞炮台成为帮助解放军顺利渡江、击溃沿江守敌的制高点。不得不说啊，共产党得民心这一点从中可见一斑。

战争时期，人民最希望的是什么，是“安定”。在江阴的中共地下党组织和武工队积极策应解放军渡江，在一些乡镇组织了地方武装小组，防止国民党军队在溃逃前烧杀掳掠和地方恶霸的破坏活动，保护人民群众生命财产安全；动员群众破坏国民党军队的电讯设施，割断电话线，使敌军联络中断；接应过江解放军，给渡江部队做向导；收缴、接管国民党部队和地方武装在溃逃中扔下的大批枪支弹药，维护社会安定。

在江阴人民的全力配合下，4 月 22 日，人民解放军解放江阴，并在城里张贴《中国人民解放军布告》，也就是“约法八章”，稳定民心。当晚，北平广播电台播报：“江阴解放，城内安谧如常，华明电厂照常发光，征存中学弦歌未辍。”又过了三天，中共江阴县委员会和江阴县人民政府正式挂牌办公。

问：爷爷，那在江阴的人民政权建立之后，又是怎样一步步地发展到如今的呢？

答：之后当然是紧跟党的领导，听从党的指挥，进行土地改革、恢复经济、党政思想建设，虽然经历过自然灾害以及反革命集团的破坏，但正所谓“道路是曲折的，前途是光明的”，通过拨乱反正，整顿党风以及党员培训，江阴的发展可谓欣欣向荣。

孙中山先生曾经在辛亥革命胜利后担任全国铁路办的职务，来江阴视察黄山炮台的时候说过，“叫全国的文明从江阴发起”。江阴也的确没有让他失望，这十几年的全国百强县的排名中江阴向来名列前茅，虽然只是一个小小的县级市，经济发展却没话说。特别是华西村，有“天下第一村”的称号。

问：您有没有什么印象最深刻的江阴党史故事可以和我分享一下？

答：我很喜欢写毛笔字，所以比较关注党领导江阴的文化建设。据我所知，其实解放以来江阴的文化建设有两个时期最突出，一是 20 世纪 50 年代的时候，一是“文化大革命”之后吧。

1956 年党中央确定了“百花齐放，百家争鸣”的文艺工作方针之后，江阴就多次举办了文艺汇演，长寿乡的《为革命种田》赛诗会还被省广播电台专题广播过。还有我们澄江街道，过去叫澄江镇，创作的《船工号子》也是得了优秀演出奖的。还有好多民歌戏剧都很有名。

“文化大革命”结束后，江阴的文化事业算是又一次缓过神来。县里的文教局建立剧目创作组，并以群众文艺创作汇演促进戏剧创作的繁荣，产生了一批有影响的戏剧作品。政府拨款在虹桥路建造新的县文化馆馆舍，还重建了霞客镇那边徐霞客故居的晴山堂。在晴山堂内保存有晴山堂的石刻，当时的新华社社长朱穆之题写了“晴山堂”匾名。当年，小锡剧《想点啥》获江苏省群众业余文艺汇演创作奖、演出奖。1978 年，江阴县毛泽东思想宣传队撤销，恢复为县锡剧团、县评弹团，专业团体得到健康稳定发展，为文艺事业注入新的活力。9 月 9 日，位于城内南街的适园被批准为江阴县文物保护单位。小锡剧《还差得远》参加省小戏调演获好评，剧本被收入《江苏三十年小戏选》。

不过要真正深入了解我们江阴的党史，我还是推荐你去我们江阴的图书馆。那里有很多我们江阴的历史文献资料，你去翻翻看看，收获肯定不小。

在完成访谈后，2020 年 8 月 26 日，我来到江阴图书馆查阅相关资料，找到了相关资料《江阴中共党史》第二卷。通过仔细阅读，江阴的党史似乎展现在我的面前。

从 1949 年 4 月江阴解放到 1978 年 12 月党的十一届三中全会召开，江阴人民在中国共产党的领导下，团结一致，艰苦奋斗，进行了社会主义革命和社会主义建设的伟大实践，走过了 29 年艰难又光辉的历史。

江阴解放后的头 7 年，是从新民主主义向社会主义转变的过渡时期。江阴县委按照中央确定的方针，进行全面接管，建立和巩固各级人民政权，加强党的建设和民主政治建设，深入开展抗美援朝、镇压反革命、土地改革和“三反”“五反”运动，仅用 3 年时间，迅速恢复了濒危崩溃的国民经济。从 1953 年起，江阴县委领导全县人民积极贯彻党在过渡时期的总路线，全面实施发展国民经济的第一个五年计划，开展有计划、大规模的经济建设，初步建立了社会主义的基本制度，并对农业、手工业和资本主义工商业进行社会主义改造，顺利完成了新民主主义向社会主义的转变。到 1956 年年末，全县国民经济有了很大发展，提前一年超额完成了第一个五年计划的主要指标任务。江阴大地呈现百业俱兴、蒸蒸日上的景象，各条战线取得了令人瞩目的成就。

从 1956 年 9 月党的八大一次会议召开至 1966 年 5 月“文化大革命”爆发前的 10 年，是社会主义建设在探索中曲折发展的 10 年。在这 10 年中，江阴县委和政府领导人民积极探索，艰苦创业，不断调整经济关系，并有效开展大规模的水利河网化建设，探索发展社队工业这一新生事物，在建设社会主义过程中积累了繁荣农村经济的成功经验。然而，接踵而至的反右派斗争、“大跃进”、人民公社化运动和“反右倾”斗争等重大失误，中断了对社会主义建设探索的正确进程，江阴经济建设和社会事业的发展遭受到严重困难和重大挫折。经历了 20 世纪 60 年代初三年困难时期后，江阴县委坚决贯彻党中央提出的调整国民经济八字方针，认真总结经验教训，全力扭转困难局面，促使经济形势逐步好转，社会状况趋于稳定。

“文化大革命”中，江阴全县各项事业遭受严重挫折和损失。同时，在极其困难的条件下，江阴人民顶住压力，排除干扰，坚持抓好工农业生产，开展“农业学大寨”“工业学大庆”运动，大兴水利建设、农田改造，发展社队工业，使国民经济在逆境中得到一定的发展。

1976 年 10 月粉碎江青反革命集团后，江阴进入新的发展时期。随着全面开展揭批“四人帮”的斗争和拨乱反正的逐步深入，江阴县委积极调整各级领导班子，进行整党整风，初步平反冤假错案，对各行业进行整顿，并采取各项措施发展生产，使国民经济和各项社会事业得到迅速恢复和发展。同时，通过开展真理标准问题的大讨论，广大干部群众冲破“两个凡是”错误方针的禁锢，解放了思想，促进了安定团结，加快了党的各项政策的落实，为党的工作重心转移到社会主义现代化建设上来奠定了思想基础。

这 29 年，是社会主义革命和建设取得了巨大成就的重要时期，亦是江阴发展史上一个极其重要的历史阶段。在这 29 年的发展进程中，江阴经济建设和各项社会事业取得前所未有的成绩，城乡面貌发生了翻天覆地的变化。全县国内生产总值从 1949 年的 4 951 万元增加到 1978 年的 4.33 亿元，增长 7.75 倍；工农业总产值由 1.81 亿元增加到 12.88 亿元，增长 6.1 倍；财政收入由 427 万元增加到 8 836 万元，增长 19.7 倍；社会消费品零售总额由 3 202 万元增加到 1.47 亿元，增长 3.6 倍。江阴由传统的农业县，发展成为以纺织业为主体、轻重工业综合发展的工业县，实现了历史性的转折；港口从无到有，1978 年实现港口吞吐量 96.75 万吨，成为长江下游船舶过驳作业和散装货集散的重要港埠；社队工业异军突起，抢得区域发展先机，为之后乡镇工业的崛起奠定了基础。在这 29 年间，全县党员总数由 1949 年的 507 人增加到 1978 年的 30 163 人，党的基层组织由 55 个发展到 1 440 个。各级党组织成为全县政治、经济和各项社会事业发展的坚强领导核心。

回顾 29 年的发展历史，党领导江阴人民在探索中前进、在曲折中发展，虽然遇到过种种困难和挫折，但前进的脚步从来没有停止过，最终依靠自己的力量和群众的支持，取得了经济建设和社会发展的巨大进步，实现了伟大的历史转折。县委在实践中积累正反两方面经验，不仅全面深化了对社会主义的科学认识，而且取得了社会主义建设的宝贵经验和深刻教训，对江阴经济发展、社会进步有着深刻的启示。

一是必须坚持实事求是的思想路线，一切从实际出发。实事求是、一切从实际出发是马克思主义、毛泽东思想的精髓，坚持了党的实事求是的思想路线，社会主义事业就能发展前进；背离了实事求是原则，盲目追求超越客观可能的发展，不仅无法实现目标，各项事业必然遭受挫折和损失。29 年的实践证明，推进和发展江阴的经济社会建设，必须从江阴的实际情况出发，尊重客观规律，科学决策，才能实现更好更快发展。

二是必须坚持以经济建设为中心，大力发展生产力。贫穷不是社会主义，社会主义的根本任务是解放和发展生产力，并在这个基础上逐步改善人民的物质文化生活。只有坚持以经济建设为中心，走科学发展道路，才能不断满足人民群众日益增长的物质文化需要，为发展各项事业提供充足的物质保证。

三是必须坚持群众路线，相信和依靠群众。人民群众是创造历史的主体和推动历史前进的决定力量，只有始终保持与人民群众的密切联系，始终坚持问政于民、问需于民、问计于民，才能赢得人民群众的拥护和支持，才能充分激发广大人民群众中蕴藏的智慧和力量，并以此推进各项事业的发展。

四是必须坚持加强党的建设和党员干部队伍建设。不断加强党的建设，充分发挥党组织的战斗堡垒和党员的先锋模范作用，增强党的凝聚力，提升党的执政能力，是社会主义事业取得胜利的根本保证。中国共产党作为社会主义事业的领导核心，必须长期重视和加强党员干部队伍建设，才能永葆先进性，站在时代的前列，领导人民不断开创中国特色社会主义事业新局面。

1978 年 12 月党的十一届三中全会的召开，吹响了改革开放的号角。豪情满怀的江阴人民，在党中央的坚强领导下，以敢为天下先的精神，奋发图强、开拓进取，开启了新的征程，意气风发地进入改革开放和社会主义建设的新时期。

党的十八大后，中国特色社会主义进入新时代，江阴更是在党的领导下，人民安居乐业，充分彰显了江阴的城市精神：人心齐、民性刚、敢攀登、创一流。

敬党爱军，恰是百年风华

李 敏

采访对象：穆若增，以下简称穆。村委成员王功花，以下简称王。采访人：李敏，以下简称李。

穆：我的父亲是1938年入党的。那时候，在我们村里只有3名党员。3名党员谁也不知道谁，那时候都是保密的。其中一个是我的父亲，叫穆兴春；一个叫陈鸿如；还有一个叫穆兴修。在1938年咱这个村就这3名党员，后来，他们3个都在地下为党做工作，如搞情报。那时候日本已经入侵中国，他们就参加了革命工作。革命工作都是地下的，暗暗的。后来，我的父亲当兵了，当兵以后就在部队上牺牲了。他牺牲时是1946年，按我的记忆是1945年，当然，1945或1946都无所谓了。

王：反正还有立功证和病故证。

穆：作为我父亲就是这么个情况。他是1938年入党的，后来在1946年牺牲了。咱这个村里也算是一个模范村，在新中国成立前后，咱这个村，当兵的人基本上是家家都有，也有上前线的，也有在地方上的。在新中国成立前后这一片属于新泰第二区，穆家店是模范村，曹家庄也是模范村，在咱新泰来说这两个村都是模范村。咱们村也出现了一些英雄人物，像穆若厚，他是师级战斗英雄，在新泰烈士陵园里有他的介绍，我看过，他这个战斗英雄擅长爆破。我们要攻打一个地方，但过不去，敌人的碉堡封锁着，必须把敌人的碉堡炸掉部队才能过去，他就专炸碉堡。他之所以是师级战斗英雄，就是因为他立过很多次功。烈士陵园的讲解厅里就有穆若厚的事迹。你想想在战场上他搞爆破是很危险的，很多时候都要冒着粉身碎骨的危险。我们都看过电影《董存瑞》，董存瑞就是因为炸碉堡牺牲的。做这么危险的工作，又屡立战功，所以穆若厚可以成为师级战斗英雄。再一个就是穆元锋，当时他的职位不是很高。他的悼词是我给他写的。

王：对，那天给退役军人登记档案时说过，是你给他写的悼词。

穆：穆元锋当时是团的一个作战参谋，作战参谋和其他参谋不太一样，也可以说权力很大。要进行战役了，作战参谋负责搞出个作战计划来，他这个作战参谋在当时相当于一个连级干部，他的那些资料我看过。他和一些高级军官都有联系，其中我所知道的是山东省军区的司令员，张瑞初。穆元锋一共负伤123次，属于特等残废。他作战很勇敢，在战争当中多次立功。他评残的时候才二十五六岁。这第二个人物穆元锋，也算是一个战斗英雄。

不说远处，因为咱不了解情况，就说咱们穆家店村出去当兵的，团长级别的人有穆中庭、马培春、穆克栋、穆若芝。师级的有两个，一个是穆培松，他是师政委，后来转业到泰安。另一个是穆若愚，转业到新汶矿务局保卫处当处长。至于下面连级排级的干部不少，咱就不谈了。

咱们穆家店村参加抗美援朝的有穆若愚、穆若芝、穆培信、穆元山、穆元奎、穆培香、穆元财。

王：王道友参加过抗日战争吗？

穆：没有，他是1955年才当兵的，他是志愿兵，不是义务兵。

参加抗美援朝的在我们穆家店村就有7个。在革命战争当中，我们村共有6名烈士，他们是我的父亲穆兴春，还有穆若厚、穆兴击、穆兴功、穆兴泰、王悦东。我们穆家店村的人在那个时候的的确确积极参加党的革命事业，并且是真干革命。一般人如果不对党的事业忠心耿耿，能连生命都献出来吗？在新中国成立以后，穆家店村打土豪、斗地主、分田地也是搞得轰轰烈烈。

王：一些个年轻人，像张玉，也参加过战斗吗？

穆：张玉参加了对越自卫还击战，还有李从水、穆若岭也参加了对越自卫还击战。咱穆家店村不管是党员也好，群众也好，跟党走，跟党干革命，这是真心实意的。

王：你这种情况是算烈士子女吧。

穆：对，我是烈士子女。在咱穆家店来说，烈士子女独我自己。穆元锋开追悼会时的悼词是我写的，武装部的人来念的。武装部、民政局、公社、大队都参加了他的追悼会。

王：咱们村的烈士和英雄是真不少。

穆：那时候咱穆家店才300多人，有6个烈士，当兵的户户都有。

李：爷爷您当时没当兵是做什么工作呢？

王：当老师。

穆：我没当过兵，就是普通的老百姓，自己年龄大点对这些事情知道一点，如果真具体谈起来我讲得也不详细。

王：村里能讲这些事的我觉得也就是你，再说你的记性还好。

穆：后来我干了一二十年的教师，但是我这个教师呢，也没法说，半路就离开教育。

王：离开教育去单位工作了。

李：您入党的时候，村里人入党的多吗？

穆：不多，我们那一批入党的就 4 个。1975 年我入党的时候是火线入党，没有预备期，直接就是正式党员。这 4 个党员是我、穆兴齐、穆元珍和张富莲。咱这个村当时的党员是很多的，一共是 46 个党员。

王：那时候咱总人口少啊，人口少党员多。300 多口人，40 多个党员，一点不算少。

穆：现在来说我的党龄也是 40 多年了……

李：45 年了。

穆：是啊，到 2020 年 45 年了。

后　记

新时代以来，习近平总书记高度重视青年的党史学习教育和学校的思政课建设。习近平总书记指出："广大青年要肩负历史使命，坚定前进信心，立大志、明大德、成大才、担大任，努力成为堪当民族复兴重任的时代新人，让青春在为祖国、为民族、为人民、为人类的不懈奋斗中绽放绚丽之花。"总书记还强调："思政课是落实立德树人根本任务的关键课程，思政课作用不可替代，思政课教师队伍责任重大。"这些重要论述为我们编辑本书提供了深厚的背景和明确的方向。

在中国矿业大学，我们积极响应时代召唤，深入推进锻造"强国先锋"的大思政课改革创新。这一改革紧紧围绕以学生为中心的理念，旨在让思政课真正走进学生的心灵，激发他们的思想共鸣和行动自觉。我们注重将思政小课堂与社会大课堂相结合，引导学生在实践中感受真理的力量，培养他们的家国情怀和社会责任感，通过丰富多样的教学方法和手段，如案例教学、小组讨论、实地调研等，让学生成为课堂的主体，积极参与到知识的探索和思考中。在改革实践中，我们看到了学生们对思政课态度的转变，从被动接受到主动参与，从理论认知到实践行动，思政课真正成为他们成长道路上的指明灯。

本书的顺利完成，离不开众多参与本门课程改革的同学们的辛勤付出和无私奉献。他们以饱满的热情和严谨的态度，投身到资料收集、案例整理、文字撰写等工作中。他们的努力和智慧，为本书注入了鲜活的力量和独特的视角。马克思主义学院青年教师魏凌云参加了本书的修改统稿工作。

编辑本书的过程，是一次对思政教育的深入探索，也是一次团队协作的宝贵经历。我们深知，这只是一个开始，未来我们将继续在思政教育的道路上不断前行，为培养更多有理想、有本领、有担当的新时代青年贡献力量。

编写组
2023 年 10 月